रतन टाटा

एक प्रकाश स्तंभ

रतन टाटा

एक प्रकाश स्तंभ

शांतनु नायडू

रतन टाटा
के साथ
यादगार पल

अनुवाद : अखिलेश अवस्थी
चित्रांकन : संजना देसाई

MANJUL
मंजुल पब्लिशिंग हाउस

First published in India by

MANJUL

Manjul Publishing House
Corporate and Editorial Office
•2nd Floor, Usha Preet Complex, 42 Malviya Nagar, Bhopal 462 003 – India

Sales and Marketing Office
•C-16, Sector 3, Noida, Uttar Pradesh 201301, India
Website: www.manjulindia.com

Distribution Centres
Ahmedabad, Bengaluru, Chennai, Kochi, Kolkata,
Hyderabad, Mumbai, New Delhi, Pune

Hindi translation of *I CAME UPON A LIGHTHOUSE*

First published in Hindi by Manjul Publishing House Pvt. Ltd
By arrangement with HarperCollins Publishers India Private Limited

This Hindi edition first published in 2022
Second impression 2024

ISBN: 978-93-5543-054-0

Hindi translation: Akhilesh Avasthi

Printed and bound in India by Repro India Limited.

मेरे दोस्त, संरक्षक
मेरे कुत्ते विंटर को समर्पित

अनुक्रम

रतन टाटा की टिप्पणी

सड़कों, गलियों के भूखे-प्यासे, मालिकों के बुरे बर्ताव और त्यागे गए कुत्तों और बिल्लियों को लेकर हमारी साझा चिंता मुझे और शांतनु को क़रीब लाई। वह और उनके युवा दोस्त इन पीड़ित जानवरों को खाना देने, उनकी देखभाल और उनके घर की व्यवस्था करने के लिए पुणे में एक छोटे-से स्टार्ट-अप की नींव रख रहे थे। उनका जुनून और इन जानवरों के प्रति दया भाव ही था कि उन्होंने इन जानवरों के गले में पहनने के लिए ऐसे कॉलर बनाए जो रात के अंधेरे में चमकते थे। सड़क हादसों में कुचले जाने से इन निरीह प्राणियों को बचाने में ये बहुत मददगार हैं। इस टीम को इस काम से पहचान मिली।

कुत्तों के प्रति मेरे प्यार के बारे में जानने के बाद उन्होंने मेरे दफ़्तर को पत्र लिखा। हालांकि उनको जवाब की अपेक्षा नहीं थी। शांतनु और उनके कॉलेज के दोस्तों के काम ने मुझे बहुत प्रभावित किया। उन्होंने अपना समय और जो कुछ भी संसाधन उनके पास थे, वे इसमें लगा दिए थे। उन्होंने जो दयाभाव प्रदर्शित किया था वह मुझे बेहद अच्छा लगा। मैंने उनके स्टार्ट-अप

में निवेश करने का फ़ैसला किया। इससे ना केवल उनको संबल प्राप्त हुआ बल्कि वे खुद सक्रियता के साथ उसको आगे बढ़ाने के लिए प्रोत्साहित हुए।

मैं उनकी निष्ठा से भी प्रभावित हुआ और मैंने उनको पढ़ाई पूरी करने के बाद नौकरी की भी पेशकश की। शांतनु ने इसे मंजूर कर लिया और वह मेरे दफ़्तर से जुड़ गए। वह हमारी परोपकार संबंधी गतिविधियों में हाथ बंटाने के साथ ही टाटा ट्रस्ट की दीर्घकालिक योजनाओं और स्टार्ट-अप निवेश के प्रस्तावों में सहायता करते हैं। वह ऐसी टीम के सदस्य बन गए हैं जो दूसरों की मदद की चाहत से प्रेरित होकर काम करती है। हरेक दिन सीखने के लिए कोई सबक़ लेकर आता है और हरेक दिन इस बात की संतुष्टि होती है कि वह किसी के जीवन में ख़ुशी का कारण बने या एक मलाल होता है कि आज ऐसा नहीं कर पाए।

मुझे उम्मीद है कि शांतनु करुणा की ऐसी मशाल बन सकते हैं जो सच्चे मन से काम करने के लिए प्रेरित होते रहेंगे और मैं शुक्रगुज़ार हूं कि वह दिल की गहराइयों से दूसरों की मदद करने में समर्थ हैं।

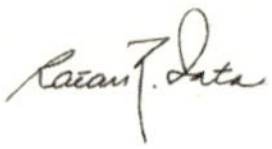

रतन टाटा

दिसंबर 2020

परिचय

यह किताब वास्तव में अपने दिल की बात और कहानी को सामने लाने की इच्छा का परिणाम है, ना कि लेखन के किसी हुनर का। मैंने ईमानदारी से अपनी कहानी को बयान किया है जिसे आपमें से कुछ रोमांचक मान सकते हैं, कुछ लोग निबंध की तरह देख सकते हैं और आपमें से बहुत से इसे ज़िंदगी का चलता-फिरता दस्तावेज़ भी समझ सकते हैं और कोई भी ग़लत नहीं होगा।

बहुत लोग श्री रतन टाटा के बारे में जानने के लिए इसे पढ़ेंगे। मैं चाहता हूं कि जैसा मैं उनको देखता हूं उससे उनको पूरी तरह से समझने में सफल हो सकूं। यह मेरे जीवन के उस छोटे-से हिस्से का संस्मरण है जो कि उनके सानिध्य में गुजरा है।

ये कहानियां सामने लाने के लिए साहस की ज़रूरत थी। अपने जीवन के संस्मरणों को सबके सामने लाना, केंद्रबिंदु बनना और इसके जोखिम भी

हैं। लेकिन इन कहानियों को लिखने का मक़सद एक शख़्स के कई पहलुओं को आपके सामने लाना है जो संरक्षक है, दोस्त है, नेकदिल और बुद्धिमान पथप्रदर्शक है। ऐसे पहलू जिनसे दुनिया अपरिचित है और उनको केवल एक पसंदीदा उद्योगपति के रूप में जानती है।

किताब की पांडुलिपि को पूरा पढ़ने के बाद उन्होंने मुझे पत्र में लिखा कि इन कहानियों को काग़ज़ पर उतरा हुआ देखकर उनका दिल भर आया। यह पत्र मैंने बहुत सहेजकर रखा है, ख़ासकर इसकी इन लाइनों की वजह से जिसमें उन्होंने श्री जे.आर.डी. टाटा के बारे में लिखा है। 'जेह (जेआरडी को अक्सर इस नाम से ही बुलाया जाता था) को मुझे चिढ़ाने में मज़ा आता था। लेकिन हमारे बीच आपस में एक-दूसरे के लिए प्यार था जो लगातार बढ़ता ही गया। आपकी कई ख़ूबियां हैं जिनके कारण मैं आपकी तारीफ़ करता हूं। आप बेटे की तरह या छोटे भाई की तरह हो। मुझे आपका साथ अच्छा लगता है।'

मैं केवल यही चाहता हूं कि इस किताब को पढ़कर आपको अच्छा लगे, आपको कुछ हासिल हो और जैसा मैंने देखा उसे उसी तरह से साझा करना।

हमें साथ लाने वाले हालात की खुशी के तौर पर इस किताब से होने वाली आमदनी ज़रूरतमंद जानवरों के कल्याण में उपयोग की जाएगी। इसके लिए मैं आपको दिल से धन्यवाद देता हूं।

1

मोटोपॉज़

खुशनुमा अंत के साथ ख़त्म होने वाली कहानियों की शुरुआत हमेशा मज़ेदार नहीं होती। मोटोपॉज़ का आरंभ एक दुखद कहानी के साथ हुआ। मेरे लिए उस रात को भुलाना बहुत कठिन है। अचानक मुझे अपनी मोटर साइकिल को तेज़ ब्रेक लगाकर रोकना पड़ा। कारें तेज़ गति से गुज़र रही थीं। मुझे अच्छे से मालूम था कि क्या हुआ था जिसे देखकर अचानक ब्रेक लगाकर मैंने मोटर साइकिल को रोका था। फिर भी मैं अपने दिल को झूठी दिलासा देने की कोशिश कर रहा था कि शायद ऐसा ना हो। मैंने अंधेरे में कुछ दूरी पर सड़क के बीच में देखा। मैंने जो कुछ सोचा था, वह सही था। वहां सफ़ेद, भूरे धब्बे वाला एक कुत्ता गाड़ी से कुचला गया गया था। आसपास ख़ून बिखरा हुआ था।

यह शुरुआत थी। मेरी क़िस्मत मुझे जहां ले जाना चाह रही थी, उस दिशा में मुझे धकेलने के लिए पहला क़दम।

उसे एक बार नहीं कुचला गया था। यह कोई अकेली घटना नहीं थी। पिछले एक या दो महीनों में मैंने इस तरह के कई हादसे देखे थे। मैं असहाय था। इसके बारे में सोचकर चिंतित ज़रूर था। गाड़ियों से कुत्तों को कुचलने वालों के साथ बहुत क्रूर बर्ताव करने के बारे में कल्पनाएं करता था। उन लोगों के साथ तो और भी ज़्यादा क्रूर जो उनके मृत शरीर को बार-बार कुचलते हुए जाते थे। हादसों में कुचल कर मारे जाने वाले इन कुत्तों के बारे में सोचकर मेरा मन पीड़ा से भर जाता था। कैसे रहे होंगे उनके अंतिम पल? असहनीय दर्द के साथ वे कितने अकेले रह गए होंगे। क्या वे अपने दोस्त से मिलने के लिए सड़क पार कर रहे थे? या हो सकता है वे अपने बच्चों से मिलने जा रहे हों? या अपने लिए खाने की तलाश में जा रहे हों? लेकिन दूसरों की क्या बात करूं, मेरे ही भीतर कोई इंसानियत नहीं थी। अगर ऐसा होता तो कम से कम मैंने उसके मृत शरीर को सड़क के किनारे करने की कोशिश की होती। मैंने ऐसा नहीं किया।

अगली सुबह दफ़्तर में रात को हुए इस वाकये को मैं अपने सहयोगियों को सुना रहा था और ऐसा करने वालों को तमाम भला-बुरा कह रहा था। मैं उन्हें बता रहा था कि इंसानों के रूप में हम शायद इस धरती पर सबसे बुरी नस्लें हैं। जब तक मैंने अपनी पूरी भड़ास नहीं निकाल ली, मैंने किसी को भी काम नहीं करने दिया। एक दिन इसी तरह की मेरी बातों को सुनने के बाद मेरा एक साथी मुझे एक ओर ले गया। वह स्वीकार कर रहा था कि किस तरह से कुछ वर्ष पहले उसके साथ भी कुछ ऐसी घटना हो चुकी है। कुछ वर्ष पहले उसकी गाड़ी से कुत्ता कुचला गया था।

'मेरे पास कोई चारा नहीं था। मैं कुछ कर नहीं सकता था। हालात कुछ ऐसे थे कि अगर मैं अपनी कार को आख़िरी मिनट में रोकता या घुमा देता तो शायद मेरा परिवार दुर्घटनाग्रस्त हो जाता।'

'आख़िरी मिनट?'

'हां, आख़िरी मिनट। मैं आख़िरी मिनट तक उसको देख नहीं सका था।'

मेरी बातों से उसे अंदाज़ था कि मैंने अब तक उसको भीतर ही भीतर कोसना शुरू कर दिया होगा। उसने मुझे बहुत समझाया और आख़िरकार मुझे राज़ी करने के बाद ही वह वहां से गया कि उसकी कोई ग़लती नहीं थी और मैं उसके ख़िलाफ़ मन में किसी तरह की नाराज़गी नहीं रखूंगा। हम दोनों आगे भी दोस्त बने रहेंगे। लेकिन उसने जो कुछ बताया था उसमें 'आख़िरी मिनट' वाली बात मेरे दिमाग़ में घर कर गई। क्या हादसे की वजह यही है। क्या सभी ड्राइवरों के साथ यही हो रहा है? अगले कुछ हफ़्तों तक मैं खोज में जुट गया। मैंने ऐसे कई लोगों का पता लगाया और उनसे बात की जिनकी गाड़ियों से ऐसे हादसे हो चुके थे। लगभग सभी का अनुभव एक जैसा ही था।

'सड़कों पर कुत्ते अचानक ही आते हैं।'

'सड़कों पर पर्याप्त रोशनी नहीं रहती।'

'मुझे इतना वक़्त ही नहीं मिला कि मैं गाड़ी रोकता या फिर हादसा हो सकता था।'

यह अनुभव सुनकर मुझे लगा कि इस समस्या को हल करने का उपाय यही था कि रात में वाहन चला रहे लोगों को कुत्ते नज़र आएं। और ना केवल नज़र आएं बल्कि इतनी दूरी से ड्राइवर को नज़र आ जाएं कि वे गाड़ी को धीमी कर सकें या रोक सकें।

उन दिनों मिहिरा से मेरी मुलाक़ातें ज़्यादा हो रही थीं। मैंने मिहिरा से बात की। मिहिरा को केवल पशु प्रेमी कहना उसे कम आंकना था। वह मूक पशुओं के हितों के लिए बहुत समर्पित प्यारी-सी लड़की थी। उनके लिए वह किसी भी हद तक जाने को तैयार थी। हम दोनों ने इस पर काफ़ी माथापच्ची की कि आख़िर ऐसा क्या किया जाए कि गाड़ी ड्राइव कर रहे लोगों को रात में सड़कों पर भटक रहे कुत्ते अंधेरे में नज़र आएं। इससे इन बेज़बानों का अनमोल जीवन बचाने में मदद मिल सकती है।

'उन पर कुछ ऐसा लगाना चाहिए जो अंधेरे में चमक उठे। जैसे कि चमकने वाले कॉलर।'

उसका चेहरा बता रहा था कि अभी जो कुछ भी मैं कह रहा था, वह सिर के ऊपर से गुज़र रहा था। तब भी अपने मधुर स्वभाव और निस्वार्थ भावना के कारण वह पूछ बैठी, 'हम इसे कैसे तैयार करेंगे?'

'हमारे पास बहुत ज़्यादा पैसा तो है नहीं तो जाहिर है हम कोई सस्ता तरीक़ा अपनाएंगे। मेरे कुछ फ़ैशन डिज़ाइनर दोस्तों का कहना है, हम डेनिम का इस्तेमाल कर सकते हैं।'

'ओह, हां, हां, बिल्कुल हम डेनिम की पैंट काट सकते हैं! मैं घर जाकर इस तरह का कॉलर तैयार करती हूं।'

पैंट को काटकर और उससे कुत्तों के लिए चमकने वाले कॉलर तैयार करना। ठीक।

निश्चित रूप से टाटा एलसी में एक ऑटोमोटिव डिज़ाइन इंजीनियर के रूप में मुझे कारों में लगाने के लिए इस्तेमाल होने वाले ऐसे टेप की जानकारी थी जो रोशनी पड़ने पर चमकते थे। यह टेप चमकदार होता है दूर से दिखाई दे जाता है।

अगले दिन मैं कुछ मीटर लाल टेप लेकर आया। मिहिरा सिले हुए कॉलर ले आई। उसने कॉलर में बटन भी लगा दिया। हम दोनों ही अपने काम को लेकर रोमांचित थे।

'चलो अब हम किसी कुत्ते को यह कॉलर बांधते हैं।'

हम पुणे में पैदा हुए। यहीं बड़े हुए। हम कोने-कोने से परिचित थे। हम शहर की आपाधापी से दूर एक मोहल्ले में पहुंचे। पुचकारते हुए एक ऐसे कुत्ते को हमने चुना जो हमें लगा कि वह हमारे इस प्रयोग की इजाज़त दे देगा। हमारे प्यार-दुलार से खुश वह पूंछ हिलाता रहा और उसको ऐसा कोई आभास भी नहीं हुआ कि जैसे हमने कुछ किया है। हम कुछ देर वहां घूमते रहे और फिर कुछ देर बाद बाइक की हेडलाइट ऑन कर वहां लौटे।

हमारे सामने अद्भुत दृश्य था। जो कुछ देख रहे थे उसकी खुशी शब्दों में हम बयां नहीं कर सकते। हमारी बाइक की लाइट पड़ते ही वह अनजान

कुत्ता जगमगा उठा। सचमुच वह अद्‌भुत नजारा था। कॉलर का यह प्रयोग सफल हो गया था!

प्रोजेक्ट की बेहतरीन शुरुआत से हम बहुत रोमांचित थे। अब हमने इसके नाम के बारे में सोचना शुरू किया। कुछ ऊल-जलूल नामों के बाद आख़िरकार हमने अपने दिल अज़ीज प्रोजेक्ट के लिए 'मोटोपॉज़' का नाम तय किया। इसके पीछे हमारी सोच थी कि मोटर ड्राइवर के लिए 'मोटो' और कुत्तों के लिए 'पॉज़।' हमारे कुछ साथियों को नाम को लेकर आपत्ति थी। यह कुछ 'मीनोपॉज़' (रजोनिवृत्ति) जैसा नहीं लगता क्या? लेकिन आख़िर में हम इस पर राज़ी हो गए। एक टेलर हमारे लिए डेनिम कपड़ों को काटकर 500 कॉलर बनाने को तैयार हो गया। बाक़ी की पूरी टीम भी इस काम में पूरी तरह से जुट गई। मैं नहीं जानता कि इसकी वजह मोटोपॉज़ को लेकर कोई उनकी बहुत मज़ेदार-सी कल्पना थी या सच में वे कुत्तों के सड़कों पर कुचले जाने से चिंतित थे। इस प्रोजेक्ट में मेरा बहुत अच्छा दोस्त सुकृत, मिहिरा और मैं हम तीन लोग थे। एक और दोस्त कल्याणी भी हमसे जुड़ गई। हम सभी और ज़ुनूनी युवाओं की तलाश करने लगे जो इसमें शामिल होने को बेकरार हो रहे हों... कुछ समय के लिए हम इसे किसी 'खेल' की तरह समझ सकते हैं। इन सभी ने अपने पुरानी डेनिम जींस निकालीं जो अब उनके किसी काम के नहीं थीं। बड़े-छोटे, कई रंगों के डेनिम हमने टेलर को थमा दिए। हालांकि अब वह इस काम को लेकर बहुत उत्साहित दिखाई नहीं दे रहा था।

हम युवाओं का छोटा-सा समूह जितनी धूमधाम से इस प्रोजेक्ट की लॉन्चिंग कर सकता था, हमने उसकी तैयारी की। लोगो तैयार किया। उसके नाम का चुनाव किया। मुझे आडंबर से बहुत चिढ़ है। इसका कई बार नुक़सान होने के बावजूद मुझे इसका ज़रा भी अफ़सोस नहीं है।

'यह सब पहली बार होने जा रहा है। हमें इसके बारे में लोगों को बताना चाहिए।'

'यह तो ठीक है, लेकिन तुम क्या चाहते हो। हमें क्या करना चाहिए?'

इन 15 युवाओं की टीम की ख़ासियत यह थी कि यह कुछ भी करने के लिए तैयार थी। इनको आप कहीं भी किसी भी काम में लगा सकते थे। जब तक कि मैं अपने काम को लेकर पूरे जोश-खरोश से भरा हुआ था, तब तक तो यह हमारी टीम कुछ भी करने को तैयार थी। अपने कार्यक्रम में हमने हार्ले डेविडसन प्राइम मोटरसाइकिल और केटीएम मोटरसाइकिल को भी सहभागी बनाया। उनके जांबाज बाइक राइडर, जिन्हें देखकर एक पल के लिए सिहरन पैदा हो जाए। वे लॉन्च के दिन पूरे शहर में हमारे साथ कुत्तों को कॉलर लगाने के लिए तैयार हो गए। जैसे-जैसे हमारे इस अभियान के शुभारंभ का दिन क़रीब आ रहा था रोमांच बढ़ता जा रहा था। रातों की हमारी नींद उड़ गई थी और हम बेकरारी से शुरुआत का इंतज़ार कर रहे थे।

और शुभारंभ का दिन जल्दी ही आ गया। यूनिफ़ॉर्म में सजे हुए वालंटियर तैयार थे। मोटरसाइकिल का काफ़िला एक के पीछे एक अपने तय किए हुए इलाक़े में कुत्तों को कॉलर बांधने के लिए निकल पड़ा। जहां अलग-अलग नस्लों के अलग-अलग कुत्तों को हमें कॉलर से लगाना था।

उन सभी ने मेरे जैसे दुबले-पतले 23 साल के नौजवान पर अपना भरोसा जाहिर किया था। मुझे कभी समझ नहीं आया कि उन्होंने ऐसा मुझमें क्या देखा। यदि मैं उनकी जगह होता तो शायद मुंह फेरकर चला गया होता। लेकिन जो भी कारण थे उन्होंने ऐसा नहीं किया और वे मेरे साथ जुड़ गए।

आख़िर किसके लिए मैं इतने लोगों का क़र्ज़दार बन रहा था। उन कुत्तों के लिए जो ख़ून से लथपथ सड़कों पर पड़े हुए थे। जिनके अंतिम पलों में उनके पास कोई नहीं था। उन बच्चों के लिए जो कभी नहीं समझ सकेंगे कि उनकी मांओं का क्या हुआ। कुछ लोगों के लिए जिन्होंने अंतिम क्षण में कुत्ते का जीवन बचाने के लिए अपनी जान को जोखिम में डाला। और हर उस शख़्स के लिए जो उस दिन मेरे साथ आया।

हमारे पास 500 कॉलर थे। इससे हमने 500 कुत्तों की जान बचाने के लिए उनको कॉलर लगाए। यह संख्या बढ़ भी सकती थी लेकिन हमारे पास उतने ही पैसे थे और हमने उतने ही कॉलर तैयार किए थे। यह शुरुआत थी।

सुबह मोबाइल पर मैसेज के साथ मेरी आंख खुली। किसी ने एक ख़बर की लिंक भेजी थी। यह हमारी मेहनत पर अख़बार में छपी रिपोर्ट थी। मैं उसको पढ़ भी नहीं पाया था कि एक और रिपोर्ट। और उसके बाद एक और, फिर तो जैसे सिलसिला-सा चल पड़ा। और जल्दी ही बड़े ऑनलाइन मीडिया समूह मोटोपॉज़ को लेकर बहुत उत्सुक हो गए। एक समय ऐसा आ गया कि हमें यह भी नहीं पता था कि हमारे बारे में कहां पर क्या लिखा जा रहा है और ना ही हमारा उस पर कोई नियंत्रण था। ऐसा लग रहा था कि उस दिन कोई स्कैंडल भी होता तो शायद उसे इतनी सुर्खियां नहीं मिलतीं। क्योंकि किसी ने भी नहीं सोचा था कि युवाओं का एक छोटा-सा समूह कुछ इतना अनोखा कर दिखाएगा। ऐसा कि काली अंधेरी रातों में हमारी राहें रोशनी से नहाए कुत्तों से जगमगा उठेंगी।

लोगों की ढेरों प्रतिक्रियाएं थीं। लेकिन सबसे ख़ास जिनका हमें इंतज़ार था। ऐसे कई अनजान लोगों की सोशल मीडिया पर ज़ाहिर हो रही ख़ुशी। यह प्रतिक्रिया उन लोगों से मिल रही थी जिन्होंने रात में किसी अंधे मोड़ पर या किसी गली में कॉलर से चमकते हुए कुत्तों को देखा था।

'ओह, सुंदर, ये आख़िर आए कहां से?'

'वाह, सच में कमाल कर दिया, जिसने भी किया उसका शुक्रिया।'

'सुनो, मैंने बीती रात कुछ अद्भुत चीज़ देखी...'

'मैंने सही समय पर गाड़ी धीमी कर ली।'

'मैं नाइट शिफ़्ट में रात को काम करके तेज़ी से अपने घर को लौट रहा था लेकिन तभी ...'

ख़ास तौर पर नइना (तेलुगु में मैं अपने पिता को यही कहकर बुलाता था) बहुत ख़ुश थे। दफ़्तर से मुझे फ़ोन करते। पूछते, और किस अख़बार में हमारी ख़बर आई है। और हर शाम वह उस अख़बार की कॉपी साथ लेकर लौटते और उसे अपनी फ़ाइल में संजो कर रखते। फ़ाइल बहुत जल्दी बहुत मोटी हो गई।

एक दिन नइना कुछ संदिग्ध से उदासीनता के भाव से बात करने लगे। 'मुझे पूरा भरोसा है श्री टाटा मोटोपॉज़ के बारे में जानना चाहेंगे। उनको कुत्ते बेहद पसंद हैं।'

उनकी भावी योजना से अनजान मैंने भी उदासीनता से जवाब में सिर हिला दिया।

'हां, मैं भी ऐसा ही सोचता हूं।' टाटा की पीढ़ियों के बारे में जितना मैं जानता था उसके आधार पर मैंने जवाब दिया।

मैंने मज़ाक़ में उनसे पूछ लिया, 'आपके पास उनका ईमेल है?'

'नहीं। लेकिन मैं कहीं से कोशिश कर सकता हूं।'

मुझे पता नहीं आगे क्या हुआ। वह इस बात को भूल गए। लेकिन मैंने ज़रूर इंटरनेट पर कुछ खोजबीन करके इसे हासिल कर लिया। ऐसा नहीं है कि उन तक पहुंचने की सफलता बहुत महत्त्वपूर्ण नहीं थी बल्कि इसलिए कि यह बहुत महत्त्वपूर्ण था। एक बार तो मुझे यक़ीन ही नहीं हुआ।

हर कोई टाटा परिवार की ओर देखता है, हर किसी का सपना होता है कि उनसे एक बार मुलाक़ात हो। हर भारतीय ऐसा चाहता है। मैं उनसे अलग कैसे हो सकता था? मुझसे ज़्यादा असाधारण दिमाग़ वाले बहुत से लोग उनसे मिलने के कहीं ज़्यादा हक़दार होंगे। मैं तो बहुत मामूली-सा इंसान था।

'टाटा-बिड़ला' नाम देश के घर-घर का नाम है। पर हमारा परिचय कुछ अलग क़िस्म का रहा है। टाटा परिवार हमारे परिवार के इतिहास की बुनियाद का हिस्सा रहा है और हम उसी रूप में उनकी पूजा करते आ रहे हैं।

मेरे परदादा टाटा पावर में काम करते थे। मेरे दादा ने टाटा इलेक्ट्रिकल में काम किया और नइना टाटा मोटर्स में काम कर रहे थे। मेरे रिश्ते का भाई टाटा कन्सलटेन्सी से जुड़ा हुआ था और अब इस परिवार की पांचवीं पीढ़ी - यानी मैं टाटा एलसी से जुड़ा था।

हमारे परिवार में कोई भी कभी भी टाटा परिवार के किसी भी शख़्स से नहीं मिला था या उनसे किसी तरह का हमारा संवाद हुआ। हम में से कोई भी कभी भी टाटा समूह में अधिकारी पद पर नहीं रहा। टाटा के इतिहास में नायडू का कोई उल्लेख नहीं है। हमें जिस भूमिका के लिए योग्य पाया गया, हमने उसमें काम किया। ज़्यादातर इंजीनियर के रूप में और हमें अपनी विरासत को लेकर गर्व रहा है। मेरी 90 वर्ष की परदादी के पास जमशेदजी टाटा की फ़ोटो वाला चांदी का एक सिक्का है जिसे उन्होंने घर के मंदिर में

भगवान की प्रतिमाओं के बीच रखा है। उनकी तसवीर भी है। इसके आगे वह रोज़ाना शाम को अगरबत्ती लगाती हैं। वहां बचपन की मेरी एक तसवीर भी हैं। उसमें मेरी ड्रेस वही है जो कि जन्म के समय होती है। मैंने कई बार तरह-तरह से इसका विरोध किया लेकिन बेअसर रहा। मेरे कई बार विरोध के बावजूद भी वह तसवीर वहीं है। मेरी परदादी ऐसा मानती हैं कि भगवान ने टाटा को दुनिया की समस्याओं को हल करने के लिए भेजा है। अगर मैं बोलूंगा कि हमारे परिवार के बाक़ी लोग ऐसा नहीं मानते तो वह भी झूठ होगा।

मुझे यक़ीन नहीं रहा कि मैं श्री टाटा से कभी मिलूंगा। मैंने खुद पर शक करना और अपना ही विरोध करना पसंद किया। एक दिन नइना ने मुझे अपने पास बैठाकर पुराने अख़बारों की कतरनों की मोटी फ़ाइल खोली।

'मैं एक शख़्स को जानता हूं। वह टाटा ट्रस्ट के दफ़्तर में उनके क़ानूनी मामलों को देखने वाली टीम में है। हम अपनी फ़ाइल उनको भेज सकते हैं।'

मैंने एक किशोर की भावुकता से भरी चिट्ठी लिखी। बार-बार उसे पढ़ा, सुधारा। चिट्ठी का समापन कुछ इस तरह से किया। 'श्री टाटा, एक न एक दिन मैं आपसे ज़रूर मिलूंगा।' चिट्ठी में कमी तो थी बस दिल और गले लगाने वाले इमोजी की। फिर मैं अपनी सोच पर हँसे बिना नहीं रह सका। क्या कोई भी मेरे इस तरह के अनुरोध को स्वीकार करेगा। इस चिट्ठी के साथ मैंने मोटोपॉज़ के संबंध में टाटा के न्यूज़लेटर में प्रकाशित सामग्री और युवा टीम की तसवीरें भी भेजीं।

चिट्ठी और इसके साथ ही नइना का हमारे परिवार के बारे में परिचय देने वाला नोट मैंने सावधानी से उस फ़ाइल में रख दिया। इसके बाद मैं वकील के पास गया। मेरी क़िस्मत की राह का दूसरा मोड़।

'आप अगर यह फ़ाइल उनके दफ़्तर में दे सकें तो बहुत अच्छा होगा।' मुझमें इतना साहस नहीं था कि मैं कहता कि श्री टाटा तक यह फ़ाइल पहुंचा दें।

वह इसके लिए सहर्ष तैयार हो गए कि जब भी वह अगली बार मुंबई जाएंगे तो इसे ज़रूर पहुंचा देंगे। बस इससे अधिक और कुछ नहीं।

मैं इसको लेकर खुश था कि मैंने कोशिश की। यदि इस पर भी कुछ नहीं होता है तो मुझे बहुत अधिक अफ़सोस नहीं था। मुझे हमेशा से लगता है कि अस्वीकार होने का दुख कहीं कम होता है। कहीं अधिक कठिन और मुश्किल है अंजाम के बारे में सोचते रहना। अगले सप्ताह वकील ने मुझे बताया कि उन्होंने फ़ाइल पहुंचा दी है।

वकील साहब के इस संदेश ने मेरे भीतर की उम्मीद की किरण को धधका कर ज्वाला का रूप दे दिया था (मेरे भीतर के दुखी कवि को जगा दिया था)। हफ़्ते दर हफ़्ते यह फिर मंद होती चली गई और आख़िरकार यह दिए में और उसके बाद आख़िर में जुगनू की हल्की-सी टिमटिमाती हुई रोशनी में बदल गई।

मैंने नइना से इसे भूलने के लिए कहा। हो सकता है चिट्ठी इधर-उधर हो गई हो। उनको रोज़ाना लाखों चिट्ठियां भेजी जाती हैं। हो सकता है वह खो गई हो। या हो सकता है कि वह इस तरह की किसी चीज़ का जवाब देना नहीं चाहते हों लेकिन नइना को भरोसा था। मैं समझ नहीं सका। नइना को पूरा यक़ीन था। उनका विश्वास कुछ इस तरह से था जैसे कि रतन उनके बचपन के दोस्त हों।

'वह ज़रूर जवाब देंगे। वह इसे देखेंगे तो हमें ज़रूर लिखेंगे। उन्होंने अब तक उसे नहीं देखा है।'

कई हफ़्ते गुज़र गए होंगे। मैं विदेश से एमबीए के लिए प्रवेश परीक्षा जीमेट की तैयारी कर रहा था। नइना ने मुझे इंडस्ट्रियल डिज़ाइनर बनने या एमबीए करने का विकल्प दिया था। मैंने दूसरा विकल्प चुना और इसकी

वजह थी वित्तीय सुरक्षा। हालांकि वित्तीय सुरक्षा जैसा कुछ भी नहीं होता।

लेकिन मन में कहीं न कहीं श्री टाटा से मिलने की आस दबी हुई थी। हमारे बीच इधर-उधर से कहीं न कहीं जिक्र आ ही जाता था।

'वह ज़रूर जवाब देंगे।'

मेरा जवाब होता, 'मुझे तो इसकी उम्मीद नहीं है।'

'वह हर चिट्ठी का जवाब देते हैं।'

'टाटा परिवार कभी लोगों की उपेक्षा नहीं करता।'

'भले उन्होंने कभी आपको देखा नहीं हो, तब भी आपके पत्र का उत्तर देते हैं।'

'अख़बार से पता चला है कि वह इस समय जर्मनी में हैं। उनको वापस आने दो वह ज़रूर जवाब देंगे। तब देखना।'

दो सौ मील दूर दक्षिण मुंबई की एलफ़िंस्टन बिल्डिंग। टाटा समूह का दफ़्तर। फ्रंट डेस्क पर एक लड़की ने उस फ़ाइल को देखा। उसे पता था कि इस तरह की सभी फ़ाइल उस दफ़्तर में एक ख़ास व्यक्ति के पास जाती थीं और जो इस तरह की चीज़ों में कोई बहुत अधिक संवेदनशीलता या उत्साह महसूस नहीं करता था। लेकिन यह फ़ाइल उन तक नहीं गई। पता नहीं उस लड़की के दिल में क्या आया; उसने यह फ़ाइल अपने पास ही रोक ली। उसने अपनी दो महिला सहयोगियों को वह फ़ाइल दिखाई। उन तीनों ने तय किया कि इसे वे सीधे श्री टाटा के सामने पेश करेंगी। उन्होंने इस फ़ाइल को अपने पास रखा और इंतज़ार किया। वापस आने पर फ़ाइल उनके सामने थी। श्री टाटा से मेरी मुलाक़ात में ये तीनों महिलाएं बेहद महत्त्वपूर्ण कड़ी बनीं। कुछ दिन बाद ही मुंबई से मुझे एक पत्र प्राप्त हुआ।

प्रिय शांतनु,

आपके ईमेल और उसमें व्यक्त की गईं कोमल भावनाओं के लिए धन्यवाद।

'मोटोपॉज़' नाम के इस अनूठे अभियान की सफलतापूर्वक शुरुआत के आपके समर्पित प्रयासों के बारे में जानकर मुझे बहुत अच्छा लगा। 'पॉज़ फ़ॉर अ कॉज' अभियान के संबंध में जानकर बेहद ख़ुशी हुई। पशु कल्याण ऐसा विषय है जिसको लेकर मैं बहुत संवेदनशील हूं। इस विषय पर चर्चा के लिए

आपसे मिलकर प्रसन्नता होगी। मुलाक़ात के लिए आप कृपया मेरे दफ़्तर से समय तय कर लें।

शुभकामनाएं

आपका

रतन एन. टाटा

चिट्ठी हमारे घर पर पहुंच चुकी थी। ऐसे परिवार में जिसकी कई पीढ़ियां टाटा समूह से जुड़ी रही हैं। ऐसे परिवार में इस तरह की चिट्ठी मिलने पर होने वाली ख़ुशी बयान करना बहुत मुश्किल हो जाता है। ऐसे में किसी को बाथटब में नहाते समय यह ख़बर मिले तो हो सकता है कि वह ख़ुशी में आपा खोकर सीधा सड़कों पर भागने लगे। उस दिन नायडू परिवार में पूरे दिन लगभग एक ही तरह की बातें हो रही थीं। जैसे कोई बच्चा बार-बार चीनी खाता रहता है।

'आपने देखा! उन्होंने लिखा है कि वह बहुत प्रभावित हुए!! श्री टाटा मेरे बेटे से बहुत प्रभावित हुए!!!'

'उन्होंने खुद इस पर साइन किए हैं!!'

'वाह, तुम टाटा परिवार के एक सदस्य से मिलने वाले हो!!!'

'हमारे पूर्वजों को इस पर बहुत गर्व होगा।'

दो महीने बाद सितंबर 2016 में यह मुलाक़ात तय हुई। वह समय कुछ अच्छा नहीं चल रहा था। मोटोपॉज़ के कॉलर पुराने होकर अब टूटने लगे थे। हमने लाइट पड़ने पर रोशन होने वाले जो टेप इस्तेमाल किए थे वह कार और समतल सतह के लिए होते हैं ना कि डेनिम पर लगाने के लिए। वह कॉलर पर बहुत समय तक नहीं टिक सकते थे। हमने काफ़ी सोच-विचार किया और आख़िर में हमें उद्योगों में इस्तेमाल होने वाला एक फ़ैब्रिक ज़्यादा ठीक लगा। हमने टेप की जगह फ़ैब्रिक का इस्तेमाल शुरू किया जिससे यह समस्या दूर हो

गई। हम अभी तक इसी फ़ैब्रिक का उपयोग कर रहे हैं। इसमें ख़र्च कुछ अधिक है लेकिन उसके कॉलर बेहतर और लंबे समय तक काम करते हैं।

मुलाक़ात का दिन क़रीब आ रहा था। अब कुछ ही हफ़्तों का समय बाक़ी था। बरसात की एक शाम मैं अपनी मोटरसाइकिल से जा रहा था। तभी बहुत ज़ोरों से बारिश शुरू हो गई। लेकिन मैं रुका नहीं। अचानक कहीं से एक और मोटरसाइकिल आई और जब तक मैं ब्रेक लगाता तब तक अनहोनी हो चुकी थी। मैं बाइक के साथ घिसटता चला गया और डिवाइडर से जा टकराया। कई जगह जख़्मों से ख़ून बह रहा था। मेरा पैर हिल भी नहीं सकता था। बारिश जारी थी। सड़क के बीचों-बीच में किसी तरह से उठा। इस सबसे हटकर मेरे दिमाग़ में केवल एक ही चीज़ चल रही थी।

'अब मैं श्री टाटा से मिलने कैसे जाऊंगा?'

2

पक्का वादा

‘श्री टाटा से मुलाक़ात से पहले तुमने अपने जीवन को ख़तरे में कैसे डाल दिया?’

देवताओं को बलि चढ़ाना ही बाक़ी रह गया था। बाक़ी ऐसा हर नुस्ख़ा अपनाया गया जिससे मैं श्री टाटा से मुलाक़ात से पहले किसी तरह ठीक तरीक़े से चलने लग जाऊं। घर में खांसने में भी मुझे डर लगता था।

‘क्या तुम श्री टाटा के सामने खांसना चाहते हो? वह क्या सोचेंगे?’ उसी तरह की चीज़ें जो लगभग हर भारतीय परिवार में होती हैं।

तो इस मुलाक़ात से पहले हमारे घर को इस तरह से सुरक्षित कर दिया गया जैसे घर में कोई शिशु पैदा होने पर किया जाता है।

मैंने इस मुलाक़ात के लिए अपने साथ सुकृत को ले जाने का फ़ैसला किया। वह मोटोपॉज़ की शुरुआत से पूरी सक्रियता के साथ जुड़ा हुआ था। हम दोनों ने इस मुलाक़ात के लिए सफ़ेद शर्ट पहनना तय किया। जितना हो सकेगा हम प्रोफ़ेशनल दिखाई देंगे। हमने ख़ासी महंगी शर्ट ख़रीदी। सुकृत अपना कैमरा साथ ले चलेगा और उससे केवल दो तसवीरें लेंगे। मैं उसकी श्री टाटा के साथ तसवीर लूंगा और इसी तरह से वह मेरी तसवीर उनके साथ लेगा। हम इसके लिए बिलकुल भी तैयार नहीं थे लेकिन हमारी माताएं, हमारे ऊपर जैसे बंदूकें ताने हुई थीं।

वास्तव में तो मेरे पास ख़ुश होने का भी वक़्त नहीं था। मुलाक़ात के पल नजदीक आने के साथ बेताबी और चिंता के मिलेजुले भाव आ-जा रहे थे। मैं बस यही सोच रहा था कि हमारी बातचीत में भूल से भी कोई ऐसी

बात नहीं होनी चाहिए जो श्री टाटा को बुरी लगे। अपने भीतर खुद झांकते रहना और सुधार की कोशिश करना विजेता के गुण हैं। मैं भी कोशिश कर रहा था।

हम एक दिन पहले ही मुंबई के फ़ोर्ट स्थित होटल एस्टोरिया पहुंच गए थे। नइना हमें कई जगह लेकर गए। अच्छी बारिश के बाद की हरियाली मन को लुभाने वाली थी। मरीन ड्राइव और अन्य कई जगह जहां ब्रिटिश राज के समय की इमारतों में अब बड़ी-बड़ी कंपनियों के दफ़्तर खुल चुके हैं। दक्षिण मुंबई में इस तरह से मैं पहली बार घूम रहा था। बीच-बीच में बारिश में हम किसी छत के नीचे रुकते तो नइना मुंबई शहर के तरह-तरह के किस्सों से हमारा ज्ञान बढ़ाते। मुझे उस दिन की सभी बातें अच्छी तरह से याद हैं। जैसे एल्बम में एक-एक तसवीर देखी जा सकती हो। इससे पहले मैंने नइना के साथ बहुत कम वक़्त इस तरह से बिताया था। यह मुंबई शहर के साथ मेरे रोमांस की एक शुरुआत थी। हम काफ़ी देर टहलते रहे और अपने आपको ऐसा यक़ीन दिलाते रहे कि अगले दिन होने वाली मुलाक़ात

को लेकर हम पूरी तरह से बेफ़िक्र हैं। इसमें कुछ देर के लिए हमें कामयाबी भी मिली। ख़ास तौर पर सुकृत को।

सुकृत हमेशा प्रफुल्लित रहता है। छोटी-छोटी सांसारिक दुख-चिंता हम आम लोगों को तुरंत अपने घेरे में ले लेती है। उसमें वह कहीं नज़र नहीं आती है। वह बहुत ही सहजता से जीवन जीता है और उसकी हँसी तो जैसे बेलगाम है हमेशा ग़लत समय और ग़लत जगहों पर सुनाई देती है। बहुत ही कम चीज़ें हैं जो उसके जोश को थाम सकती हैं। सुबह उठने से लेकर रात सोने तक हर पल साथ-साथ रहने की हमारी दोस्ती देखकर आसानी से हमारे 'संबंधों' को लेकर शक किया जा सकता था। और ऐसी दोस्ती भी क्या जब तक ऐसे संदेह पैदा नहीं हों! तब तो सवाल यह पैदा होगा कि क्या हम वास्तव में सबसे अच्छे दोस्त हैं भी? सुकृत पर हमेशा ईश्वर की कृपा बनी रहे।

मुलाक़ात की सुबह आ गई। हम सब ख़ामोश थे। नइना ने मेरी शर्ट को आयरन किया। उनको मुझ पर संदेह था क्योंकि मैं पहले कई बार कई ख़ास मौक़ों पर आयरन करते हुए अपने क़ीमती कपड़ों की बलि चढ़ा चुका था। नइना के साथ पैदल चलते हुए हम उस बहु प्रतीक्षित मुलाक़ात के लिए टाटा समूह के दफ़्तर पहुंचे। वह इमारत वेनेशियन गोथिक वास्तु का नमूना थी। वहां आसपास चारों ओर ब्रिटिश काल की इमारतें थीं और उनके संबंध में कई किस्से थे जिनके बारे में मैं कुछ नहीं जानता था। नइना ने कहा कि वह नीचे हमारा इंतज़ार करेंगे।

मैं देख रहा था कि वह खुद उनसे मिलने के लिए कितने बेताब थे। लेकिन वह इसके बारे में सोच भी नहीं सकते थे। उन्होंने संघर्ष के साथ खुद को खड़ा किया था और स्वाभिमान कूट-कूट कर उनमें समाया हुआ था। मुझे कुछ दुख भी हुआ।

सबसे ऊपरी मंज़िल पर एक ऊंचे-पूरे चश्मा लगाए हुए गंभीर नज़र आ रहे सज्जन ने हमारी ओर देखा (कल्पना कीजिए हैरी पॉटर की किरदार प्रोफ़ेसर मैकगोनेगल, लेकिन पुरुष) बाद में मुझे पता चला कि वह उस समय टाटा ट्रस्ट के प्रबंध ट्रस्टी आर. वेंकटरमणन थे।

'हमें श्री टाटा से मिलना है,' मैं बुदबुदाया। उन्होंने सिर हिलाकर इशारा किया और दरवाज़े खोल दिए और हमें एक ओर जाने का इशारा किया।

फ़्रंट डेस्क पर हमें डेनेसी मिलीं। उन्होंने गर्मजोशी और खिली हुई मुस्कान के साथ हमारा स्वागत किया। वह हमें सोफ़े तक लेकर गईं और हमें वहीं इंतज़ार करने को कहा। हम वहां ख़ामोश-सहमे हुए से बैठ गए। उस समय हमारी हालत कुछ ऐसी थी कि हम डेनेसी की खुशमिजाजी और उनकी ख़ूबसूरत शख़्सियत की तारीफ़ करने की स्थिति में भी नहीं थे। लेकिन डेनेसी ने हमारे दिमाग़ के एक कोने में ज़रूर जगह बना ली जिसके बारे में हम आगे चर्चा करेंगे। हम इंतज़ार कर रहे थे।

मेरी नज़रें श्री टाटा की केबिन की ओर ही लगी हुई थीं। एक क्षण के लिए दरवाज़ा खुला और एक कर्मचारी उनके लिए कॉफ़ी लेकर गया। केबिन के भीतर की झलक देखकर मैं रोमांचित हो गया। दरवाज़ा कुछ धीरे-धीरे बंद हुआ और श्री टाटा मुझे कुकीज़ खाते हुए दिखाई दिए। मैंने कोहनी मारकर सुकृत को इशारा किया। मैं सोच रहा था कि रतन टाटा को किस तरह की कुकीज़ खानी चाहिए? क्या ये कुकीज़ उनसे अलग होंगी जो अम्मा मेरे लिए लेकर आती हैं? लेकिन ये सब ख़याल ज़्यादा देर नहीं चले और कुछ ही देर बाद वह स्वयं बाहर आ गए।

सफ़ेद चेक शर्ट और चिरपरिचित मुस्कान। वह स्मार्ट दिख रहे थे। उनकी उपस्थिति अभिभूत करने वाली थी।

मेरे हाथ में पट्टी देखकर उन्होंने शरारत भरी मुस्कान के साथ चिकोटी ली। 'क्या हुआ क्या किसी कुत्ते ने काट लिया?'

मज़ाक़ में कहे हुए उनके ये पहले कुछ लफ़्ज मेरे दिमाग़ पर हमेशा के लिए अंकित हो गए। मैं नहीं जानता कि उन्होंने जो कुछ कहा था, उसने मुझे दुखी किया या खुश। लेकिन हां इतना ज़रूर है कि उनका यह हास-परिहास मुझे दिनों-दिन ज़्यादा पसंद आने लगा।

'मुझे माफ़ कीजिए यह मज़ाक़ कुछ अच्छा नहीं था और हां आपको इंतज़ार कराने के लिए भी मैं माफ़ी चाहूंगा। आइए कृपया आइए।' उन्होंने हमारे लिए दरवाज़ा खोल दिया।

उनकी आवाज़ में गर्जना और गहराई थी लेकिन प्यार भी भरा हुआ था। कुछ भी नक़ली नहीं। ऐसा प्रतीत होता था कि वह जो कुछ भी करते थे, यह सब उसका हिस्सा था। आंखों में दया का भाव, आवाज़ में कोमलता

जैसे कि उन पर हमारा कोई क़र्ज़ हो। इसने मुझे गैंडाल्फ़ (फ़िल्म *लॉर्ड ऑफ़ रिंग्स* का किरदार) की याद दिला दी।

हमने उन्हें मोटोपॉज़ की अपनी पूरी यात्रा के बारे में बताया और उन्हें तसवीरें दिखाईं। इस बीच में वह बार-बार दोहराते रहे कि सचमुच यह अनोखा विचार है। इतनी अधिक तारीफ़। हम बेक़ाबू हो रहे थे। हमारे भीतर ही आवाज़ उठ रही थी, अब बस कीजिए। हमने उन्हें एक म्यूज़िक वीडियो दिखाया। यह कुत्ते जॉनी की कहानी पर था। जॉनी की मां को किसी वाहन ने कुचल दिया था और अब वह अकेला रह गया था।

'मुझे उम्मीद है कि आपने कुत्ते को कुचलते हुए नहीं दिखाया होगा। मैं इस तरह से नहीं देख सकता।'

हमने उन्हें भरोसा दिलाया कि ऐसा कुछ भी उसमें नहीं है। हम सोच रहे थे कि क्या कोई इतना बुद्धिमान होने के साथ इतना कोमल हृदय हो सकता है।

उन्होंने हेड फ़ोन लगाया और बहुत ही धीरज के साथ पूरा वीडियो देखा। हम इन तीन मिनट के दौरान उनके चेहरे पर आ-जा रहे भावों को देखते रहे।

उन्हें देखते हुए मन शांत और स्थिर हो जाता है। जैसे गहरे ध्यान से डूबकर बाहर आ रहे हो। बुराइयां साथ छोड़ रही हों। उनके व्यक्तित्व की विशालता के आगे बाक़ी सब कुछ बहुत छोटा हो जाता है। उनका चेहरा बहुत... अनोखा दिखाई देता है। मज़बूत लंबी पारसी नाक, सामने माथे पर लहराते हुए सफ़ेद चांदी जैसे चमकते बाल। उनका व्यक्तित्व सुकून का अहसास कराने वाली ताज़ी हवा के झोंके की तरह लग रहा था। खुशगवार यादों की तरह, जो आपको ज़िंदगी के बारे में बहुत अच्छी सोच की दिशा में प्रेरित करता है। उनके व्यवहार और भाषा के बारे में बयान नहीं किया जा सकता। उन्होंने जो कुछ भी किया उसमें एक नजाकत और कोमलता थी।

उन्होंने पूरा वीडियो देखा। उनकी प्रतिक्रिया से हमारे दिलों को राहत पहुंची।

'पशुओं के प्रति आपकी संवेदनशीलता ने मुझे बहुत प्रभावित किया है। बिलकुल इसी तरह की भावनाएं मेरे भीतर भी हैं और मुझे खुशी है कि आप भी ऐसा महसूस करते हैं।'

जीवन में सांसारिक नियम कुछ इस तरह हैं कि जीवन में कभी भी किसी को संपूर्ण खुशी हासिल नहीं होती। लेकिन मैं उस क्षण में पूरी तरह से खुश था।

मैं कल्पना कर सकता हूं कि मेरे पूर्वज भी ऊपर बहुत खुश हो रहे होंगे। अरे हां, याद आया। नइना ने मुझे एक चार्ट दिया था जिसमें टाटा समूह के लिए काम करने वाली नायडू परिवार की 5 पीढ़ियों का ज़िक्र था। मैंने उसे उनके सामने रख दिया।

'मैं उनका आभारी हूं, मुझे अफ़सोस है, मैं उनको नहीं जानता।'

तभी अचानक उनके इस सवाल ने चौंका दिया।

'बताइए, मैं आपके लिए क्या कर सकता हूं?'

बातचीत के बीच अचानक आया यह सवाल मुझे कुछ पसंद नहीं आया। हमने ऐसा तय किया था कि हम किसी भी तरह की मदद नहीं लेंगे और अगर वह पेशकश भी करते हैं तो स्वीकार भी नहीं करेंगे। हम इसके लिए वहां नहीं गए थे।

'कुछ भी नहीं। मैं यहां आपके साथ रिश्ता क़ायम करने के लिए आया हूं। जीव कल्याण को लेकर कोई कल्पना हो और हम उसमें कोई मदद कर सकें।'

ऐसा प्रतीत होता था, वह समझ नहीं पा रहे थे कि मैं क्या कहना चाह रहा था और उन्होंने दोहराया। 'मैं आपकी क्या मदद कर सकता हूं?' उन्होंने अलग-अलग तरीक़े से सवाल पूछा, लेकिन हमने भी हर बार यही जवाब दिया कि हमारे पास कुछ भी ऐसा मांगने के लिए नहीं है। हमारे बीच की बातचीत अब पहले जैसी ख़ुशगवार नहीं लग रही थी। हम जिस मक़सद से गए थे वह अब कुछ धुंधलाता जा रहा था।

क़रीब एक साल बाद मैंने यह जाना कि बहुत से लोग उनके पास ख़ाली हाथ जाते हैं और उनसे कुछ ना कुछ लेकर लौटते हैं। ऐसे में यह सोच स्वाभाविक है कि कोई भी उनके पास मदद की इच्छा के बगैर नहीं आता। (ऐसा नहीं है कि यह ग़लत है या इस तरह की इच्छा रखकर आने वालों से उनको परेशानी होती है। वह उन लोगों से भी उतनी ही कोमलता और दयालुता के साथ पेश आते हैं और मैं इसके लिए उनकी सराहना करता हूं।) लेकिन मेरी इस तरह की कोई इच्छा नहीं थी।

आख़िरकार उन्होंने उस विषय को छोड़ दिया और एक बहुत सच्चे आदर्श पशु पालक की तरह उन्होंने हमें अपने दो कुत्तों टीटो और टैंगो की तसवीरें दिखाईं।

'क्या आप उनसे मिलना पसंद करेंगे?'

'ज़रूर हमें बहुत मज़ा आएगा।'

'ठीक है। एक आख़िरी मुलाक़ात मेरी बाक़ी है। उसके बाद फिर हम टीटो और टैंगो से मिलने चल सकते हैं।'

स्वर्ग (मुझे पूरा भरोसा है) में ख़ुशी से झूम रहे अपने पूर्वजों की चीख़ों को मैं सुन पा रहा था।

यह थोड़ा-सा हमारे लिए अजीब था लेकिन डरते-सकुचाते हुए हमने ऐसा किया। हमने उनसे साथ में तसवीर का आग्रह किया। लेकिन पता नहीं क्यों। यह कुछ ग़लत लगा। मैं ऐसा सोचता हूं कि उनके साथ इतना समय व्यतीत करने के बाद और कुछ अधिक मायने नहीं रखता। लेकिन मैंने अपनी मां, दादी, परदादी और मेरी बचपन की नटखट तसवीर के मंदिर से वादा किया था।

'ज़रूर आप तसवीर ले सकते हैं।'

सुकृत ने अपना कैमरा बाहर निकाला। जैसा कि हमने पहले से ही सोच रखा था। श्री टाटा हमारा कैमरा देखकर बोल पड़े।

'वाह, यह तो ख़ासा बड़ा कैमरा है।'

और सुकृत जो बेबाक होने को बेताब हो रहा था, बोल पड़ा, 'आप भी तो बड़े आदमी हैं।'

हम जाते हुए संस्कारी लड़कों की तरह उनके चरण स्पर्श करने के लिए झुके लेकिन उन्होंने हमें इसकी इजाज़त नहीं दी। 'यह ठीक नहीं है' कहकर उन्होंने हम दोनों को गले लगा लिया।

हम बाहर फिर पुरानी जगह पर जाकर बैठ गए। डेनेसी को देखा। इस बार हम उनकी ख़ूबसूरती को कुछ बेहतर तरीक़े से देख पा रहे थे। मन ही मन हमने उनको सराहा। एक बार फिर, इस बारे में विस्तार से चर्चा आगे। श्री टाटा ने अपनी मुलाक़ात जल्दी ख़त्म कर दी। शायद वह किसी को भी इंतज़ार कराना पसंद नहीं करते।

वहां से बाहर निकलते हुए वह हमें अपने सहयोगियों से मिलवाना नहीं भूले। दीप्ति, विचित्र हेयरकट वाली स्मार्ट सिपाही जिससे मैं कुछ डर गया था। टिंकरबेल (एक किरदार) की कल्पना कीजिए जिसके हाथ में शिकार करने वाला चाकू हो। और उसके बाद उन्होंने परिज़ाद से मिलवाया। श्री टाटा से मिलना हो या उनसे बात करनी तो यह केवल परिज़ाद के माध्यम से ही हो सकता है। और यह अब भी क़ायम है। चेयरमैन के दफ़्तर पर उनकी पैनी निगाहें रहती हैं जिससे कि श्री टाटा तक ऐसे कोई भी अवांछित अजनबी नहीं पहुंच सकें जिनके पास कोई वाजिब कारण नहीं है।

दीप्ति, परिज़ाद और डेनेसी, इन तीन महिलाओं के बीच मैं खड़ा हुआ था। उन तीनों ने मोटोपॉज़ की मेरी फ़ाइल श्री टाटा तक पहुंचाने में मदद की थी। और तब भी उस समय तक मैं सोच नहीं सकता था कि चार साल बाद वे मेरे जीवन में और कितनी अहम भूमिका में आने वाली हैं। हम साथ में कितने काम करने जा रहे हैं और उनसे संबंध कम से कम मेरे जीवन में तो मिठास घोलने वाले हैं। श्री टाटा ही केवल एक मेरे लिए आशीर्वाद की तरह नहीं आए बल्कि तीन और लोगों को साथ लेकर आए।

इमारत से बाहर आते हुए मैंने नइना को देखा। वह श्री टाटा को देखकर ख़ुशी से फूले नहीं समा रहे थे। दोनों ने एक दूसरे से हाथ मिलाए। मेरे दो संसार आमने-सामने थे। एक जिसकी कहानियां सुनते हुए मैं बड़ा हुआ था और दूसरा वो जिसने मुझे कहानियां सुनाई थीं। हमारे लिए यह बेहतर रहा कि नइना अपने होशो-हवास में बने रहे।

हम दोनों टीटो और टैंगो से मिलने के लिए चल पड़े। श्री टाटा की रेंज रोवर को हम गदगद भाव से निहार रहे थे। दूरी कम थी और बहुत जल्दी यह सफ़र पूरा हो गया। कोलाबा में बने उस बंगले में सादगी झलक रही थी। एक बड़ा-सा लॉन था जहां से समंदर का नजारा दिखाई दे रहा था। हम लॉन में बैठे जहां लीची का जूस (जो मुझे पसंद आया और अभी भी वह पेश किया जाता है) हमें सर्व किया गया। उस समय साफ़ तौर पर वह बहुत ही ख़ुशमिज़ाज नज़र आ रहे थे। उस समय तक टाटा समूह के नेतृत्व को लेकर अक्टूबर में आने वाली क़ानूनी समस्याएं नहीं आई थीं। उनकी मुस्कान में थकान नहीं थी। आंखों में चमक थी। बहुत ज़्यादा बातें नहीं हुईं लेकिन उनकी उपस्थिति को अनदेखा करना कठिन था। समंदर के किनारे मुंबई की रूमानी शाम के बीच उनकी शख़्सियत हमें अपने चारों ओर महसूस हो रही थी।

टीटो और टैंगो बहुत बड़े और ख़ूबसूरत से घने बालों वाले पिल्लू थे। मैं टीटो के साथ और सुकृत टैंगों के साथ खेलने में मशगूल हो गए। और यह हमारे दिन का शानदार समापन था।

सुकृत एक और तसवीर के लालच को क़ाबू में नहीं कर सका।

'क्या मैं अपने कैमरे से तसवीरें ले सकता हूं।'

'ज़रूर, आप जो चाहें कर सकते हैं।' अब मैं उनकी कोमलता को समझ चुका हूं जो उनके स्वभाव का हिस्सा है। वहां हमने कई तसवीरें लीं। उन्हीं में से एक तसवीर जिसमें श्री टाटा टीटो के साथ खेल रहे थे, हमने उसे फ्रेम करा कर उनको भेजा। आज भी वह तसवीर उनकी लाइब्रेरी में रखी हुई है और उनकी दूसरी इंस्टाग्राम पोस्ट पर भी वह तसवीर है।

उनकी शानदार और उदार मेज़बानी का अब और दुरुपयोग करना ठीक नहीं था। भले ही मन नहीं मान रहा था लेकिन हमने उनसे जाने की

इजाज़त मांगी। उन्होंने बहुत दबाव देकर कार से हमें होटल तक ड्रॉप करने को कहा।

वापसी में सुकृत और मैं ख़ामोश रहे। उस समय हमें ना तो मोटोपॉज़ का ख़याल आया, ना ही हम तसवीरों के बारे में सोच रहे थे। हमें इसकी भी कोई फ़िक्र नहीं थी कि उनकी रेंज रोवर में यह हमारी पहली और शायद आख़िरी यात्रा हो। हम डेनेसी के बारे में भी भूल गए। हम इस सब से दूर थे। उनकी गैर मौजूदगी हमें खल रही थी। सब निरर्थक जान पड़ता था। हम केवल उसी दिन उनसे मिले थे लेकिन उनकी अनुपस्थिति हमें एक ख़ालीपन का अहसास करा रही थी।

मैंने उनके साथ बिताए उस दिन के बारे में सोचना शुरू किया। तभी अचानक मैंने श्री टाटा के उस आश्वासन पर गौर किया जो उन्होंने हमारी विदाई के समय नइना को दिया था। यह वचन था जो मैं कभी नहीं भूलूंगा। उन्होंने अपना विशाल हाथ नइना के छोटे-से कंधे पर रखा था और आश्वस्त करने वाले स्वर सुनाई दिए थे।

'आप चिंता नहीं करें, सर मैं आपके बेटे का ख़याल रखूंगा।'

उन्हें ऐसा कहने के लिए किसी ने कहा नहीं था। इस बात के लिए किसी तरह की भूमिका किसी ने भी नहीं रखी। नइना ने कोई ऐसा अनुरोध नहीं किया, ना ही मैंने किया था। पता नहीं किन कारणों से उन्होंने ऐसा महसूस किया कि उनको यह कहना चाहिए और उन्होंने यह वचन दिया।

श्री टाटा ने इस वचन को कितनी दूर तक जाकर और कितनी बार पूरा किया। इसकी गिनती भी मैं नहीं कर पाऊंगा। जब भी मैं किसी संकट में था, वह वहां मौजूद रहे हैं। मेरी खुशियों में वह थे। मेरे कुछ कहे और बुलाए बिना। मैंने जब इन कहानियों के संग्रह के लिए उनसे आशीर्वाद चाहा तो भी वह साथ थे। आगे आने वाली इन कहानियों में उन्होंने कई भूमिकाएं अदा की हैं। कई बार एक निस्वार्थ दोस्त की। कई बार एक संरक्षण देने वाले बड़े भाई की और कई बार एक मार्गदर्शक की जिसका हाथ मेरे सिर पर मज़बूती से बना रहा। भविष्य के बारे में नहीं कह सकता लेकिन मैं 27 वर्ष की उम्र में ऐसे एक शख़्स को अपने जीवन में पाकर बेहद खुश हूं जिसके बारे में इस तरह से मैं दुनिया को कहानी सुना सकता हूं!

दुनिया मुझे यह कहने के लिए के लिए कृतघ्न कह सकती है लेकिन मुझे तोहफ़े में एक अभिभावक मिला है, एक ऐसा शख़्स जिसको लेकर मुझे यक़ीन नहीं है कि मैं उसके लिए योग्य हूं या नहीं। एक ऐसा अभिभावक शायद कोई भी जिसके लिए योग्य नहीं है और तब भी वह बहुत से लोगों का अभिभावक है।

3

बटर सोप

कमरे में हर कोई मेरे ऊपर हँस रहा था। मैं वहां से उठकर जा भी नहीं सका। मुझे नहीं पता था कि मैं चल पाऊंगा भी या नहीं। कभी भी किसी ने भी मुझे किसी भी चीज़ के लिए इस तरह से अनिश्चित और अपमानित महसूस नहीं कराया था।

यह जीमेट के लिए मेरी कोचिंग क्लास का पहला दिन था। छह महीनों की इस कोचिंग के लिए हमने बहुत बड़ी रक़म दी थी। कम से कम मेरे

परिवार के मानदंडों के हिसाब से वह काफ़ी ज़्यादा थी। अंत में प्रोफ़ेसर घोष ने वो जानकारी दी जिसे सुनने के लिए भारतीय छात्र ज़्यादा बेताब होते हैं।

'मुझे विदेशी कॉलेज में दाख़िला कैसे मिलेगा?'

सवाल-जवाब काफ़ी देर तक चले।

'वित्तीय क्षेत्र की नौकरियों के लिए कौन-सी आईवी लीग सबसे अच्छी है?'

'बिग 3 के लिए मुझे कितने स्कोर लाने की ज़रूरत है?'

'मैंने एक बच्चे को आग में जलने से बचाया। अपनी खुद की कंपनी शुरू की। उसे गूगल को बेचकर मैं करोड़पति बन गया। उसके बाद मैंने वह संपत्ति ज़रूरतमंद बच्चों के लिए दान कर दी। क्या मुझे हार्वर्ड में प्रवेश मिल जाएगा?'

इस तरह के तमाम सवाल पूछे जा रहे थे। ऐसे सवाल जो कहीं से भी एक-दूसरे से जुड़े हुए नहीं थे। वहां मौजूद युवा अजीब क़िस्म से प्रेरित, गला काट होड़ में दिखाई दे रहे थे जिन्हें पता था कि वे क्या चाहते थे और वे उसे हासिल करने वाले थे, उसके लिए चाहे जो कुछ भी उन्हें करना होगा वे करेंगे।

'और कोई आख़िरी सवाल?'

और मुझे भी सवाल करने की क्या सूझी! लेकिन तीर छूट चुका था।

'यदि मुझे आईवी लीग में प्रवेश मिल गया लेकिन मैं भारत वापस आना चाहता हूं ऐसी स्थिति में मेरे लिए क्या है?'

चुप्पी ठहाकों में बदल गई। हँसी रुकने का नाम ही नहीं ले रही थी। कई युवा मेरी हँसी उड़ाएंगे मुझे अंदाज़ था। लेकिन इस क़दर यह नहीं सोचा था। उस समय मैंने जितना अपमानित महसूस किया, वह कभी नहीं भूल सकता। मैंने बहुत कातर भाव से प्रोफ़ेसर घोष की ओर देखा। वह भी मुस्करा रहे थे।

तभी कहीं से आवाज़ आई।

'तुम वापस आना क्यों चाहते हो? यहीं रहो फिर जाने की ज़रूरत क्या है।'

कई वर्षों तक मुझसे यह पूछा जाता रहा। यदि मैं डॉलर में कमाता रहता तो पढ़ाई के लिए अपने क़र्ज़ का काफ़ी बड़ा हिस्सा चुका सकता था।

यहीं से मेरे भीतर इस परीक्षा का जुनून पैदा हुआ। मैं जिस किसी को भी जानता था वह आगे की पढ़ाई के लिए अमेरिका जा चुका था। हरेक भारतीय छात्र यही रास्ता अपना रहा था और मज़ेदार बात यह है कि किसी को भी याद नहीं कि आख़िर इसके पीछे वजह क्या थी। हर युवा के कमरे की दीवारों पर इसके लिए नसीहतें लगी हुई थीं, याद करने वाली तमाम बातें। फ़ॉर्मूले, टिप्स। मैंने प्रोफ़ेसर घोष के साथ काफ़ी मेहनत की। लगातार अपने सवालों और शंकाओं के संबंध में उनको ईमेल और मैसेज भेज रहा था। उनके जवाब आते। फिर मेरा कोई सवाल होता। यह सिलसिला चलता रहा। दफ़्तर से छुट्टी ख़त्म हो गई थी। उसके बाद मैंने दफ़्तर में रात की पाली के दौरान मिलने वाले ख़ाली समय में प्रश्न बैंक हल करने शुरू कर दिए। मुझे किसी भी हालत में आईवी लीग में दाख़िला चाहिए था। मेरे लिए इससे ज़्यादा और कुछ भी अहम नहीं था। हालांकि मैं खुद नहीं जानता था कि मेरी इस इच्छा के पीछे क्या था। मैं अपने को साबित करना चाहता था। या नइना से किया गया वादा किसी भी हाल में पूरा करना चाहता था। या फिर वास्तव में यह मेरी चाहत थी।

यह जुनून मेरे सिर पर इस क़दर सवार हुआ कि मैं अपने दोस्तों से दूर हो गया। यहां तक कि मिहिरा से भी। समय के साथ उसकी प्राथमिकताएं भी बदल गईं। मैं यह समझ सकता था। उसने पुणे में ही वन्य जीव संरक्षण में स्नातकोत्तर पाठ्यक्रम में पढ़ाई शुरू कर दी थी। हमारे रास्ते अलग हो गए। लेकिन परीक्षा की तैयारी उसी तरह से कठोर मेहनत के साथ जारी रही। और दिसंबर में परीक्षा का समय आ गया। चार घंटे का लंबा मैराथन पेपर था। लेकिन मैं असफल हो गया। मेरा डर सही साबित हुआ।

मेरा स्कोर 600 के बीच था। मैं बहुत शर्मिंदा महसूस कर रहा था।

मैंने बहुत मेहनत की थी। उसके बाद की अस्वीकृति बहुत भयंकर थी। एक सप्ताह तक खुद पर तरस खाने और दोस्तों, परिवार से संवेदना और सांत्वना हासिल करने के बाद मैंने तय कर लिया कि इस तरह से इसे ख़त्म होने नहीं दे सकता। मैं इसका ऐसा अंत हरगिज़ नहीं चाहता था। यदि यह वास्तव में मेरी अक्षमता है तो दूसरे प्रयास में यह सामने आ जाएगी। उसके बाद मैं इसे छोड़ सकता था। मैंने 15 दिन बाद एक और परीक्षा देना तय किया। क्रिसमस और नए साल की धूमधाम के बीच मैं पूरे दिसंबर तैयारी में लगा रहा। और ज़्यादा मेहनत। नया साल खुशी लेकर आया। साल का

पहला ही दिन और फ़ोन पर मेरी आवाज़ की चहक से नइना ज़रूर समझ गए होंगे कि कोई अच्छी ख़बर है।

'हेलो नइना, बताइए मुझे कितने नंबर मिले हैं।'

'700?'

'नहीं।'

'740??'

'नहीं, 760! पूरे 760 नंबर!'

जीवन में कितने ही बार मैंने यह अनुभव किया है कि आप किसी चीज़ के योग्य हो सकते हैं। लेकिन तब भी इसका हर बार यह अर्थ नहीं होता कि यह बिना शुरुआती संघर्ष के या तब जबकि आपको उसकी ज़रूरत होगी तब वह आपको हासिल हो जाएगी। मैं इसके कारण के बारे में नहीं जानता कि ऐसा क्यों होता है लेकिन मुझे लगता है कि यह एक क़िस्म की परीक्षा है कि आप उस चीज़ को कितनी शिद्दत से चाहते हैं। निश्चित ही बहुत से ऐसे लोग होंगे जिन्होंने इतने या इससे अधिक नंबर हासिल किए होंगे और इसे बहुत ही सामान्य ढंग से लिया होगा जैसे कि उनके लिए

यह कोई बात नहीं है। लेकिन यह मेरे लिए बहुत ख़ास था। उस दिन कड़ी मेहनत रंग लाई थी और इसलिए यह ख़ास था। ऑटो से घर लौटते समय मेरी आंखें बार-बार भीग रही थीं। ख़ुशी में कभी मैं हँस रहा था तो कभी मेरे आंसू निकल कर आ रहे थे। स्कोर कार्ड को मैंने इतनी कसकर जकड़ रखा था कि मुझे उसकी एक और कॉपी लेनी पड़ी। मैं ठहाके लगाते हुए उस क्लास रूम को याद कर रहा था जिससे मैं आज एक क़दम आगे था।

सभी आईवी लीग ने आवेदन लेने बंद कर दिए थे या अंतिम दौर था जिनमें विदेशी छात्रों को बहुत ज़्यादा तवज्ज़ो नहीं दी जाती है। केवल दो बाक़ी थे, हार्वर्ड और कॉर्नेल।

यह ज़्यादातर लोग जानते हैं कि श्री टाटा ने दोनों ही संस्थानों में पढ़ाई की है। कॉर्नेल से उन्होंने अंडरग्रेजुएट किया था और उसके बाद प्रबंधन का कोर्स हार्वर्ड से किया था। मुझे बहुत अच्छी तरह से यह जानकारी थी कि इसमें प्रवेश हासिल करना आसान नहीं है। केवल स्कोर से ही बिज़नेस स्कूल में दाख़िला नहीं मिलता। आपके इस पड़ाव तक पहुंचने के पीछे की कहानी भी महत्त्वपूर्ण होती है। मेरे पास सुनाने के लिए मोटोपॉज़ की कहानी थी। मेरा स्कोर भी 760 था। लेकिन कई छात्रों के पास भी बहुत कुछ था। एक सप्ताह के समय में असाधारण रॉक स्टार की तरह मैं कोई जादू नहीं कर सकता था और मैं करना भी नहीं चाहता था। यह वास्तविक नहीं होता। हां, लेकिन एक गुंजाइश थी सिफ़ारिश की जहां मैं अपना दावा कुछ और मज़बूत कर सकता था। हमें दो सिफ़ारिशें देनी थीं। एक तो मैंने अपने पुराने सुपरवाइज़र से हासिल कर ली। एक अन्य सिफ़ारिश की चिट्ठी हासिल करने के लिए मेरे दिमाग़ में मंथन चल रहा था। क्या श्री टाटा जैसा कोई? क्या वह मेरे लिए ऐसा करेंगे?

मुझे यह विचार कुछ ठीक नहीं लगा। हमने बहुत सोच-विचार कर यह तय किया था कि हम उनसे किसी भी चीज़ की मांग नहीं करेंगे। उनसे पहली मुलाक़ात के बाद हमने मोटोपॉज़ के लिए उनके दान देने की पेशकश को विनम्रता के साथ अस्वीकार कर दिया था। लेकिन एक दिन उनके एक सहयोगी ने कुछ सख़्त तेवरों के साथ कॉल किया और वह बोले, श्री टाटा को कुछ अच्छा महसूस नहीं हो रहा कि इस तरह से पढ़ाई करने वाले युवा जिनकी आय का कोई साधन नहीं है वे इस तरह अपनी जेब से ख़र्च कर रहे हैं (उसके बाद से मैंने कई मौक़ों पर उनको ऐसे लोगों की मदद करते हुए

देखा है जिनके काम की वह सराहना करते हैं और आदर करते हैं। शायद कुछ इस चाहत के साथ कि काश! वह खुद इस काम को कर सकते। और यदि वह ऐसा मानते हैं कि यह पहल व्यापक हो सकती है और ज़्यादा असर पैदा कर सकती है। तब वह निश्चित ही कोशिश करते हैं और मदद करते हैं।) इस तरह से हम तैयार हो गए और हमने उनकी मदद स्वीकार कर ली। मोटोपॉज़ उसके बाद सिर्फ़ मोटोपॉज़ से 'रतन टाटा समर्थित स्टार्ट-अप' हो गया। ऐसा नाम हम जिसके पीछे नहीं भागे लेकिन जिसने हमें भरोसे की एक ऐसी बुनियाद दी जो और किसी भी तरीक़े से हमें नहीं मिल पाती।

हमने इस धनराशि का उपयोग मोटोपॉज़ के 11 और शहरों में विस्तार में किया। अब देश में इसकी 15 से ज़्यादा स्वतंत्र इकाइयां हैं। तीन अलग-अलग उत्पादन सुविधाएं हैं। साथ ही नेपाल और बांग्लादेश में अंतरराष्ट्रीय इकाइयां भी काम कर रही हैं। मैंने कोशिश की कि मोटोपॉज़ में ख़र्च और उसके आगे बढ़ने के संबंध में उनको लगातार जानकारी देता रहूं। लेकिन आख़िर में हमारी बातचीत इधर-उधर से होते हुए ज़्यादा ईमानदार, अनौपचारिक हो जाती और मोटोपॉज़ कहीं पीछे रह जाता।

आईवी लीग की दुनिया अजीब है। इसलिए इनकी इच्छा करना क्योंकि इनको दुनिया का सर्वश्रेष्ठ संस्थान स्वीकार किया गया है, आपके भीतर एक नशा पैदा कर देता है। यह और बढ़ता जाता है जब आप पाते हैं कि हमारे बीच इतने तमाम युवा भी यही इच्छा करते हैं और अपने आप को योग्य या कुछ अलग मानने के लिए इसे एक मानक की तरह इस्तेमाल करते हैं।

दोनों आईवी लीग आवेदन सिफ़ारिशों का इस्तेमाल कर सकते थे। श्री टाटा छात्रों की शिक्षा में मदद करने के लिए जाने जाते हैं। यदि वह उन्हें ठीक तरीक़े से जानते और यक़ीन करते हैं। मैंने उनसे केवल हार्वर्ड बिज़नेस स्कूल के लिए एक पत्र देने का आग्रह किया था। मुझे इसके लिए उनसे संपर्क करने में काफ़ी शर्मिंदगी महसूस हुई और उनकी बजाय मैंने उनके दफ़्तर से संपर्क किया। मैंने पूरा ज़ोर देकर अपनी बात रखी :

'देखिए श्री टाटा से यह बता दीजिए कि वह तभी मेरे लिए चिट्ठी लिखें यदि उनको मेरी क़ाबिलियत का पूरा भरोसा हो। मैंने यह उनके मूल्यांकन पर छोड़ दिया था।'

उनके कार्यालय ने बहुत जल्दी ही वापस मुझसे संपर्क किया। मैंने राहत की सांस ली, जब दीप्ति ने बताया कि श्री टाटा को मदद करते हुए खुशी होगी।

यह ईमानदार क़िस्म की सिफ़ारिश थी। कोई बहुत बढ़ा-चढ़ाकर, अलंकारयुक्त भाषा नहीं। ना ही कुछ कम करने की कोशिश। जितना वह मुझे जानते थे, उतने तक सीमित और सच्चाई से भरी हुई। इसमें कोई अतिरिक्त ज़ोर देने जैसी बात नहीं थी। केवल एक वक्तव्य जो वह मेरे बारे में सोचते थे। लेकिन मेरे लिए बेहद ख़ास। मैं लगभग हर दूसरे दिन देखता रहता था। लेकिन बहुत ज़्यादा इसलिए नहीं कि डर भी था कि इतना ख़ास पत्र बार-बार इस तरह देखने से कहीं ख़राब नहीं हो जाए।

मैं शांतनु को निजी और प्रोफ़ेशनल दोनों रूप में जानता हूं और मेरी नज़र में उनमें विश्लेषण करने की क्षमता है और उनके नज़रिये में गहराई है। एमबीए कोर्स में प्रतिस्पर्धा के माहौल में उनकी इन क्षमताओं में निस्संदेह और निखार आएगा।

मुझे भरोसा है कि ग्रैजुएट होने के बाद वह व्यवसायिक जगत में सार्थक योगदान देंगे।

मैं नहीं जानता कि मैं क्या उम्मीद कर रहा था। लेकिन उनकी लिखी पंक्तियां मेरी उम्मीद से बढ़कर थीं। उन्होंने अपना क़ीमती समय देकर कुछ ही शब्दों में सारगर्भित तरीक़े से सब कुछ बयान कर दिया था। निश्चित ही उन्होंने गहराई से मेरा मूल्यांकन किया था। मुझे समझा था। उनके स्पष्ट तरीक़े से, संक्षेप में लेकिन अर्थपूर्ण ढंग से लिखने की कला से यह मेरा पहला परिचय था। यह उनके बहुत बारीक़ी से किसी भी चीज़ को देखने के स्वभाव को भी बताता था। आगे जाकर उनके इस लेखन से मेरा कई बार वास्ता पड़ा।

श्री टाटा किसी भी चीज़ को छोड़ देंगे, यह सोचना बहुत ग़लत होगा। उन्हें याद रहता है कि वो कौन-सा दिन था, जिस दिन दफ़्तर में आप एक के बाद एक ग़लतियां कर रहे थे। किस दिन आपने ग़लत हाथ में घड़ी पहन रखी थी। या आपने किस दिन किस पत्र में क्या ग़लत लिखा था। उन्हें वर्षों पहले की बातचीत और पत्र हूबहू और तारीख़ के साथ याद रहते हैं। यदि आप चतुर बनने की कोशिश कर रहे हैं तो वह आपको कई साल पहले की गई आपकी ग़लती आपको याद दिला सकते हैं। इसमें कोई शक की गुंजाइश नहीं है।

मुझे हार्वर्ड से साक्षात्कार के लिए बुलावा आया था। लेकिन मुझे बेहद खुशी हुई कि कॉर्नेल से भी मुझे बुलाया गया। वह भी बिना किसी सिफ़ारिश

के। कॉर्नेल के बारे में मैंने तसवीरों और ब्रोशर के जरिये ही जाना था कि वह एक छोटे-से कस्बे इथाका में है। उत्तरी अमेरिका के पर्वतीय अंचल की गोद में एक ऐसा कस्बा जो कॉलेज के इर्द-गिर्द ही बसा है। और वहां की इमारतें किलों का आभास कराती हैं।

साक्षात्कार की तैयारी बहुत दबाव भरी थी। किसी भी चीज़ के आप जितने क़रीब होते जाते हैं, ख़ारिज होने का दुख उतना ही ज़्यादा होता है। साक्षात्कार की तैयारी में मेरे लिए रेमंड का सूट सिलवाया गया। जो कि मेरा पहला सूट था। नइना जब सूट के लिए कपड़े देख रहे थे तो मैंने पाया कि यह सूट कितना महंगा होने वाला है। क़रीब दस हज़ार रुपये। हमारे लिए यह रक़म बहुत अधिक थी। इसने मेरे भीतर एक डर को जगा दिया। यदि दोनों ही जगह मेरा दाख़िला नहीं हुआ? मेरे कारण उनका यह पैसा बर्बाद हो जाएगा। और मेरी अल्मारी में टंगा यह सूट जीवन भर मुझे चिढ़ाता रहेगा।

मुंबई में ताज लैंड्स एंड में साक्षात्कार हुआ। हम पहले कभी ताज के होटल में नहीं रुके थे। लेकिन नइना ने इस मौक़े के लिए ख़ास कमरा लिया। वहां से समुद्र तट का ख़ूबसूरत नजारा दिखाई देता था। काश! मेरी दिमाग़ी हालत उसका भरपूर आनंद लेने जैसी होती! मुझे कुछ अच्छा महसूस नहीं हो रहा था। इस महंगे होटल के लिए निश्चित ही उन्होंने अपनी जमा पूंजी को ख़र्च

किया होगा। मेरे साक्षात्कार के लिए उनकी यह उदारता मुझे और अधिक चिंता में डाल रही थी। कहीं मैं उनको निराश नहीं कर दूं? ऐसा लग रहा था कि मुझसे ज़्यादा वह इन क्षणों को जी रहे थे। मैं साक्षात्कार के अलावा कुछ भी सोच पाने की स्थिति में नहीं रह गया था।

उन्होंने अपनी तरफ़ से पूरी कोशिश की कि मैं साक्षात्कार की चिंता को दिमाग़ से निकाल कर उस पल का आनंद उठाऊं। वहां के शानदार कैफ़े के बारे बताया। ताज की सारी ख़ूबियां गिना डालीं। उनमें से ही एक थी बटर सोप। बाद में तो हम इसके इतने आदी हो गए जो हमारी सेहत को भी ख़तरे में डालने वाला था (हम दो सोप बार घर लेकर आए थे।) बटर सोप की ख़ासियत थी कि इस्तेमाल के कई घंटों बाद तक इसकी महक बनी रहती थी। उस मादक ख़ुशबू और 'सिगरेट्स आफ़्टर सेक्स' के म्यूज़िक के साथ मैं एक घंटे तक बाथटब में जैसे स्वर्गलोक के आनंद में डूबा रहा। बाक़ी समय में बारी-बारी से हार्वर्ड में दाख़िला मिलने का सपना और ख़ारिज होने का डर सताता रहा। हार्वर्ड महत्त्वाकांक्षी भारतीय छात्रों का मक्का है। फिर चाहे वह कोई भी पाठ्यक्रम हो।

अगली सुबह मैं नइना के साथ कमरे से नीचे साक्षात्कार के लिए पहुंच गया। जैसा कि अम्मा का आदेश था नइना वहां भीतर जाने तक मेरे फ़ोटो लेते रहे। इंतज़ार करने वाले लोगों पर मैंने एक नज़र डाली। बहुत लोग मुझसे अधिक उम्र के थे। दुनिया का सबसे अच्छा सूट पहने होने का मेरा वहम बहुत जल्दी दूर हो गया। कुछ लोग बाल-बच्चों वाले दिखाई दे रहे थे। जैसे कहीं पहले ही वे सीईओ थे। और वे सचमुच थे। तभी अजीब से ख़यालों का सिलसिला शुरू हो गया। यदि मैंने यहां अच्छा नहीं किया और नाकाम रहा तो क्या श्री टाटा तब भी मुझे सम्मान देंगे? या वह यह सोचेंगे कि उन्होंने मेरे बारे में कुछ ज़्यादा कल्पना कर ली थी। हार्वर्ड में मुझे दाख़िला नहीं मिलने पर वह क्या सोचेंगे? मेरी सोच के लिए शायद हमारे देश की शिक्षा-संस्कृति ज़िम्मेदार थी। इसमें किसी की भी योग्यता का मूल्यांकन केवल और केवल पढ़ाई में उसके नंबरों से किया जाता है। बाक़ी सब कुछ उसके बाद था।

साक्षात्कार में मुझसे जितना बेहतर हो सकता था, मैंने किया। लेकिन मेरे पास दूसरे उम्मीदवारों जितना अनुभव नहीं था। मैंने अभी शुरुआत ही की थी। हार्वर्ड की ज़रूरत के लिए यह पर्याप्त नहीं था। स्कूल का औसत पांच से छह वर्ष का था। उसके बारे में मैं बोलते हुए मैं कुछ लड़खड़ा

गया। साक्षात्कार ले रही महिला ने बिना बोले कुछ लिखा। मैंने कुछ संभालने की कोशिश की, लेकिन वह लिखती रही। मुझे बहुत चिढ़ हुई। मैंने उनको मोटोपॉज़ का कॉलर भी दिखाया। उन्होंने दो पल के लिए उसे देखा और ज़्यादा दिलचस्पी नहीं दिखाई। बाहर आते हुए मैं कह नहीं सकता था कि सब कुछ कैसा रहा। मैंने श्री टाटा को ईमेल भेजकर बताया कि साक्षात्कार बहुत अच्छा रहा। साफ़ तौर पर यह पूरी तरह से सच नहीं था।

नतीजों के लिए तीस दिन का इंतज़ार करना था। समय काटना भारी हो रहा था। इससे पहले मुझे तीस दिन कभी इतने लंबे और धीमे बीतते हुए नहीं लगे। मेरा साक्षात्कार बहुत बुरा नहीं रहा था, मोटोपॉज़ की कहानी थी और श्री टाटा का सिफ़ारिशी पत्र। मेरे परिवार को दाख़िले को लेकर कोई संदेह नहीं था। मुझे दाख़िला मिलना ही था। नतीजे वाली रात डरावनी थी। मेरी कंपकंपी छूट रही थी। आधी रात को क़रीब दो बजे हमने बहुत इस्तेमाल से घिसे-पिटे हुए लेपटॉप को खोला।

हम आपके आवेदन को महत्त्वपूर्ण मानते हैं। लेकिन हमें यह बताते हुए खेद है कि...

सन्नाटे के बीच स्क्रीन पर आंखें गड़ाए हुए अपने माता-पिता के अविश्वास को मैं महसूस कर रहा था। उनके चेहरे के भाव ऐसे थे जैसे कि स्क्रीन से अचानक आवाज़ आएगी, अरे यह तो मज़ाक़ था। आपका आवेदन मंजूर हो गया है। और सब कुछ अच्छा हो जाएगा। लेकिन ऐसा कुछ नहीं हुआ। मेरा आवेदन खारिज हो गया था। महंगा सूट, होटल, कोचिंग की फ़ीस। ये सब जैसे मुझे चिढ़ाने लग गए।

अब मैं हार्वर्ड से ठुकराया हुआ युवा था।

4

ख़ुशी और ग़म

मेरी प्रतिक्रिया किसी दुखांत टेलीविज़न नाटक की तरह थी। रोना-गाना और दिल टूटने का संगीत। मैंने श्री टाटा को इस तरह से लिखा जैसे सब कुछ ख़त्म हो गया था और दुनिया ने मुझे धोखा दिया था। सब कुछ लुट चुका था। मुझे पता था, यह सब बहुत बचकाना लग रहा था। अपने निजी जीवन में जो कुछ घट रहा है, जिसकी किसी को कोई परवाह नहीं है, उसके बारे में देश के सबसे सम्मानित व्यक्ति को, इस तरह से बताना। आज भी पता नहीं कैसे मैं उनको लिखते वक़्त या बात करते हुए गरिमा और सौजन्य के तौर-तरीक़ों का पालन करता हूं। लेकिन जब भी मेरे जीवन में कुछ बड़ा बदलाव लाने वाला कुछ घटनाक्रम होता है तो वह उस टीवी ड्रामा को देखने वालों में सबसे अगली कतार में होते हैं। 'शांतनु : मिलेनियल ड्रामा।'

मैंने अपना पूरा दुखड़ा उनके सामने रख दिया। मुझे ढांढस बंधाते हुए उनका कॉल आया। आप नाकाम नहीं हुए हैं बल्कि वे एक प्रतिभावान युवा से वंचित हो गए हैं। हमने कभी कहीं ऐसा सुना है?

'हैलो, शांतऽनु? मुझे सचमुच में हार्वर्ड में आपके चुने नहीं जाने पर बहुत दुख हुआ। लेकिन इतना निराश होने की ज़रूरत नहीं है। कोई दुनिया नहीं ख़त्म होने वाली है। आप अगली बार फिर कोशिश कर सकते हो। हार्वर्ड में इसे ग़लत नहीं माना जाता। यही उनकी ख़ासियत है। हो सकता है कि अगले साल आपके लिए कई और विकल्प हों।'

मैंने उनसे अपने इस बचकानेपन के लिए माफ़ी मांगी।

'मुझे आपको इस छोटी-सी बात के लिए परेशान नहीं करना था।'

'अरे तो क्या हुआ, आप मेरे छोटे भाई की तरह हो। अगर आपको कोई परेशानी हो तो हम किसी भी वक़्त मिल सकते हैं, बात कर सकते हैं।'

मैंने इसे मंजूर नहीं किया। मैं इस अस्वीकृति को परिपक्व इंसान की तरह नहीं ले रहा था। मैं उनके सामने और इस तरह से बैठने को तैयार नहीं था।

उन्होंने अपनी तरफ़ से पूरी कोशिश की थी मुझे यह समझाने की कि आपके इतने बड़े जीवन में यह एक बहुत मामूली-सा झटका है। कुछ बड़ा हासिल करने की दिशा में एक छोटी-सी बाधा है। उनके शब्दों की नजाकत में सूझबूझ की गर्माहट थी। वह पूरी तरह से सही थे लेकिन आख़िरकार अपने लिए रास्ता मुझे ही बनाना था। उस समय मुझे किसी भी तरह से दुनिया के सबसे बेहतरीन बिज़नेस स्कूल में दाख़िला पाने का जुनून था। इसके लिए ज़िम्मेदार थी हमारी शिक्षा संस्कृति, जिस वातावरण में बड़ा हुआ, उसने मेरे भीतर यह पैदा किया था। यह सही नहीं था। सबसे श्रेष्ठ या कुछ नहीं। ईमानदारी से कहूं तो आज जब मैं पलट कर सोचता हूं तो मैं नहीं जानता कि वह सही था या नहीं। ठहाके लगाती हुई क्लास का शोर मुझे पृष्ठभूमि में सुनाई देता था। उसके अलावा मुझे अपने जीवन का कोई और अर्थ समझ नहीं आ रहा था। मैं जड़ होकर रह गया था। मैं हार्वर्ड से अपने कड़वे संबंधों में जकड़े रहना चाहता था। मैंने अन्य बिज़नेस स्कूल के साक्षात्कार भी दिए, जहां मैं सफल भी हो गया लेकिन मेरी दिलचस्पी उनमें नहीं रह गई थी। यदि मुझे अपने जीवन में एक बार एमबीए की डिग्री हासिल करनी है। मुझे पढ़ाई के लिए क़र्ज़ लेना है जिसे मुझे जीवन में लंबे अरसे तक चुकाना है। तो मैं चाहता था, मैं दुनिया भर के तमाम लोगों से मिलूं। उनकी कहानियां सुनूं, उनके सबक़ और उनका नज़रिया जानूं। ऐसा संस्थान जिससे हमारे परिवार का पहले कभी कोई संपर्क नहीं हुआ। आगे ऐसा मौक़ा आने के फिलहाल दूर-दूर तक कोई संकेत नहीं नज़र आ रहे थे। ऐसे मौक़े एक बार ही आते हैं।

इतना ही काफ़ी नहीं था। और भी अभी कुछ बुरा सुनना बाक़ी था। सुकृत को न्यू यॉर्क फ़िल्म एकेडमी में दाख़िला मिल गया। मैं उसे बहुत चाहता था लेकिन ये क्या बात हुई। आख़िर उसकी इतनी हिम्मत? इससे बुरा और कुछ नहीं होता जब आपका क़रीबी दोस्त आपको छोड़कर आगे बढ़ने वाला होता है।

मैं फिलहाल दिशाहीन भटक रहा था। ऐसी ही एक रात को हम दोनों एक बार में गपशप कर रहे थे। सुकृत कामयाबी की खुशी में डूबा हुआ था। दिलासा के दो बोल भी उसने मुझसे नहीं बोले थे। उस वक़्त तक मैं कॉर्नेल का ख़याल अपने दिमाग़ से निकाल चुका था। मुझे नहीं लगता था कि कोई अन्य आईवी लीग मेरे बारे में अलग सोचेगी। अम्मा के प्रेरणास्पद संदेशों के लिए मोबाइल देखते रहने की मुझे आदत हो गई थी। मेरी दिली तमन्ना पूरी नहीं होने पर वह बहुत दुखी थीं, लेकिन उन्होंने इसे कभी ज़ाहिर नहीं होने दिया। मैंने एक बार फिर अपना फ़ोन देखा। लेकिन इस बार एक ईमेल था, 'प्रवेश का निर्णय।'

> *प्रिय श्री नायडू, हमने कई बार आपको कॉल करने का प्रयास किया, लेकिन आपसे संपर्क नहीं हो सका। हमें आपको यह सूचित करते हुए खुशी है कि...*

कॉर्नेल में मेरा दाख़िला हो गया था।

'सुकृत!' मैंने उसकी बांह पर ज़ोर से मुक्का मारा। खुशी के साथ इसमें गुस्सा भी था। हम इतनी देर से वहां थे लेकिन उसे मेरे भीतर के दुख से कोई मतलब नहीं था। वह मज़े से बैठा हुआ था। मेरे भीतर के द्वंद्व से अनजान। मैंने अम्मा को फ़ोन पर बताया तो वह खुशी से रो पड़ीं।

हम दोनों बेहद ख़ुश थे। उसके बाद मैंने श्री टाटा को फ़ोन किया। क्या मैं कॉर्नेल की पेशकश को स्वीकार कर लूं।

'मुझे लगता है, आपको इसे मंजूर कर लेना चाहिए। मैं मानता हूं कि कॉर्नेल का बिज़नेस स्कूल बेहतरीन है।'

क़िस्मत का खेल कुछ ऐसा होता है कि कोई भी कभी सच्चे अर्थों में ख़ुश नहीं होता। लेकिन उस समय, मैं सचमुच ख़ुश था। श्री टाटा भी उस दौरान आसपास ही रहे। अगले कुछ दिनों तक मैं ज़्यादातर समय ख़ूबसूरत अलसाए किलेनुमा इमारतों वाले कॉर्नेल की तसवीरें डाउनलोड कर परिचितों को भेजता रहा। उनकी तारीफ़ और ख़ुशी हासिल करने के लिए जैसा कि हमारी आज की आभासी दुनिया में होता है। मैं दोनों में कामयाब था क्योंकि वास्तव में कॉर्नेल ख़ूबसूरत जगह थी। नइना हमेशा आईवी लीग के बारे में बोलने को बेचैन रहते थे, लेकिन कोई सुनने वाला भी तो होना चाहिए। मैंने उनको यह वचन दिया था और उसे पूरा करने की मुझे अपार ख़ुशी थी। हार्वर्ड के लिए श्री टाटा ने चिट्ठी देकर जो अहसान किया था, वह हमेशा रहेगा। लेकिन कॉर्नेल में प्रवेश से भीतरी तौर पर मुझे इस बात की ख़ुशी थी कि यह बिना किसी चिट्ठी के हुआ था।

दिन बीतने के साथ अब उल्लास और उमंग में आने वाली विदाई का दुख घुलने लगा था। क़रीबियों से विदा होने का दुख मुझे सताने लगा और वह भी तेज़ी से। एक ऐसे शख़्स के साथ मुझे अब बहुत वक़्त नहीं मिलने वाला था जिनके संबंधों की गर्माहट को मैंने अभी अपने जीवन में महसूस करना आरंभ ही किया था। जब भी हमें मौक़ा मिलता हम एक दूसरे को लिखते थे। कॉर्नेल जाने के संबंध में, मोटोपॉज़ की प्रगति पर, अपने कुत्ते ब्राउनी के बारे में, कुछ नया करने के संबंध में, और टीटो-टैंगो के बारे में। जाने से पहले श्री टाटा से मिलने की चाहत में मैंने अपने मोटोपॉज़ के युवा साथियों के साथ मुंबई में उनसे मुलाक़ात का कार्यक्रम बनाया। टीम ने देश भर में अपने काम का विस्तार कर उपलब्धि हासिल की थी।

मुझे ड्रेस कोड पसंद है। मोटोपॉज़ ड्राइव में हम ड्रेस कोड का पालन करते रहे हैं। इस यात्रा में हमने सफ़ेद ड्रेस कोड चुना था। सभी नए बनकर आए पहचान पत्र पहने हुए थे। इस मुलाक़ात के लिए पूरी टीम ने अपनी

तरफ़ से भरसक तैयारी की। पुणे से कोलाबा के लिए बस से सफ़र करना तय किया। यात्रा के दौरान टीम लीडर की ज़िम्मेदारी ओढ़ कर तरह-तरह की हिदायतों के साथ मैंने मूर्खतापूर्ण हरकतों में कोई कोर-कसर बाक़ी नहीं छोड़ी। लेकिन आज मुझे भले उन पर संदेह हो रहा हो, उस समय मुझे वे ज़रूरी महसूस हो रही थीं।

जब आप वहां जाएंगे तो प्रवेश से पहले अपने जूते दाईं ओर उतारेंगे।

किसी तरह के अपने निजी फ़ायदे की बात कोई भी नहीं करेगा।

कोई तसवीरें नहीं लेगा।

कोई हँसी-ठिठोली नहीं करेगा।

कोई आपस में बात नहीं करेगा।

हम जब आधे रास्ते में थे, तो उन्होंने कॉल किया। उनकी तबीयत कुछ ठीक नहीं थी। हम निराश हो गए लेकिन उनकी सेहत का मामला था, हमने उनसे कहा, हम किसी और दिन आ जाएंगे। आज हम वापस लौट जाते हैं।

'नहीं, ऐसा नहीं है। ऐसा मौक़ा दोबारा कब आएगा जब आप सब एक साथ मुंबई में होंगे। मुझे आपसे मिलने में अच्छा लगेगा। भले ही कुछ देर के लिए।'

यह मामूली प्रतीत हो सकता है। लेकिन मैं पुरज़ोर ढंग से अभी और किताब में आगे भी कई बार कहूंगा कि श्री टाटा जो कुछ कहते हैं, उस पर

वह पूरी दृढ़ता से क़ायम रहते हैं। चाहे कितनी भी असुविधा क्यों नहीं हो, समय की कितनी भी सीमाएं हों, कितना भी ख़र्च हो। लेकिन अगर वचन दिया है तो वह पूरा करना ही है।

कोलाबा के नजदीक आते-आते बस में ख़ामोशी-सी छा गई। मैं मुखिया की भूमिका को अंजाम देते हुए टीम के युवाओं को स्कूली बच्चों की तरह एक कतार में घर के भीतर तक ले गया। वास्तव में सभी ने बहुत अच्छे तरीक़े से व्यवहार किया। श्री टाटा ने जब यह सुना कि हम बस लेकर उनसे मिलने आए हैं तो उन्हें कुछ हैरानी हुई। बस को पार्क करने की जगह मुश्किल से मिली। अपने संकोची स्वभाव के अनुरूप उन्होंने ज़्यादा बातें नहीं कीं। सुकृत और मेरे अलावा और किसी को भी वह पहचानते नहीं थे। लेकिन उन्होंने मीठी-मीठी झिड़कियां देने में कोई कसर नहीं छोड़ी। शायद वह कुछ समझ नहीं पा रहे थे, क्या कहें। उन्होंने कुछ हल्की-फुल्की चर्चा की। हमने श्री टाटा और पूरी टीम को मशक़्क़त के साथ खींचतान कर यादगार तसवीर ली और पुणे वापस रवाना हो गए। टीम के सभी 18 लोग बेहद ख़ुश थे।

श्री टाटा से मुलाक़ात और मेरे जाने के बीच के कुछ महीनों के बीच नइना और अम्मा कुछ अधिक शांत हो गए थे। अम्मा मेरे जाने के दुख को छुपाने की कोशिश करती रहतीं। अपना घर छोड़कर जाना शायद आपमें से कइयों के लिए सामान्य होगा। लेकिन मैं अपनी चौबीस साल की उम्र तक कभी घर से दूर नहीं रहा। देश की बात तो दूर किसी दूसरे शहर में भी नहीं रहा। मेरे पासपोर्ट पर किसी दूसरे देश की मुहर नहीं लगी। मेरे अब तक के पूरे जीवन के दौरान मेरे माता-पिता मेरे आसपास रहे। उन्होंने अपने परिचितों और दोस्तों के बेटों और बेटियों के किस्से सुने थे।

वे जानते थे कि एक बार अमेरिका जाने वाले बच्चे शायद ही लौटकर वापस आते हैं। इस सच्चाई और परिवार के किसी सदस्य के पहली बार विदेश पढ़ने जाने के अभिमान के बीच मैं उनको जूझता हुआ देख सकता था।

मैंने इसके बारे में काफ़ी सोच-विचार किया। मेरे दिमाग़ में मोटोपॉज़ का ख़याल आया। कैसे इस एक आइडिया ने मेरे जीवन को बदल दिया। वह

हादसा जिसने पहली बार मेरे दिमाग़ में इस दिशा में बढ़ने को प्रेरित किया, फिर कुत्तों को सड़क हादसों से बचाने के लिए कॉलर लगाना और उसके बाद श्री टाटा से मुलाक़ात। हरेक शहर में मोटोपॉज़ की टीम बनाना। आईवी लीग के अपने आवेदनों में इस किस्से को निबंध के रूप में लिखना। कैसे एक समस्या जिसके बारे में पहले कभी कुछ भी नहीं सोचा-समझा गया, उसे मोटोपॉज़ ने दूर किया। इस पहल से मुझे बेहिसाब ख़ुशी मिली।

मैंने उस आत्मसंतुष्टि के बारे में विचार किया जो मुझे इसमें हासिल हुई। ऐसे काम को करने की कोशिश में जिसे हर कोई छोड़ चुका था। मैंने इस अभियान को किस तरह से अपना श्रेष्ठ दिया। केवल भारत में ही इस तरह की पेचीदा समस्याएं चली आ रही हैं जो अगर सुलझा दी जाएं तो आप लाखों लोगों के जीवन में बदलाव ला सकते हैं। विकसित हो रही अर्थव्यवस्था में अवसर और बहुत बड़ी आबादी : यहां बहुत कुछ किया जा सकता है।

मैंने अपनी कंपनी में इस्तीफ़े का नोटिस दिया हुआ था। समय पूरा हो रहा था। अपनी कंपनी से मुझे बहुत सहयोग मिला था। मुझे नहीं लगता कि नौकरी छोड़कर जाने वाले किसी कर्मचारी के लिए इतना सहयोगी रवैया और कहीं मिल सकता है। डिज़ाइन इंजीनियर के रूप में अंतिम दिन टाटा एलसी के अपने छोटे-से दफ़्तर से काम से लौटने के बाद मैंने उस सफ़ेद

शर्ट को उतारा जिसके पॉकेट पर टाटा का नीले रंग का लोगो बना हुआ था। हालांकि वह अनिवार्य नहीं थी लेकिन शर्ट की हालत बता रही थी कि उसे कुछ ज़्यादा ही पहना गया है। उसे नियमित पहनने के कारण अक्सर मेरे सहयोगी मुझे चिढ़ाते भी थे।

बचपन में हम सब शाम को घर की खिड़की पर खड़े रहकर नइना के टाटा मोटर्स की फ़ैक्टरी से लौटकर आने की राह देखा करते थे। वह हमेशा काले या नेवी के रंग का पैंट और सफ़ेद शर्ट पहना करते थे जिस पर टाटा का लोगो बना होता था। जैसे ही वह घर के नज़दीक आते वह और साफ़ दिखाई देने लगता था। मैंने उनसे ही यह सीखा था। क्या यह सब कॉलेज में दाख़िले के आवेदन के किस्से बनकर रह जाने वाले हैं? क्या सब मेरे लिए इतना सतही था? या मेरे लिए यह केवल दिखावा भर था? हमारे परिवार की विरासत का हिस्सा रहे टाटा का साथ अब छूट जाएगा? तमाम सवाल मेरे दिमाग़ में उठ रहे थे।

मैं किसी अच्छे मक़सद के लिए घर छोड़कर जा सकता था। मैं अब यह नहीं चाहता था। मैं कभी भी नहीं चाहता था। लेकिन अब यह तय कर लिया था। मैं वापस आना चाहता था। ना जाने कितनी ही बार मुझे यह बताया गया था कि घर छोड़ना 'बालिग' होने का ही एक हिस्सा है। लेकिन मैं यह कभी नहीं मान पाया। मुझे इस मुक़ाम पर लाने के लिए किसी ने अपने जीवन के चौबीस साल लगा दिए। मुझे एक व्यक्ति के रूप में तैयार करने में अपना सब कुछ समर्पित कर दिया। मैंने महसूस किया कि 'बेहतर संभावना' के नाम पर उनको छोड़ना एक तरह से मुझे स्वार्थी बना देगा। ख़ासकर तब जब कि मैं उनकी पीड़ा को देख पा रहा था। जो लोग ऐसा करते हैं, जो कहीं और जाकर अपना जीवन आरंभ करते हैं, उनसे मुझे कोई शिकायत नहीं है। उनके पास इसके अपने तरीक़े होते हैं। उनकी और उनके परिवार की भावनात्मक ताक़त ज़रूर कुछ अलग क़िस्म की होगी। लेकिन मेरे साथ ऐसा नहीं है। मेरा यहां की समस्याओं से जुड़ाव है। मेरा यहां के लोगों से जुड़ाव है। अब उनका साथ देने और देखभाल करने की मेरी बारी है। और जहां तक श्री टाटा की बात है मैं सात समंदर दूर उनका पत्र-मित्र बनकर नहीं रहना चाहता था। वह बहुत बहुत ख़ास थे। उनके जैसा दोस्त आपको इसलिए नहीं मिला है कि उसे आप छोड़कर चले जाएं।

हालांकि मैं यह नहीं जानता था कि एक साथ इन सब चीज़ों को मैं कैसे कर पाऊंगा। साथ ही इतना वेतन भी जिससे मैं पढ़ाई के क़र्ज़ की किस्त चुका सकूं। मुझे कॉर्नेल में कोई छात्रवृत्ति नहीं मिली थी। अंतिम चरण में प्रवेश में छात्रवृत्ति मिलना कठिन हो जाता है। मेरी पूरी पढ़ाई क़र्ज़ पर थी। डेढ़ साल की नौकरी में कुछ भी बचत करना कठिन था। ख़ासकर इस तरह के भारी-भरकम ख़र्च के साथ।

बहुत प्रेरणास्पद मंथन के बाद मैं नतीजे पर पहुंचा। मैं टाटा ट्रस्ट से जुड़ना चाहता था। देश में परोपकार के मामले में शीर्ष संस्था। ट्रस्ट लगभग हर सामाजिक मुद्दे से जुड़ा हुआ है। और मोटोपॉज़ में मैंने यही समझा है कि मुझे भी इस तरह के काम में ख़ुशी मिलती है। श्री टाटा ट्रस्ट के चेयरमैन थे और टाटा समूह के अध्यक्ष का पद छोड़ देने के बाद अब भी इसके चेयरमैन बने हुए हैं। मैं मुंबई में रहूंगा। कुछ सार्थक करते हुए, उनके और अपने परिवार के क़रीब रहूंगा।

मैं नहीं जानता था कि इससे पढ़ाई के क़र्ज़ की किस्त अदा करने में कितनी मदद मिलेगी। लेकिन तब भी यह मुझे यह ठीक लगा। मैं नहीं जानता था कि कैसे या कब लेकिन मैं इसे कर लूंगा। हो सकता है कि मेरे क़दम लड़खड़ाएं, कोई चूक भी हो सकती हैं लेकिन आख़िरकार मैं इसे पार कर लूंगा।

अब उनको वचन देने की मेरी बारी थी। हां, इस शर्त पर कि मैं उनके लिए काम करने की योग्यता साबित कर सकूंगा। मैं उनको अपने इन विचारों से अवगत कराना चाहता था। लेकिन यह सब ईमेल पर नहीं लिखा जा सकता था। ना ही फ़ोन पर बताया जा सकता था।

मैं बिस्तर पर लेट गया। डेविड बॉवी के 'हीरोज़' का संगीत गूंज रहा था। मद्धिम रोशनी में कमरे में टंगी टाटा की शर्ट को देख रहा था जिसका रंग बहुत अधिक पहने जाने के कारण फीका हो रहा था।

मैं भविष्य के बारे में सोचने लगा, जब मैं चला जाऊंगा। मेरे कमरे के ख़ाली हो जाने का अहसास। मेरा कुत्ता ब्राउनी कैसे रहेगा। उसके छोटे से जीवन सें मेरा अचानक पहली बार इस तरह ग़ायब हो जाना। मेरी टांग खींचे बिना अम्मा की शामें कैसे कटेंगी। जब वह यह नहीं पूछ पाएंगी कि मैंने दिन भर क्या किया। कोशिश करेंगी कि मुझे बार-बार कॉल नहीं करें।

मेरी कमी को महसूस करेंगी लेकिन इसे बयान करने से बचती रहेंगी। कैसे नइना उनको संभालेंगे और उनसे ज़्यादा तो ख़ुद अपने को।

अब मुंबई में केवल एक और मुलाक़ात का समय था। लेकिन मेरे लिए यही काफ़ी थी, उनको एक वचन देने के लिए।

आप प्रकाश स्तंभ से दूर नहीं जाते, आप उसके पास जाते हैं।

5

डिनर

भारत में उनको भेजे अपने अंतिम ईमेल में मैंने विदेश रवाना होने से पहले मुंबई में उनसे मुलाक़ात के लिए कुछ देर का समय मांगा। श्री टाटा से मुलाक़ात करना आसान नहीं है। आख़िरी क्षणों में मुलाक़ात के लिए समय मिल जाना बहुत बड़ी बात है। महीनों पहले से उनकी मुलाक़ातों का समय तय हो जाता है। इसका कारण है विविध क्षेत्रों में उनकी प्रतिबद्धता जिसमें कारोबार से लेकर मित्रता तक सब शामिल है। नए स्टार्ट-अप को मदद, सरकारी, नगरीय संस्थाओं, परोपकारी पहलों और बोर्ड की बैठकें जैसी कई तरह की व्यस्तताएं। ट्रस्ट के चेयरमैन के नाते ये सभी उनकी प्रमुख ज़िम्मेदारियों में होती हैं।

मेरी, ख़ुशी का ठिकाना नहीं रहा, जब उन्होंने जवाब में मुलाक़ात के साथ डिनर की पेशकश की। मैं इसका सही आकलन नहीं कर पाया कि हम दोनों के संबंधों में कितनी तेज़ी से प्रगाढ़ता आ गई थी।

मैंने उन्हें बताया कि मैं अपोलो बंदर के स्ट्रांड होटल में रहूंगा और वहां से उनके घर पर आता हूं। मैं अपनी ओर से पूरी तरह से तैयार होकर आया था। मैंने ख़ास तौर पर ब्रूक्स ब्रदर्स की शर्ट ख़रीदी थी, क्योंकि वह भी ऐसी ही शर्ट पहनते थे। (इसके लिए मुझे अपनी पिछली मुलाक़ातों में उनकी शर्ट पर बने लोगो को कई बार नज़रें गड़ा कर देखना पड़ा था।) निस्संदेह महज एक शर्ट ख़रीदने में मेरे वेतन का आधा हिस्सा ख़र्च हो गया था जो कि मेरी इस नौकरी का अंतिम वेतन था। मेरा सोचना था कि जब आपको अच्छा दिखना है तो पैसे की क्या परवाह? (ऐसा नहीं है! इस ख़रीदारी से मेरे माता-पिता बेहद मायूस दिख रहे थे जिससे मुझे काफ़ी बुरा लग रहा था।)

इतना ख़र्च करने के बावजूद मेरे दिखने में कोई फ़र्क़ नहीं पड़ा। मुझे सर्दी-जुकाम और बुखार ने बुरी तरह जकड़ रखा था। मैं इस हालत में उनके निवास पर पहुंच गया। मैं बहुत कम बोल रहा था। ज़्यादा बोलने से खांसी शुरू हो जाती थी। अम्मा ने मेरी जेब में बहुत सारी लौंगें रख दी थीं जिससे कि मैं खांसी को कम करने के लिए उनको चूसता रहूं। शाम होते-होते मैंने उन्हें ख़त्म कर दिया और मुझे खांसी का दौरा नहीं पड़ा।

'आइए मैं आपको डिनर के लिए अपने पसंदीदा रेस्तरां थाई पैवेलियन ले चलता हूं। मैं ड्राइव करूंगा।'

केवल उसी दिन मैंने श्री टाटा को ड्राइव करते देखा था। वह उन दिनों पीछे ही बैठा करते थे। वह पहले की तरह ड्राइव नहीं करते थे। उनकी कुछ कारें कन्वर्टिबल हैं जिनकी छत खुल जाती है और उनको उसी तरह से ड्राइव करने में मज़ा आता है। लेकिन तब अक्सर वह लोगों की निगाहों में भी आ जाते हैं और उनके पास सेल्फ़ी और तसवीरें लेने वाले लोगों की भीड़ एकत्र हो जाती है। यह सच है कि ड्राइविंग में उन्हें बहुत मज़ा आता है। और मुझे उम्मीद है कि मुझे फिर कभी इस तरह से बगल में बैठकर उन्हें ड्राइविंग करते हुए देखने का मौक़ा मिलेगा। रेस्तरां के लिए ड्राइविंग करते हुए वह उत्साहित और प्रफुल्लित मेज़बान नज़र आ रहे थे, भले ही हमारे बीच बातचीत कम हो रही थी।

डिनर के लिए हम ताज प्रेसीडेंट पहुंचे। वह अपनी मौजूदगी का कभी अहसास नहीं होने देते। वहां उपस्थित लोग उनके क़रीब आने तक उनकी मौजूदगी को जान ही नहीं पाते। वह किसी इमारत में या लॉबी में हैं, इसका किसी को पता ही नहीं चलता। वह जब आपके एकदम क़रीब पहुंच जाते हैं तो लोग अचानक चौंक कर सम्मान से एक ओर हटकर उनको रास्ता दे देते हैं। उनका कोई विशेष आग्रह नहीं होता। शायद ही उन्होंने किसी विशेष सुविधा के लिए कभी कोई कॉल किया हो। कभी उन्होंने सुरक्षा के लिए गार्ड नहीं रखे।

कभी सुरक्षा की कोई मांग नहीं की। वह मेहमानों के लिए तय सामान्य नियम-प्रक्रियाओं से परहेज नहीं करते। हालांकि उनके स्टाफ़ का सोचना यही रहा है कि उन्हें ऐसा करना चाहिए। हर किसी के भरसक प्रयासों के बावजूद उनका पूरा ज़ोर होता है कि किसी जगह या समय पर उनके साथ वैसा ही व्यवहार हो जैसा किसी भी अन्य के साथ किया जा रहा है।

उन्होंने होटल में भी यही किया। 'नहीं, नहीं मैं सुरक्षा की सामान्य प्रक्रिया में मदद करूंगा।' उन्होंने अपने वालेट और चाबी को ट्रे में रख दिया। मैंने भी वही किया। उनकी पसंदीदा टेबल उनके लिए सुरक्षित कर दी गई थी, जहां बहुत ज़्यादा भीड़ से वह बचे रह सकें। हम आमने-सामने बैठ गए। मैं पूरी कोशिश कर रहा था कि मुझे खांसी नहीं आए। मेरे पास जो आख़िरी लौंग थी, उसे मैं ग़लती से पूरी निगल गया। और अब मेरे पास खांसी को रोकने का कोई उपाय नहीं था।

ज़्यादातर समय हम ख़ामोश रहे। मैंने जो सोचा था यह उससे एकदम उल्टा था। चुप्पी तब और ज़्यादा लंबी हो जाती है, जब हमारे पास कहने के लिए बहुत कुछ होता है। पहले से कल्पना करने में यही बुराई है - जितना ज़्यादा उतना ही बुरा। मैं किसी मशहूर शख़्सियत के साथ इस तरह से समय बिताने का आदी तो था नहीं। मैं बीमार था, दुखी था। मैं उनको

छोड़कर जाने वाला था। और मेरा व्यवहार कुछ अजीबोगरीब हो गया था। हम छोटी-मोटी बातों को ही खींचतान कर उन पर लंबी चर्चा कर रहे थे। मुझे भूख नहीं थी। किसी तरह से मैंने अपनी प्लेट का खाना ख़त्म किया।

अंत में उन्होंने वेटर को बुलाया और वह कुछ भोजन के बाद डेज़र्ट के लिए ऑर्डर कर रहे थे। तभी जैसे मेरे भीतर से आवाज़ें बाहर आने लगीं और हिम्मत ने भी मेरा साथ दिया।

'श्री टाटा, मुझे आपसे कुछ कहना था।'

'हां, हां, कहो ना।'

'मैंने इस बारे में काफ़ी सोचा है... और... मैं वापस आना चाहता हूं। मैं स्नातक होने के बाद ट्रस्ट के लिए काम करना चाहता हूं। मैं चाहता हूं ट्रस्ट जिन मसलों के समाधान को लेकर काम कर रहा है, मैं भी उनके समाधान में मदद करूं। मुझे ऐसा लगता है कि यही वह क्षेत्र है जिसके साथ मैं जुड़ाव महसूस करता हूं और बहुत कुछ कर सकता हूं।'

कुछ देर के लिए चुप्पी छा गई।

मैंने एक ही सांस में शर्त भी उनके सामने रख दी।

'लेकिन आप कृपया तभी इस पर विचार करें जब आप ऐसा महसूस करें कि मैं ट्रस्ट में काम करने के लायक़ हूं। यदि आप यह समझें कि मैं सक्षम हूं कि मैं ट्रस्ट को अपनी ओर से कुछ दे सकता हूं।' उन्होंने धीरे से चम्मच प्लेट पर रख दी। अब मैं उनका जवाब सुनने को बेकरार था।

'मुझे यह सुनकर बहुत ख़ुशी हुई है। इससे अच्छा क्या होगा कि आप ट्रस्ट के लिए काम करें। लेकिन विदेश में रहते हुए आपके सामने बहुत से अवसर आएंगे और आप उनमें संभावनाएं तलाशेंगे। इस पर अभी कोई फ़ैसला नहीं करें।'

'मैं जानता हूं, श्री टाटा लेकिन मैंने अपना मन बना लिया है।'

'अच्छा आप कॉर्नेल जाएं और आप जब ग्रेजुएट होने वाले होंगे, तब आप देखिए कि आपका मन क्या कहता है। अपनी सभी रुचियों को आजमा लें और तब भी आपको ऐसा लगता है कि ट्रस्ट ही आपके लिए उचित है तो मुझे तो आपको इसमें देखकर ख़ुशी होगी। मैं नहीं चाहता कि आज आप कोई ऐसा वादा कर दें जिसके कारण बाद में महसूस करें कि मुझसे ग़लती

हो गई और मैं तो फंस गया। हो सकता है कि आपको कोई बेहतर अवसर मिले, तो मैं यही चाहूंगा कि आप उसे नहीं छोड़ें।'

'ठीक है श्री टाटा मगर मैं आपसे कह रहा हूं कि मैंने पहले ही तय कर लिया है।'

'मुझे यह सुनकर ख़ुशी हुई। जब तक आप ग्रेजुएट होंगे, ट्रस्ट के काम का भी विस्तार हो चुका होगा और आपको उसमें काम करने में सुखद अनुभूति होगी।'

'लेकिन... श्री टाटा... अगर आपको लगता है कि मैं इसके क़ाबिल नहीं हूं तो इस बात को यहीं ख़त्म भी कर सकते हैं।'

उन्होंने अपना विशाल हाथ मेरे कंधे पर रख दिया जिसमें भरोसा था।

'ऐसा नहीं होगा। आपके भीतर एक प्रतिबद्धता है जो कि बिलकुल अलग है। और कॉर्नेल के बिज़नेस स्कूल में आप जो पढ़ेंगे, उससे आपमें और निखार आएगा। परिपक्वता आएगी। आपकी ज़रूरत के अनुसार वे आपको तैयार करेंगे और आप जब वापस आएंगे तो हम सही जगह पर आपका उपयोग करना चाहेंगे।'

उनके इस आश्वासन के बाद जैसे मेरी भूख फिर से जाग गई। मैंने आइसक्रीम की प्लेट साफ़ कर दी थी।

'क्या आप मेरे ग्रेजुएशन में आएंगे?' कुछ गंभीर हो चुके माहौल को हल्का-फुल्का करने के लिए मैंने यूं ही मज़ाक़ में उनसे पूछा। हालांकि मुझे उनसे हामी की उम्मीद नहीं थी।

'मैं आ सका तो ज़रूर आऊंगा। समारोह के एक दिन पहले। समारोह के दिन बहुत अधिक भीड़ हो जाती है। और या तो बहुत गर्मी रहती है या बहुत बारिश।'

कुछ देर पहले कहे गए शब्द हमारे दिमाग़ पर छाए थे। जो कुछ उन्होंने कहा था, उसकी अहमियत और आगे वे कैसे मेरे जीवन को आकार देंगे इसका अंदाज़ उस समय लगाना कठिन था।

'मैं दिसंबर में आपसे न्यू यॉर्क में मिल सकता हूं। हम बाहर घूमने चल सकते हैं। न्यू यॉर्क शहर को देख सकते हैं। हम कोई मूवी देखने जा सकते हैं? मैं कभी थियेटर में मूवी देखने नहीं जा पाता। लोग चारों ओर

जमा हो जाते हैं। यहां तक कि मैं वॉश रूम भी नहीं जा पाता। आख़िरी बार मैं थियेटर गया था तो मुझे मेरी बहनों ने भीड़ से बचाया था। हम कोई अच्छी मूवी देखने जा सकते हैं।'

यह सब सुनकर आप अंदाज़ नहीं लगा सकते, मैं ख़ुशी से फूला नहीं समा रहा था।

'बहुत अच्छा, श्री टाटा मुझे भी बहुत मज़ा आएगा!'

हालांकि वास्तव में हमने तीन साल बाद थियेटर में मूवी देखी। लेकिन न्यू यॉर्क में नहीं बल्कि मुंबई के स्टर्लिंग सिनेप्लेक्स में एक मूवी की स्क्रीनिंग में।

जब मैं उस रात उनकी तमाम बातों को याद करता हूं तो मुझे लगता है कि उन्होंने मेरी हालत को समझ लिया था। रवाना होते समय मैं बहुत डरा हुआ था। अब मैं समझ सकता हूं कि जो कुछ उन्होंने कहा था, वह विदाई के मेरे दुख को कम करने के लिए था। बहुत-सी उम्मीदें उन्होंने मेरे भीतर पैदा की थीं ताकि यह मौक़ा मेरे लिए विदाई की तरह नहीं बने। यह बिना कहे विदाई देने का उनका अपना तरीक़ा है। मुझे नहीं पता था कि जो कुछ उन्होंने कहा था, हम वह सब करने वाले थे या नहीं। ज़्यादातर तो इसकी संभावना कम थी। लेकिन इसमें कोई दिक़्क़त भी नहीं थी। उनकी बातों को सुनने से ही मुझे ताक़त मिलती थी। एक समय उन्होंने भी अपने जीवन के अगले दौर के लिए घर को छोड़ा था। वह इस दर्द को समझते थे।

काश! वक़्त वहीं थम जाता। लेकिन यह दो साल की दूरी टल नहीं सकती थी। मुझे इस वक़्त के लिए अपने को तैयार करना ही था। मैं अमेरिका में रहते हुए भी तो उनसे जुड़ा रह सकता था।

'मैं अमेरिका से आपको अपने अनुभवों के बारे में लिख सकता हूं क्या?'

'मुझे बहुत अच्छा लगेगा। आपको जब भी ऐसा लगे आप मुझे लिख सकते हैं।'

इसके लिए ज़रूर उनको बाद में कई बार पछतावा हुआ होगा। आख़िर ऐसा मैंने क्यों कह दिया था। मैंने उस विशेषाधिकार का दुरुपयोग तो किया।

ताज से बाहर आते हुए कुछ अजनबियों ने हमें रोका। कुछ ने अभिवादन के लिए। कुछ ने तसवीरें लेने के लिए। वह तैयार हो गए और

मैं कैमरे से तसवीरें निकालता रहा। मुझे तब नहीं पता था कि आगे आने वाले वर्षों में असंख्य अजनबियों के साथ कितनी ही बार मुझे ऐसी तसवीरें लेनी होंगी।

उन्होंने मुझे वापस स्ट्रैंड होटल तक छोड़ने के लिए कहा। मैंने उनको मना किया। मैं कैब लेना चाह रहा था। लेकिन वह नहीं माने।

'नहीं, नहीं। यह डोर-टु-डोर सर्विस है।'

वापस आते वक़्त लोग उनको ड्राइव करते हुए देखकर पहचान रहे थे। कुछ ने उनको देखकर हाथ हिलाया। वह उम्मीद कर रहे थे कि श्री टाटा भी उनको जवाब दें। उन्होंने भी किसी को अनदेखा नहीं किया। उनका अपना तरीक़ा था। वह विनम्रता से हाथ हिलाकर जवाब देते थे।

मेरा होटल आ गया था। मैं उनसे विदा लेते हुए कार से बाहर आ गया। वह गाड़ी में ही थे। उनके दोबारा कार स्टार्ट करने से पहले मेरे भीतर जैसे विदाई की तमाम भावनाएं जाग्रत हो गईं। मैं दूसरी ओर घूमकर उनकी ओर गया। मैंने कार की खिड़की पर दस्तक दी। झुर्रियों से घिरी उनकी आंखों में उत्कंठा साफ़ दिखाई दे रही थी।

'क्या कृपया आप कार से बाहर आ सकते हैं?'

उस घटना को याद कर आज भी हम बहुत हँसते हैं। मज़ाक़ में कहते हैं कि उस दिन तो वह डर ही गए कि ड्राइविंग में तो कोई चूक नहीं हुई। वैसे तो उन्होंने जीवन भर ज़िम्मेदार तरीक़े से कार ड्राइव की और कभी भी किसी ने उनसे इस तरह से नहीं किया।

जैसे ही वह कार से बाहर आए मैं उनके गले से लिपट गया।

मैं दुखी भी था और ख़ुश भी।

'दोस्त, मैं हमेशा आपके साथ हूं।'

उनकी कार मुझसे दूर होती गई। मैं भीगी आंखों से उनकी कार को दूर जाते हुए देखता रहा। अपोलो बंदर पर नौकाएं समंदर की लहरों पर हिचकोले खा रही थीं। मैं बीमार था। दुखी था। और साथ ही ख़ुश भी था। अपनी मन की स्थिति को बता पाना मुश्किल था। आप विदाई के लिए कितना भी अपने को तैयार कर लें, इससे विदाई के क्षणों का दुख कम होने वाला

नहीं है। विदाई की घड़ी आपको उतना ही दुखी करेगी जैसे कि आपको कतई उसके बारे में इल्म नहीं था।

आपके जीवन में कोई ऐसा हो जिससे जुदा होना इतना अधिक पीड़ा देने वाला हो, तो यह आपकी ख़ुशक़िस्मती है।

दुख और ख़ुशी का यह संगम साहित्य लेखन के लिए तो अच्छा हो सकता है लेकिन इसे महसूस करना उतना सरल नहीं होता।

6

इथाका और कॉर्नेल के दिन

बस स्टॉप पर कोई भी नहीं था। मेरे साथ दो बड़े सूटकेस थे लेकिन उससे भी कहीं अधिक भारी मन हो रहा था। विमानतल पर विदाई के भावुक क्षणों के बाद अब इसे हल्का हो जाना चाहिए था। अम्मा बहुत हिम्मत वाली हैं और विदा के अंतिम समय तक अपने आंसुओं को थामे रहीं। उनका पूरा संसार मेरे इर्द-गिर्द ही है। सुकृत, बहुत अधिक गर्व महसूस कर रही मेरी परदादी, नइना और कुछ क़रीबी दोस्त मुझे विदा करने पहुंचे थे।

और, तुहीना। वह भी आई थी। मुंबई छोड़ने के पहले मैं इस लड़की के प्यार में दीवाना हो गया था। मैं सोच रहा था कि सभी को साथ लाकर मैंने एक अच्छा काम किया है। विमान के रवाना होने के बाद ही मैंने उसके दिए हुए ख़तों को पढ़ा और तब कहीं जाकर मेरा मन कुछ हल्का हुआ। विमान से नीचे शहरों को देखना अपनी तुच्छता का अहसास कराता है लेकिन फिर यह आपको एक हौसला भी देता है। आप जो कुछ महसूस कर रहे हैं उसे बड़ा आकार दे देता है। मेरे दो सहपाठी भी मेरे साथ विमान में थे। वह कनखियों से या हो सकता है सीधे भी विदाई के बाद की मेरी हालत के गवाह बने हुए थे। मैं अपने आंसुओं से भीगी चिट्ठियों को मुट्ठी में जकड़े हुए था। यह दिल टूटने का अच्छा वीडियो बन सकता था जिसमें दर्द भरे संगीत की भर कमी थी। कॉर्नेल यात्रा की यह एक ज़ोरदार शुरुआत थी।

मुझे कुछ भी नहीं पता था, बस स्टॉप से मुझे आगे कहां जाना है। भारत का मेरा मोबाइल काम करना बंद कर चुका था। टैक्सी से अपने उस ठिकाने के आसपास पहुंच गया जहां मेरा कमरा था। टैक्सी ड्राइवर ने मुझे अपने इस नए फ़्लैट के दोस्त से बात करने में मदद की। श्री टाटा से मिलने

के दौरान से जो मेरी तबीयत ख़राब हुई थी, तो उसके बाद और बदतर ही होती चली गई थी। सर्दी, बुखार और भयंकर क़िस्म की सर्दी। मुझे यह अच्छे से पता था एक बिलकुल नई दुनिया का मैं पहला-पहला अनुभव लेने जा रहा हूं और इसका एक अलग ही रोमांच होना चाहिए था। लेकिन मेरी हालत ने मुझे इस पूरे आनंद से वंचित कर दिया। मेरा नया साथी विवान था जिसके साथ मुझे कमरा साझा करना था। उसने मुझे खोज लिया। मैं उसके बारे में बहुत कुछ नहीं जानता था। मैं उसे पहले दिन से ही साफ़ कर देना चाहता था कि मुझसे ज़्यादा अपेक्षा नहीं करे। बल्कि मुझे उसकी मदद की ज़रूरत होगी। सो मैंने उसको बता दिया कि मैं पहली बार घर से बाहर आया हूं। मैं उसके दिल से यह ख़याल पूरी तरह से निकाल देना चाहता था कि वह मेरे ऊपर आश्रित हो सकता है।

जैसे ही मुझे अमेरिका में मोबाइल कनेक्शन मिला मैंने तुरंत ही तुहीना को फ़ोन लगाया। शुरुआती दिनों में तो मैं यूं ही बिस्तर पर पड़े-पड़े उससे बातें करते हुए दिन-रात समय बिताता रहा। सर्दी, खांसी के लिए कई तरह के सीरप के साथ घर से भेजे हुए एंटीबायोटिक आजमाए। नइना ने लक्षणों के आधार पर कौन-सी दवा कब लेनी है, बक़ायदा हिदायत के साथ मुझे मेडिकल किट दे रखी थी। मेरा नया रूममेट विवान पैदल ही निकल जाता और इथाका में आ रहे नए सहपाठियों से परिचय का दायरा बढ़ा रहा था। स्कूल अभी शुरू भी नहीं हुआ था और मुझे ऐसा लग रहा था कि मैं पीछे छूट रहा हूं। मेरी तबीयत में बहुत धीरे-धीरे सुधार हो रहा था और मेरा ज़्यादा से ज़्यादा समय फ़ोन पर तुहीना से बात करने में जाया हो रहा था। एक वही थी जो दूसरे छोर पर मेरा सहारा बनी हुई थी।

स्कूल में पहले दिन से आख़िरी दिन तक कॉर्नेल में दो साल के निवास के दौरान कोई भी ऐसा दिन नहीं बीता होगा, जब मैंने इस शानदार यूनिवर्सिटी कैम्पस की सराहना नहीं की हो। कैम्पस जैसे जादू से भरा था और मैं हर दिन इसे देख कर और ज़्यादा चकित रह जाता था। 18 वीं सदी की पत्थरों से बनी इमारतें। इनमें टॉवर और घंटे लगे हुए थे। मौसमी फूलों से लदे पेड़ों की कतारें और बेल-लताओं की झाड़ियों के झुरमुट। हरी-भरी पहाड़ियां जो मैंने इससे पहले कभी भी नहीं देखी थी। जैसे सारी कल्पनाएं यहां साकार होती दिखाई देती हैं। कॉर्नेल में हर विषय का स्कूल था। इंजीनियरिंग, संगीत, वास्तुकला, व्यवसाय, क़ानून। आप किसी भी विषय के बारे में सोचें, कॉर्नेल में उसकी अपनी एक सुंदर ऐतिहासिक इमारत पाएंगे, जिसके पीछे कोई ना कोई चरित्र और कोई ना कोई कहानी होगी। यह एज़रा कॉर्नेल का सपना था और यूनिवर्सिटी की पहचान ही यही थी कि 'कोई भी व्यक्ति, किसी भी तरह का अध्ययन।' यह संस्थान इसके लिए मशहूर था कि यहां कोई भी व्यक्ति, किसी भी विषय का अध्ययन कर सकता है। व्यवसाय प्रबंधन स्कूल भी कोई अपवाद नहीं था। इसकी इमारत लाल ईंटों से निर्मित थी और इसका स्वरूप किले की तरह था। इसे सेज हॉल कहा जाता था : केवल यही इमारत थी जिससे मुझे कभी बहुत अधिक प्यार नहीं हुआ सिवाय उसके बाहरी रूप को छोड़कर।

आप उसके बीच में खड़े होकर एक बार में उसके पूरे स्वरूप को अपनी आंखों में क़ैद करने की कोशिश कर सकते थे लेकिन यह संभव नहीं था। समय के साथ यादों की इस भीड़ में कॉर्नेल खो जाएगा। लिखे हुए शब्दों से इसकी बेतहाशा ख़ूबसूरती का वर्णन संभव नहीं था। कॉर्नेल में मुझे दो साल रहना था और इस समय और यहां की ख़ूबसूरती को दस्तावेज़ में संजोने की मेरी बेचैनी बहुत चरम पर पहुंचने लगी थी। मैंने तय किया कि मैं दो माध्यमों से अपनी यादों को सहेजूंगा। ये दोनों ही माध्यम एक दूसरे के एकदम विपरीत थे। एक इंस्टाग्राम और दूसरा पोलरॉइड पिक्चर्स। मैं कैम्पस में चारों ओर सैर-सपाटा करते हुए तसवीरें लेने लगा। लेकिन मेरे सहपाठी शायद ही कभी सेज हॉल छोड़कर बाहर आते हों। एक-दो बार मैंने विवान को अपनी इस रोमांचक यात्रा पर साथ ले जाने की कोशिश की लेकिन एक बार ही सफलता मिली। गर्लफ़्रेंड मिल जाने के बाद उसने बिलकुल ही जाना छोड़ दिया (ऐसा नहीं है कि मुझे इससे फ़र्क़ नहीं पड़ा लेकिन कोई पछतावा नहीं है।) मैं जब तक कॉर्नेल में रहा मैंने उसके बारे में इतना अधिक लिखा कि स्कूल ने सोशल मीडिया के लिए मुझे अपने प्रतिनिधि के तौर पर आमंत्रित किया। प्रबंधन पहले मेरे वास्तविक नाम की बजाए मेरे सोशल मीडिया हैंडल : @suitcase_full_of_sparks से ही पहचानता था। मैं पक्के तौर पर नहीं कह सकता कि इसे क्या समझा जाए, यह कोई शेखी बघारने के लायक़ बात है या इसे बुरा समझा जाए। मेरे सोशल मीडिया हैंडल का नाम ग्रेगरी एलन इसाकोव के मेरे सबसे पसंदीदा गीत के ऊपर था।

यहां पर मैं कुछ कहना चाहूंगा। मैं यह किताब लिख रहा हूं, यही अपने आप में बताता है कि मैं क्या कहने जा रहा हूं। मैं अनुभवों को संजोना चाहता हूं। लेकिन उनको साझा करना मुझे बहुत पसंद है। यह कोई लोकप्रियता की बात नहीं है। एक यह एक चारित्रिक विशेषता है जो मेरे भीतर गहरी समाई हुई है कि जब भी मैं कुछ बहुत अच्छा महसूस करता हूं या अनुभव करता हूं तो मैं यह चाहता हूं कि हर कोई मेरे साथ उसे अनुभव करे।

मैं जब कोई पाठ सीखता हूं, तो उसकी कहानी सुनाना चाहता हूं, बताना चाहता हूं। यदि मुझे कोई गीत नज़र आता है तो मैं उसे यूं ही नहीं छोड़ सकता। मैं दूसरों को उसे सुनाने को बेताब हो जाता हूँ। मैं इंतज़ार नहीं कर सकता कि वह एक दिन उसे सुन लेंगे। मेरा जीवन एक खुली किताब है

(अब तो वास्तव में।) बहुत से लोग इससे असहज हो जाते हैं जिनका ऐसा मानना है कि आपके कुछ न कुछ अंश और कुछ अनुभव ऐसे होने चाहिए जो आप केवल अपने तक ही सीमित रखें। लेकिन यह बहुत सहजता के साथ होता है और मैं सोच-विचार कर चीज़ों को अपने तक सीमित नहीं रख सकता। यह बहुत असामान्य है कि ऐसे लोग जो आपको जानते भी नहीं वह आप की कहानी का हिस्सा होते हैं। वे कॉर्नेल में मेरे साथ हो सकते हैं। वे मेरे साथ श्री टाटा से मिल सकते हैं। वे उस फूल को देखने वाले हो सकते हैं जिसे मैंने देखा और उस पर हँसने वाले हो सकते हैं जिसके कारण मैंने ठहाका लगाया था। संयुक्त अनुभव का आनंद मुझे चीज़ों को साझा करने की ओर ले जाता है। यह अपने आप में पूर्णता देने वाला होता है कि आप ऐसे लोगों को कभी नहीं जानेंगे जिन्होंने आपके जीवन में ना रहते हुए भी आपके साथ आपके जीवन को जिया है।

जैसे ही मेरी सेहत काफ़ी हद तक ठीक हुई, स्कूल भी शुरू हो गए। आरंभिक परिचय देने वाले सत्र बहुत बेहतरीन थे। हमारी क्लास का हर छात्र अपने क्षेत्र का बहुत ही बुद्धिमान शख़्स था और अपने देश-शहर में अपनी कहानी का हीरो था। हम में से कोई भी पहले यह अनुमान नहीं लगा सका था कि हम जब आईवी स्कूल में पहुंचेंगे तो हमें कैसा महसूस होगा। जब हम पाएंगे कि हममें से हर कोई एक जीनियस है तो हमें कैसा महसूस होगा। आप अब ख़ास नहीं रह गए थे। हर किसी को बहुत ही सोच-विचार के साथ चुना गया था और वह कड़ी परीक्षा के चरणों से गुज़रा हुआ था। तरह-तरह की भावनाओं का ज्वार उठ रहा था।

मैं क्लास में सबसे कम उम्र के युवाओं में से था। मैं अपनी उम्र से भी कहीं छोटा दिखाई देता था। अमेरिकी अपनी उम्र से कहीं अधिक दिखाई देते हैं। इससे हुआ ये कि मैं और अधिक कम उम्र का माना जाने लगा। मुझे अक्सर बच्चे की तरह देखा जाता था और गंभीरता से लेना मुश्किल था। कई बार मुझे अपनी उम्र को लेकर सवालों का जवाब देना पड़ता था। यह मुझे परेशान तो करता था लेकिन इससे मैं समूह में एक अलग पहचान क़ायम करने में सफल हो गया था।

भाषा के स्तर पर हमारी अंग्रेज़ी को मज़बूत किया गया जिससे हम भर्ती के लिए आने वाली बड़ी कंपनियों के प्रतिनिधियों से बात करें तो

बेहतर संवाद क़ायम हो। मैंने थोड़ा-बहुत इसे समझा लेकिन उतनी ही तेज़ी से भुला भी दिया। मैं वास्तव में जिस तरीक़े से बोलता था उसी तरीक़े से बोलना चाहता था। हमें बहुत ही ख़ूबसूरत वाइन टूर पर ले जाया गया। हमारे विभाग प्रमुख ने हमें बहुत ही प्रेरक व्याख्यान दिया। हमें इतनी तरह की सामूहिक कवायदें करनी पड़ीं कि उनका नाम सुनते ही मेरा जी मिचलाने लगा। व्यवसाय प्रबंधन स्कूल आपके जानने और परिचय के दायरे के विस्तार करने का काम करते हैं। आपकी नस-नस में नेटवर्किंग को भरते हैं। मैं इसका सम्मान करता हूं लेकिन मेरी सामाजिक उत्कंठा बहुत चरम पर पहुंच गई थी। हमने सूट पहनना, टाई बांधना, कारोबारी ईमेल लिखे जाने की कला, गर्मजोशी के साथ हाथ मिलाना जैसे तमाम हुनर सीखे। ऐसे तमाम व्यवहारों की सूची हमारे पाठ में शामिल थी जो अमेरिका के बड़े व्यावसायिक घराने हममें देखना चाहेंगे। 'ग्रेविटाज़' और 'सिनर्जी' जैसे कई शब्द हमारे सामने अनगिनत बार दोहराए गए जिनके बारे में मुझे शक है कि किसी को भी उनका वास्तविक अर्थ मालूम होगा।

लेकिन हर किसी की मूल कहानियां बहुत अधिक रोमांचक थीं। ये ठीक वैसी थीं जिसके लिए मैंने यह यात्रा की थी। कोई भी दो कहानियां एक जैसी नहीं थीं। वहां पर जूतों के निर्माता थे, संगीत से जुड़े लोग थे, अपनी पूंजी जुटा कर उद्यम शुरू करने वाले थे, सेना से रिटायर हुए लोग थे। उनकी कहानियां चेहरों पर मुस्कान लाने वाली थीं, खुशियां बिखेरने वाली थीं। मैं उन सबसे बातें कर रहा था। वास्तव में उनसे प्रेरणा हासिल कर रहा था। लेकिन मैं दोस्त नहीं बना बना रहा था। यह मुझे हैरान कर रहा था क्योंकि मेरे लिए दोस्त बनाना बहुत सहज रहा था। मैं समझ नहीं पा रहा था कि यहां ऐसा क्यों हो रहा है। या तो यहां की संस्कृति थी जहां पर आप पहले कुछ मुलाक़ातों में किसी व्यक्ति को बहुत ही सतही तौर पर समझ सकते हैं। या मैं खुद अपने आप को अलग महसूस कर रहा था। हर कोई हर किसी के साथ घुल-मिल रहा था। ऐसा लग रहा था जैसे कि वह हमेशा से एक दूसरे को जानते रहे हैं। पहले ही समूह बन गए थे लेकिन मैं उन सब से बाहर था। यहां तक कि मेरे साथ रहने वाला मेरा दोस्त बिना मुझे साथ लिए बाहर जाना शुरू कर चुका था। यह उसकी आत्मनिर्भरता का नतीजा था लेकिन मेरे भीतर का एक निर्भर इंसान इसे हजम नहीं कर पा रहा था। मैंने अपने आप को ठगा हुआ महसूस किया।

मैं अकेला था और इस अकेलेपन ने निराशा पैदा कर दी थी। कहां तो मैंने सपने देखे थे कि मैं कॉर्नेल में पहले ही हफ़्ते में जाकर ऐसे दोस्त बना लेने के सपने देखे थे जो एक दिन मेरी शादी में आएंगे और हालत यह हो गई कि एक भी ऐसा इंसान नहीं था जिसे मैं अपने सहपाठी से अधिक कुछ कह सकूं। उससे मन की बात कर सकता। इसके लिए मेरे पास केवल भारत में तुहीना थी।

हम लगातार फ़ोन पर संपर्क में थे। यहां तक कि जब मैं किसी पार्टी या किसी कार्यक्रम में जाता था, वहां भी मैं वास्तव में किसी से घुल-मिल नहीं पाता था और आख़िर में बाहर जाकर फ़ोन पर बातचीत में लग जाता था।

एक दो लोगों ने मेरे साथ बात करने की कोशिश की। मुझे अपने साथ शामिल भी किया। लेकिन अपने फ़ोन कॉल के साथ में बार-बार बाहर

चला जाता था और आख़िरकार उन्होंने भी मेरा साथ छोड़ दिया। मैं तुहीना को इथाका के बारे में बताता रहता था। जब भी कुछ मुझे नया दिखाई देता तो मैं उसे तसवीरें भेजता और उसे लिखता। वास्तव में यह सब बहाना था और मैं इस सब को छोड़कर वापस भाग जाने को बेकरार था। अभी मैं वहां पहुंचा ही था और मैंने दिन गिनने शुरू कर दिए थे कि मैं कब लौटकर उससे मिलूंगा।

लेकिन यह फ़ोन कॉल जल्द ही लड़ाई में बदलते चले गए। तुहीना कई बार कई-कई दिनों के लिए ग़ायब हो जाती। अमेरिका और भारत के बीच दिन और रात के अंतर, दूरियां और उसके ग़ायब रहने से मैंने अपने आप को और अकेला पाया। मुझे ऐसा लगा कि अब उसको मेरी बहुत अधिक ज़रूरत नहीं थी जितनी वह मेरी ज़रूरत थी। हमारे बीच फ़ोन पर बातचीत कम हो गई और लड़ाइयां लंबी हो गईं। अगर मैं पूरी ईमानदारी से कहूं तो मैं उससे यह उम्मीद कर रहा था कि कॉर्नेल में जो कुछ भी ग़लत हो रहा है वह उससे मुझे बचा ले। सीखने के जीवन के सबसे बड़े मोड़ पर मैं तुहीना को सहारे की तरह इस्तेमाल कर रहा था।

और अंत में आपने आप कितना ही है सोच लें। अपने सपने को कितनी भी अच्छी तरीक़े से बुनें या आप कितने ही महान आर्किटेक्ट हों, आप जैसा चाहते हैं, वैसा ही नहीं होता है। आप उस तरह से नहीं होते जैसा कि आप वास्तव में होना चाहते हैं। और कितने आश्चर्य लेकिन मूर्खतापूर्ण बात है कि जब ऐसा होता है तो भी हम हैरान होना जारी रखते हैं। ऐसा सोचा गया था कि कॉर्नेल में मैं बहुत ही होनहार, तेज़तर्रार युवा बनकर दिखा दूंगा जिसके सैकड़ों दोस्त होंगे और जो एक रोमांचक जीवन जी रहा होगा। लेकिन मैं बहुत भावुक, बीमार, हताश घर से मीलों दूर अपने ही दायरे में सीमित हो गया था। अम्मा नइना और यहां तक पहुंचने में मदद करने वाले हर किसी की आशा और विशेष रूप से श्री टाटा की उम्मीदों और सपनों को तोड़ रहा था।

इथाका एक स्वप्न था। मैंने उसके बारे में जो कुछ भी सोचा था, उससे भी कहीं अधिक ख़ूबसूरत।

लेकिन मैं अब जागना चाहता था।

7

न्यू यॉर्क में मस्ती

जब आप बहुत आरामदेह स्थिति से निकलकर बाहर आते हैं तो कई बार आपके भीतर दबा हुआ साहस का जज़्बा आपकी ढाल बन जाता है या कई बार अपने व्यक्तित्व के हिसाब से आप ऐसी राह पर चल पड़ते हैं जो नुक़सान पहुंचाने वाली हो सकती है। मैंने न्यू यॉर्क में भारत की जीवनशैली को अपनाने की कोशिश की। बसों के पीछे भागना और इस कोशिश में अक्सर नाकाम होते-होते मैं थक गया था। तो भारत की जीवनशैली की दिशा में मैंने पहला क़दम बढ़ाते हुए मोटरसाइकिल की तलाश आरंभ की। अमेरिका में हालांकि बाइक उतने प्रचलन में नहीं है। इसे रोमांचक और ख़तरों से खेलने की तरह माना जाता है।

मैंने विज्ञापन देखे और पुरानी बाइक बेचने के इच्छुक लोगों से बात की। कुछ से मिला और टेस्ट ड्राइव भी ली। लेकिन बात बनी नहीं। कुछ बहुत महंगी थीं और कुछ बहुत भारी थीं। कुछ हमारे कस्बे से बहुत दूर थीं। अमेरिका में बाइक ख़रीदना भारत जैसा सरल नहीं है। इथाका के उनींदे शहर में तो यह और कठिन है। पूरे शहर में बाइक का कोई शोरूम नहीं है। न्यू यॉर्क में ज़्यादातर लोगों के पास पुरानी बाइक या भारी हार्ले बाइक थीं जो मुझे नापसंद थीं। और जब मैं बाइक ख़रीदने का इरादा बदलने को था, तभी कॉर्नेल में बॉटनी के एक छात्र ने अपनी बाइक बेचने की पेशकश कर दी। वह अब वैंकूवर जा रहा था।

बाइक सुजुकी 550 जीएस, 1978 मॉडल थी और मेरे पास अब तक जितनी भी बाइक रहीं उनमें से सबसे ऐतिहासिक और बेहतरीन। इसके लिए बड़ी रक़म का जुगाड़ करने का मतलब था कुछ महीनों तक नूडल्स पर गुज़र-बसर करना।

मेरे सहपाठियों को बाइक ख़रीदने की बात कुछ हजम नहीं हुई।

'यह ख़तरनाक है यार, तुम मर जाओगे!'

'तुम अपनी जान जोखिम में क्यों डालना चाहते हो?'

'क्या तुम्हारे माता-पिता को इसके बारे में जानकारी है?'

बाइक के संबंध में इतनी ग़लतफहमियां थीं कि सभी को समझाना बहुत कठिन था। ज़्यादातर अमेरिकियों के लिए बाइक का मतलब मौत ही था। लेकिन यह विचार दकियानूसी था। कॉर्नेल के ऐतिहासिक दस्तावेज़ों के मुताबिक़ वहां 1924 में बाइक क्लब हुआ करता था जो कि अंतिम और एकमात्र था। इसकी कोई जानकारी नहीं थी कि बाद में उस क्लब का क्या हुआ। यह रहस्यमय ढंग से लापता हो गया। लायब्रेरी में भी उसके बारे में कोई जानकारी नहीं थी।

कॉर्नेल में एक बाइक असोसिएशन होना चाहिए। मेरे इस विचार को कुल जमा एक इंसान का समर्थन मिला। वह कॉर्नेल के ही मेरे सीनियर थे। उनके पास लाल रंग की डुकाटी थी। वह बहुत खुशी-खुशी सहमत हो गए। हो सकता है कि मैं बाइक को लेकर अमेरिका में सोच को ठीक तरीक़े से समझाने में असफल रहा हूं। लेकिन स्थानीय अख़बार की ख़बर ज़रूर मेरी बात को साबित कर देगी। यह ख़बर उस समय छपी जब हम दो लोगों ने अपने क्लब की बुनियाद रखी।

INDEPENDENT SINCE 1880

The Cornell Daily Sun

FEATURED IN CATEGORY

October 28, 2016

New Club Aims to Revive Motorcycle Culture

By **Ronni Mok**

The Cornell Motorcycle Association is once again starting up its engines. After an undefined relapse, the original group — established in April of 1924 — is reopening to both Cornell students and members of the Ithaca community.

Beyond the organization's founding date, the club's history is a mystery, according to Shantanu Naidu MBA '18, the organization's founder and president.

"All we have in the archives is that there was a Cornell Motorcycle Club 92 years ago and I tried to find the termination date in the archives and I talked to all of the researchers," Naidu said. "Somehow the termination reason and date is unclear, we just know that it got discontinued and nobody knows why or when."

इसी कड़ी में मैंने कुछ और भी आजमाया। मैंने एक गिटार ले लिया। बिलकुल वैसा ही जैसा मेरे पास घर पर था। मैंने शौकिया तौर पर क्लब में जाकर गाना आरंभ कर दिया। मेरे पास तीन गाने थे जो हर महीने मंगलवार को मैं क्लब में गाता था।

मैंने अपने अपार्टमेंट को आकर्षक रोशनी और पोस्टरों से सजा दिया जहां हमेशा संगीत गूंजता रहता था। एक छोटी-सी लाइब्रेरी बना दी जैसी नइना ने घर पर बनाने में मदद की थी।

सभी को जीवन में कुछ नया सीखने के दौर से गुज़रना होता है। मैं इस मामले में कमज़ोर था। लेकिन सच कहूं तो अपनी ज़िंदगी के इन छोटे-छोटे किस्सों को जोड़ना सुरक्षित होने का अहसास कराता है। मुझे नहीं पता कि इसके पीछे जो मक़सद था, वह पूरा हुआ या नहीं लेकिन हर फ़ैसले से एक नया किस्सा जन्मा जो मैं आज सुना सकता हूं। यदि मैं इस सबसे

नहीं गुज़रा होता तो ना तो मोटरसाइकिल असोसिएशन होता। ना ही रंग -बिरंगी रोशनी से जगमगा रहे मेरे घर की संगीत महफ़िल में शुमार लोगों से देर रात तक गपशप होती और ना ही मैं कभी स्टेज पर आता। मुझे नहीं पता था कि अपने नीरस जीवन में रंग भरने की ख़ातिर लिए अपने हर हताशा भरे फ़ैसले के साथ मैं अनुभव के ऐसे तमाम किस्से जमा कर रहा हूं जो आगे चलकर तब मैं बयान कर सकूंगा, जब ये सब ख़त्म हो गया होगा। जैसा कि अभी कर रहा हूं।

काफ़ी समय के बाद पहली बार मुझे ऐसा महसूस हुआ कि यहां रहा जा सकता है।

श्री टाटा को कॉर्नेल के अपने जीवन के बारे में लगातार जानकारी देते रहने के वादे के बारे में तो मैं इतना ही कहूंगा कि उनके दिए अधिकार का सचमुच मैंने दुरुपयोग किया।

लेकिन अपने बारे में सूचनाएं देते रहने का मक़सद यह नहीं था कि मुझे उनसे जवाब की उम्मीद थी। यह उनसे ज़्यादा मेरे लिए ख़ास था। यह अपने आप में सुकून देने वाला था कि आपके शहर में आपका कोई दोस्त यह जानता है कि आपके दिन कैसे बीत रहे थे। हालांकि अपने परिवार से मैं बहुत क़रीब हूं और आराम के लिए तो कुछ ज़्यादा ही। लेकिन फिर भी ऐसी कई बातें हैं जो मैं उनके साथ साझा नहीं कर सकता था। श्री टाटा अब भी मानते हैं कि चैटविंडो में ढेर सारे संदेश देखकर वह ख़ुशी से भर उठते थे। विस्तार से तमाम बातें और इथाका के जीवन के किस्से उन्हें ख़ुश कर देते थे। लेकिन उनके जैसे हमदर्द इंसान के साथ दिक़्क़त यह है कि आपकी वजह से उनको कितनी भी परेशानी हो लेकिन वह कभी ज़ाहिर नहीं होने देंगे।

कई बार उनके जवाब केवल एक पंक्ति के हुआ करते थे। कोई उपलब्धि हो तो वह बधाई देते थे यदि मैं कुछ निराश मालूम होता तो मेरा मनोबल बढ़ाते। मेरे साफ़-सुथरे घर की तसवीरों को देखकर मज़ाक़ करते हुए अपना संदेह जाहिर कर देते थे। 'लगता है कि यह सब कुछ केवल तसवीर के लिए सजाया गया है।' कई बार बारिश से भीगे रविवार को जब उनका फ़ोन कॉल आता था तब मेरे अकेलेपन का उन्हें अहसास हो जाता।

'क्या बारिश से भीगे रविवार का अकेलापन फिर से सता रहा है? मैंने भी ऐसे ही कई रविवार गुजारे हैं।'

वैसे तो टेक्स्ट मैसेज 21वीं सदी में आम है। लेकिन इसमें बेबाकी से बात रखने में मैंने हमेशा सहज महसूस किया, जहां कहीं भी यह ख़याल नहीं आता कि कहीं मैं ग़लत तो नहीं हूं या फिर यह मैं क्या कह रहा हूं। ऐसा कुछ भी जो फ़ोन कॉल या किसी से रूबरू कहना थोड़ा मुश्किल हो सकता है।

ढेरों संदेशों के बीच एक ऐसी ख़ुशी आई जिसका मुझे इंतज़ार था।

प्रिय शांतनु,

बधाई। आपने सचमुच में बहुत कम समय में कॉर्नेल में अपनी पहचान बनाई है। मैं न्यू यॉर्क सिटी में आपसे मिलना चाहूंगा। मैं संभवतः अक्टूबर या नवंबर '16 में वहां रहूंगा। आपने जो कुछ भी किया है और आप जिस तरह से कॉर्नेल के कैंपस का हिस्सा बने हैं उस पर मुझे गर्व महसूस होता है।

शुभकामनाएं।

रतन

न्यू यॉर्क सिटी में श्री टाटा के साथ होने के अहसास से ही मैं रोमांचित हो गया। क्या मैं सेंट्रल पार्क को देख पाऊंगा जिसे ज़्यादातर मैंने केवल हॉलमार्क क्रिसमस फ़िल्मों में देखा था? क्या हम कोई फ़िल्म देख पाएंगे? कहीं वह बोर तो नहीं होंगे? क्या मैं कोई गड़बड़ तो नहीं कर दूंगा? मैं अब उनके आने के इंतज़ार में दिनों की गिनती करने लगा।

न्यू यॉर्क सिटी के साथ हर किसी के अपने अलग रिश्ते हैं। यह किसी एक जीवित वास्तविक इंसान से रिश्तों की तरह है। इस शहर में आने वाले हर शख़्स का कोई अपना अलग ही किस्सा होता है। हर कोई भागम-भाग में लगा हुआ था। कहीं पहुंचने की कोशिश में जुटा हुआ था। कोई अपने जीवन में किसी मुक़ाम की तलाश में। ऐसे लोगों के साथ राह पर चलना जो कहीं पहुंचने के बहुत उत्सुक हैं, आनंद देने वाला होता है। जब आपके आसपास के लोगों के पास कोई मक़सद हो और आप ऐसे ही बिना किसी मक़सद के हो तो आप बहुत एकाकी महसूस करते हैं। मेरे लिए न्यू यॉर्क का मतलब हमेशा ही सेंट्रल पार्क के सामने कोलंबस सर्किल में श्री टाटा के साथ बिताए हुए दिन हैं।

मैं श्री टाटा के आने से एक रात पहले ही बस से न्यू यॉर्क पहुंच गया। मेरे पास बहुत ज़्यादा पैसे नहीं थे कि मैं पियर के क़रीब जहां श्री

टाटा रुकने वाले थे या सेंट्रल मैनहैटन में किसी होटल में रुकता। मोटोपॉज़ की नवी मुंबई टीम की मुखिया मेरी दोस्त रेविका ने मुझे अपने छोटे-से अपार्टमेंट में शरण दी। जैसे ही उसे पता चला कि मैं पहली बार न्यू यॉर्क सिटी में आया हूं तो वह मुझे शहर घुमाने ले गई। इतने दिनों में उसने न्यू यॉर्क को अच्छी तरह से समझ लिया था। वह मुझे चेल्सी के रेस्तरां में लेकर गई जो नदी किनारे नौकाओं पर बने हुए थे। उसने मुझे अपनी नज़र से शहर दिखाया जैसा और कोई नहीं कर सकता था। उसने मुझे बहुत ख़ास अनुभूति कराई। अगली सुबह में पियर के लिए रवाना हो गया।

द पियर : ताज होटल्स का ही कोलंबस सर्किल पर स्थित हेरिटेज होटल। आलीशान होटल की भव्यता के साथ इसमें न्यू यॉर्क के किसी घर की मेजबानी की गर्मजोशी भी है। देखने में मैनहैटन की इमारत की तरह लेकिन कहीं न कहीं कुछ अलग। टैक्सियों की कतारें और आ-जा रहे मेहमानों का गेट पर स्वागत करते हुए होटल के दरबान। मैं लॉबी में अजीब तरीक़े से भटक रहा था। तभी वहां किसी ने मुझे पहचान लिया।

'श्री नायडू? श्री टाटा अभी तक आए नहीं हैं। आप चाहें तो उनका इंतज़ार कर सकते हैं। प्लीज़ मेरे साथ आएं।'

मैं उनके पीछे-पीछे हो लिया। लॉबी में शाही कालीन बिछे हुए थे। होटल के गलियारे में एंटीक फानूस और दीवारों पर उकेरी कलाकृतियां उसकी ऐतिहासिकता का अहसास करा रही थीं।

आधे घंटे बाद मेरा फ़ोन बजा।

'हेलो शांतऽनु, माफ़ करना मैंने आपको इंतज़ार कराया। दरअसल मैं अभी-अभी पहुंचा हूं।'

'ज़रूर-ज़रूर, मिस्टर टाटा। मैं अभी आया।'

कमरे का दरवाज़ा खुला और मैं उनके सामने खड़ा था। जैसे मैं घर पहुंच गया हूं। मेरा रोम-रोम पुलकित हो गया। हालांकि अभी ज़्यादा दिन नहीं हुए थे, जब मैं मुंबई में उनसे विदा लेकर आया था। लेकिन ऐसा महसूस हो रहा था जैसे बहुत अरसा बीत चुका है। मुझे नहीं पता था कि मैं उनसे लिपट जाता तो उनको अच्छा लगता या नहीं। लेकिन मेरी अजीबोगरीब हरकतें और बढ़ती जा रही थीं। मैं इस बार उनसे हाथ मिला बैठा।

होटल के उनके कमरे से सेंट्रल पार्क का पूरा नजारा दिखाई दे रहा था। उस समय तक बर्फ़बारी नहीं हुई थी। लेकिन न्यू यॉर्क के आकाश पर काले बादल दिखाई दे रहे थे। बारिश के साथ रोमांस करने वाले इन्हें देखकर ज़रूर खुश हो रहे होंगे।

'मैं पहली बार आपको जैकेट में देख रहा हूं। आप सच में बहुत स्मार्ट लग रहे हो।'

मेरे पास ढेर सारे विषय थे। कॉर्नेल। मुंबई। कुत्ते!

और मैं कुछ भी छोड़ने वाला था? हरगिज़ नहीं। सिवाय कॉर्नेल के मेरे एकाकी दिनों के अलावा। कॉर्नेल में आने के बाद मेरे देश और मेरे घर से वह पहले व्यक्ति थे जिनसे मैं मिल रहा था। वैसे मुझे उनको सब कुछ बता देना चाहिए था। उनके भीतर के अपने दोस्त से पूरी ईमानदारी से सब कुछ कह देने और अपने को कमज़ोर माने जाने के डर के बीच मैं उलझ गया और मैं उनको सब कुछ नहीं बता पाया।

मैं अपने किस्से सुनाए जा रहा था। लेकिन कुछ देर में मुझे लगा कि उनका मन कहीं और भटक रहा था। उनके चेहरे पर चिंता ओर परेशानी झलक रही थी। एक पल को मुझे लगा कि मेरा पूछना ठीक रहेगा या नहीं। लेकिन मुझसे रहा नहीं गया। 'मिस्टर टाटा, आप कुछ परेशान लग रहे हैं?'

अनुमान सही था। टाटा समूह के उस समय के नेतृत्व को लेकर मसले सामने आने लगे थे। 2020 में इसे लिखते हुए जिन मुकदमों का सामना वह कर रहे थे, वे झमेले किसी न किसी रूप में शुरू हो चुके थे। उनकी परछाइयां उनके चेहरे पर दिखाई दे रही थीं। वह उन दिनों को याद करने लगे जब उन्होंने चेयरमैन का पद संभाला था। जेआरडी (जहांगीर रतनजी दादाभाय टाटा) संरक्षक और मार्गदर्शक थे लेकिन हस्तक्षेप नहीं करते थे। वह श्री टाटा और समूह के सच्चे अर्थों में हितैषी थे। वह सही मार्ग दिखाते और जहां ज़रूरत होती वह सुधार के लिए सुझाव देते लेकिन कभी आदेश की तरह नहीं कि उनके आदेश का पालन हो रहा है या नहीं। सेवानिवृत्ति के बाद भी दफ़्तर में जेआरडी की उपस्थिति श्री टाटा के लिए बहुत ख़ास हुआ करती थी। जब भी कोई संदेह की स्थिति होती श्री टाटा जेआरडी के अनुभवों के विशाल ख़ज़ाने का इस्तेमाल करते थे। श्री टाटा भी चाहते थे जब भी उन्हें याद किया जाए या ज़रूरत हो तो वह पथ प्रदर्शक की तरह

मौजूद रहें। लेकिन उनके नेक इरादों को ग़लत समझा गया। जैसा वह सोचते थे, हर कोई वैसा नहीं सोचता था।

एक और चिंता उनको अक्सर रहती थी। उनके कार्यकाल के दौरान हासिल या विकसित कारोबार के भविष्य की। उसके बाद जो कुछ उन्होंने कहा, उसे भूलना मुमकिन नहीं है। इससे समाधान खोजने की उनके भीतर छुपी हुई ललक सामने आ रही थी।

'हम गिरते हुए कारोबारों को बेचते नहीं, हम उन्हें दुरुस्त करते हैं।'

यह आगे उनके जीवन को प्रभावित करने वाले तूफ़ान की पहली झलक थी। ऐसा संघर्ष जो आने वाले दिनों में मुझे काफ़ी नज़दीक से देखना था। मैं कितना स्वार्थी क़िस्म का इंसान था। इतने महीनों से मैं उनको अपने जीवन के तमाम छोटे-बड़े किस्सों में उलझा रहा था। लेकिन अब तक इस सबसे बेख़बर बना हुआ था कि वह अपने जीवन में किन झंझावातों का सामना कर रहे हैं। अचानक वह अपनी समस्याओं को उठाने के लिए खुद को जैसे गुनाहगार मानते हुए बोल पड़े :

'अरे छोड़िए, हम डिनर करते हैं। आप इटालियन पसंद करेंगे?

मुंबई में थाई पैवेलियन की तरह न्यू यॉर्क में भी उनकी एक पसंदीदा होटल थी - सिप्रियानी'ज, जो कुछ ही दूरी पर थी। हम चहलक़दमी करते हुए होटल पहुंच गए और जैसा कि हमेशा होता था श्री टाटा ने टेबल बुक करने के लिए पहले किसी तरह का फ़ोन नहीं किया।

'उम्मीद है कि हमें बैठने को जगह मिल जाएगी। वैसे यहां हमेशा भीड़ रहती है।'

और वैसा ही हुआ। वहां काफ़ी भीड़ थी। न्यू यॉर्क के उस छोटे लेकिन पूरी तरह से भरे हुए क्लासिक होटल में 1980 के दशक के गीत गूंज रहे थे। वहां बैठे लोग बहुत धनाढ्य परिवारों के दिखाई दे रहे थे। शानदार सूट-बूट और उनके चेहरों पर अमीरी का गरूर टपक रहा था। अकेले एकबारगी तो मैं भीतर जाने में भी शायद संकोच करता। भीड़ इतनी अधिक थी कि वहां वेटर को भी चलने में दिक़्क़त हो रही थी। शायद श्री टाटा वहां सबसे साधारण व्यक्ति रहे होंगे। वह नीली शर्ट और उस पर विंडचीटर पहने हुए थे।

शायद हमने जल्दी ही वहां से निकल जाने की बेताबी में चिकन का ऑर्डर किया। खाते समय उन्होंने ज़्यादा कुछ नहीं कहा। ऐसा साफ़ लग रहा

था कि वह जिन समस्याओं में घिरे हुए थे, उसके कारण हमारी बातचीत बहुत सीमित हो गई थी। मैंने भी उनको ज़्यादा परेशान नहीं किया। जब आप किसी गहरी चिंता में होते हैं तो सौजन्यतावश बातचीत के लिए मजबूर किया जाना भी परेशान करता है। मैं उनको इस बाध्यता से बचाना चाहता था।

हम चुपचाप लौट आाए। कुछ मिनट के बाद मैंने उनसे जाने की इजाज़त मांगी।

'अच्छा, मैं जाने से पहले आपको कुछ दिखाना चाहता हूं।'

मैंने अपने बैग से एक पोलरॉइड कैमरा निकालकर दिखाया। उसे देखकर वह हैरान रह गए।

'यह तो पोलरॉइड कैमरा है।'

'मैं तो सोचता था कि अब कंपनी ने इसे बनाना बंद कर दिया है। यह ऐसा लगता है जैसे बहुत पुराना है। हमारे पास अब डिजिटल कैमरा है शांतऽनु।'

मैंने उनको बताया कि किस तरह से फ़ूजीफ़िल्म ने आज के दौर के लिए पोलरॉइड हार्डवेयर को दोबारा ज़िंदा किया है।

'क्या आप इससे सेल्फ़ी ले सकते हैं?'

'जी हां, तकनीकी दृष्टि से तो ले सकते हैं लेकिन, आपको यह नहीं पता चल पाएगा कि आप क्या तसवीर ले रहे हैं।'

'हम कोशिश कर सकते हैं।'

मैंने कैमरे को घुमाया और वह फ़्रेम में नज़दीक आए और तेज़ी से फ़्लैश चमकी। उनको इतनी तेज़ चकाचौंध की उम्मीद नहीं थी।

'यह तो... बहुत तेज़ है, मैं कुछ भी नहीं... देख सकता।'

पोलरॉइड तसवीर तैयार हो गई थी और मेरा सिर तैरता हुआ सा दिख रहा था।

हम दोनों ही फ़ोकस से बाहर थे और दोनों के ही चेहरे अजीबोगरीब हो रहे थे लेकिन, हमने न्यू यॉर्क की अपनी पहली मुलाक़ात की इस तसवीर

को याद के तौर पर अपने पास सहेजकर रख लिया। पोलरॉइड से बाद में हमने बहुत-सी तसवीरें और लीं।

अगली सुबह मैं एक बिलकुल बदला हुआ इंसान महसूस कर रहा था। उन्होंने नाश्ते में इंग्लिश मफ़िंस पसंद किए जबकि मैंने होटल की ख़ास स्ट्रॉबेरी क्रीम वेफ़ल्स पर हाथ साफ़ किया। नाश्ता करते हुए वह पूरे समय मुझे देखते रहे। इथाका के एक सरीखे भोजन से मैं बोर हो गया था और इस बदलाव की मुझे सख़्त ज़रूरत थी। भविष्य में उनकी यात्रा के दौरान यह एक तरह से हमारी नियमित दिनचर्या बन गई। हर बार हम पियर में ब्रेकफ़ास्ट करते। वह मेरे लिए स्ट्रॉबेरी क्रीम वेफ़ल्स मंगाने पर तुल जाते। उन्हें मेरी पसंद अच्छे से याद रहती। उनको खुश देखना मुझे भी बहुत अच्छा लगता।

कुछ इसी तरह से हमारा समय बीतता था। हालांकि उनके सहकर्मियों का कहना था कि न्यू यॉर्क यात्रा के दौरान उनकी दिनचर्या इसी तरह से

रहती थी। लेकिन यह मेरे लिए नया था। हम सबसे पहले मैकी पर जाते और कुछ चादरें पसंद करते, बैग ख़रीदते। जहां भी वह जाते तो कोई न कोई उनको पहचानने वाला वहां होता था। निगाहों का केंद्र बनने में वह हमेशा असहज महसूस करते थे। इसका कारण संकोची स्वभाव के साथ ही एक सामान्य व्यक्ति की तरह बर्ताव किए जाने की उनकी इच्छा दोनों ही बातें थीं। न्यू यॉर्क में जिस शोरूम में भी वह जाते थे वहां कोई न कोई नियमित आने वाले ग्राहक की तरह उनकी मदद को तत्पर मिलता। उनकी ओर ख़ास ध्यान इसलिए नहीं दिया जाता था कि वह रतन टाटा थे बल्कि, इसलिए दिया जाता था कि जब भी वह स्टोर में जाते थे, बहुत ही सभ्य और एक विनम्र ग्राहक की तरह दिखाई देते थे।

इसके बाद जहां हम जाते थे वह पेट शॉप थी। टीटो और टैंगो को बेसबॉल के आकार की ये ख़ास पारदर्शी गेंदें बहुत पंसद थीं। शायद इसलिए कि इसके भीतर टेनिस की गेंद हिलती-डुलती हुई दिखाई देती थी। वे बहुत जल्दी ही इन गेंदों की चीर-फाड़ कर देते थे जिससे श्री टाटा जब भी अमेरिका आते इस तरह की ढेर सारी गेंद ले जाते थे। कुछ और उनकी पसंद की चीज़ें लेने के बाद हम यहां से आगे बढ़ते थे।

हमारा तीसरा पड़ाव शायद बार्न्स ऐंड नोबल होता था। यहां हम कुछ बेस्टसेलर किताबों की चर्चा करते, कुछ कारोबारी मैग्ज़ीन ख़रीदते और किसी अच्छी किताब की तलाश करते हुए ढेर सारी किताबें यूं ही उलटते-पलटते। मैंने जो अच्छी किताबें पढ़ी हैं उनमें से एक उन्होंने इसी दौरान मुझे बताई थी। उन्होंने न्यू यॉर्क में मुझे देने के लिए इस किताब को काफ़ी तलाशा लेकिन कहीं भी उसकी कॉपी उपलब्ध नहीं थी। आख़िरकार मैंने इसकी दो कॉपी ख़रीदीं। वास्तव में मैंने जितनी किताबें पढ़ीं उनमें से यह बहुत भावावेश से भर देने वाली किताब थी। इसमें वह झलकता था जो उनके जीवन का मंत्र था। उनके भीतर छुपा एक संवेदनशील निर्दोष व्यक्तित्व जो कि उस उद्योगपति से भी कहीं बड़ा था जिसे पूरी दुनिया जानती है। *द आर्ट ऑफ़ रेसिंग इन द रेन।*

उसके बाद कभी-कभी हम ब्रूक्स पर रुकते। वहां से वह एक या दो शर्ट लेते, ज़्यादातर बिना पॉकेट वाली। मेरे पास ब्रूक्स की एक शर्ट थी जो मैंने मुंबई से ली थी; उनके पास भी बिलकुल वैसे ही शर्ट थी। संयोग देखिए कि हम दोनों ने कई बार एक ही दिन वह शर्ट पहनी। उन्होंने स्टोर पर मेरे

लिए एक शर्ट पसंद की। मैंने उनके बिल अदा करने का विरोध किया और पॉकेट से वालेट निकालने की कोशिश की। लेकिन असफल रहा। इस बहस को उन्होंने अपने ही अंदाज़ में ख़त्म कर दिया। 'क्या मैं अपने दोस्त को एक शर्ट नहीं दे सकता?'

जिस क़ानूनी लड़ाई का साया उन पर जल्दी ही आने वाला था, वह अभी पूरी तरह से नहीं आया था। बाहर सैर-सपाटे में साथ देने के लिए वह एकदम सटीक थे, हास-परिहास से भरपूर, मस्त, बिंदास। एक बार मैं स्टोर पर आईने में खुद में मगरूर अपनी तसवीर ले रहा था कि अचानक वह पीछे से आ पहुंचे।

'श्री टाटा, क्या आप भी तसवीर में आना चाहेंगे?'

वह नटखट किशोर की तरह शरारत पर उतर आए।

'क्या मैं अपनी जीभ बाहर कर सकता हूं?'

मुझे लगा शायद वह यह मज़ाक़ कर रहे हैं।

'हां, ज़रूर, इसमें कोई बुराई नहीं है।'

लेकिन नहीं, उन्होंने सचमुच अपनी जीभ बाहर कर दी।

हमारा अंतिम पड़ाव फ़िफ़्थ एवेन्यू पर ख़ासा भीड़भाड़ वाला टेक्नोलॉजी स्टोर होता था। ज़्यादातर हम छोटी-मोटी चीज़ें जैसे कि फ़ोन कवर या चार्जिंग केबल लेने जाते थे। लेकिन मैंने गौर किया कि किस तरह से वह नए गैजेट को लेकर ताज़ा जानकारी रखते थे। उनकी उम्र तक पहुंचते हुए ज़्यादातर लोग नई चीज़ें सीखने का जज़्बा खो देते हैं। उनमें यह जोश अब भी बना हुआ था। उन्हें फ़ोन पर फ़ेस लॉक के लिए सिर को दाएं-बाएं और ऊपर-नीचे करते हुए देखना बहुत आनंददायक था।

पूरे शहर भर में इन स्टोर पर घूमते-घूमते पता ही नहीं चलता कि कब कई घंटे और दिन गुज़र गए और उनके भारत लौटने का समय आ गया।

न्यू यॉर्क से उनकी विदाई हमेशा ही मेरे लिए दुखदायी रही है। जब भी वह विदा लेकर कार में बैठते, मेरा गला रुंधने लगता। मैं उसे कभी छुपा नहीं सका। यह वैसा ही था जैसा हवाई अड्डे पर अम्मा से विदा लेते हुए हुआ था। जाते हुए विमानतल पर मैंने पलटकर देखा था और अम्मा आंखों में आंसू और होंठों पर हँसी लिए हुए हाथ हिलाकर मुझे विदा कर रही थी।

उनकी कार दूर जाते हुए निगाहों से ओझल हो गई। तभी मैंने उन्हें मैसेज भेजा कि उनको जाते हुए देखना मेरे लिए कितना कठिन होता है। मैं अपना बड़ा-सा सूटकेस खींचते हुए चल पड़ा। श्री टाटा के जाते ही शहर मेरे लिए जैसे एकदम अजनबी हो गया था। एक बाहरी होने का बोझ लिए मैं वापस कॉर्नेल को चल पड़ा। तभी श्री टाटा का मैसेज मेरे फ़ोन पर आया।

'मैं जल्दी ही आपसे मिलूंगा, दोस्त।'

मैं कुछ कर नहीं सकता था। लेकिन यह महसूस कर रहा था कि मैं कितना क़िस्मत वाला हूं कि दुनिया की सबसे सुंदर जगह अपना समय बिता पा रहा हूं और वह भी बेहद प्यार से भरे इंसान के साथ जिसने अपने व्यस्त समय से मेरे लिए फुर्सत के पल निकाले।

आज मैं पूरे यक़ीन के साथ यह कह सकता हूं। शहर तो जो था सो था लेकिन मेरे लिए वह ही न्यू यॉर्क शहर थे।

मेरे लिए न्यू यॉर्क शहर का बड़ा हिस्सा श्री टाटा ही थे।

8

बॉम्बे

जब आप सीखने के लंबे और कठिन दौर में होते हैं तो महीने साल की तरह मालूम होते हैं। मुझे घर छोड़े अभी केवल छह महीने ही हुए थे। सर्दियों की छुट्टियों के लिए भारत वापसी गुपचुप शादी के बाद पत्नी और दो बच्चों के साथ वापस लौटने जैसा था।

मैंने साल की बहुत रोमांचक विदाई की कल्पना की थी। क्रिसमस की छुट्टियां, परिवार और ब्राउनी के साथ वक़्त बिताने की तमन्ना के साथ मेरे मन में कई तरह की कल्पनाएं थीं। लेकिन सबसे ख़ास था इथाका वापसी से पहले कोलाबा हाउस में तीन दिन साथ बिताने का श्री टाटा का आमंत्रण। टाटा समूह के नेतृत्व के तमाम विवाद के बीच वह मेरे लिए समय निकाल रहे थे। मैं अपने मित्र के साथ समय बिताने से आगे की सोच रहा था।

मुझे हर किसी से मुलाक़ात का बेसब्री से इंतज़ार था। मैं तुहीना के ख़यालों में खो जाता था। आख़िरकार मुंबई में सबसे पहले उसी से मेरा परिचय हुआ। काली-पीली टैक्सी में सैर-सपाटा हो या समंदर किनारे घंटों टहलना और उसके साथ कितनी ही रातों की निकटता मेरी यादों में बसी हुई थी। मुझे डर था कि कहीं मैं मुंबई में उसके साथ गुजारे वक़्त की यादों में ही उलझा नहीं रह जाऊं। लेकिन वह शहर में नहीं थी। इससे मैं उसके और श्री टाटा के आमंत्रण के बीच चुनाव करने की मुश्किल में पड़ने से बच गया।

मुंबई में गुज़रे वे दिन मेरी सुनहरी यादों में शामिल हैं। उस समय उल्लास छाया हुआ था। बांद्रा के अनोखे मार्गों पर क्रिसमस की जगमगाती रोशनी, सजे हुए चर्च, सर्दियों की खुशनुमा महक, अपोलो बंदर पर लंगर डाले हुए नौकाएं और सुनहरी शाम। दिसंबर महीने का मुंबई ऐसे शख़्स को भी अपना बना सकता है जो इस महानगर में पहले कभी भी नहीं आया हो। क़रीब आधा दिन मैंने ताज के पीछे की गलियों में अपने पुराने दिनों की यादें ताज़ा करते हुए बिताया। अंग्रेज़ों के जमाने की इमारतों के बीच कुछ जर्जर हो रही कोठियां अपने शानदार अतीत का वैभव क़ायम रखे हुए थीं। शायद कोई अच्छी वाइन या मेरिल स्ट्रीप (अमेरिकी अभिनेत्री) ही इन पर भारी पड़ सकती थी। मुंबई से कब रोमांस हो जाता है, पता ही नहीं चलता। याद नहीं आता कि आख़िर इसकी शुरुआत कहां से हुई।

शाम को श्री टाटा से मुलाक़ात तय थी। ऐसा लग रहा था जैसे किसी छात्र को उसके प्रोफ़ेसर क्लास रूम के बाहर भी उसी तरह से अपना स्नेह दे रहे हों जैसे कि वह क्लास रूम में देते हैं या जब मिच एल्बम मॉरी से

मिलने के लिए जाते थे। टैक्सी समय से पहले ही पहुंच गई। लेकिन मैं जल्दी पहुंचकर अपनी उत्कंठा नहीं दिखाना चाहता था। शाम छह बजे मिलना तय हुआ था। मैं ना तो जल्दी पहुंचना चाहता था और ना ही देर से। इस तरह के सभी नियम, अनुशासन, मेरे जीवन में उनकी उपस्थिति के कारण और उसका परिणाम थे। उन्होंने मेरे भीतर संपूर्ण और ईमानदार बनने की चाहत पैदा की थी। जब आप जीवन में उनके जैसी सुपरिभाषित शख़्सियत की संगत में होते हैं तो आपके भीतर की ख़ामियां भी आपका साथ छोड़ने लगती हैं। मैं वही शर्ट पहने हुए था जो उनसे पहली मुलाक़ात के दौरान पहनी थी। ठीक छह बजे मैं भीतर पहुंचा।

श्री टाटा का घर उनके व्यक्तित्व की झलक दे रहा था। घर का नाम 'हालेकाई' था, हवाई भाषा में जिसका अर्थ होता है 'समंदर के किनारे बना घर।' इसमें मुख्य रूप से सफ़ेद रंग का प्रयोग हुआ था। बहुत अधिक चीज़ें प्रदर्शित नहीं की गई थीं। समंदर की ओर घर की दीवारों के नाम पर खिड़कियां ही थीं जिससे ख़ूबसूरत नजारा घर के भीतर से हमेशा सामने रहता है। रंग, पेंटिंग या तड़क-भड़क वाला कुछ भी कमरे में नहीं था। भीतर एक 'पवित्रता' का अहसास होता था। लंबे समय से उनकी देखरेख में रहने वाले बुज़ुर्ग ने बताया कि श्री टाटा को आने में कुछ देर हो जाएगी। उन्होंने मुझे अतिथि कक्ष में पहुंचा दिया। वह फ़ोर्ट में अपने दफ़्तर में क़ानूनी लड़ाई के सिलसिले में उलझे हुए थे। लेकिन तब भी मैं कुछ स्वार्थी होने से बाज नहीं आया। मन ही मन मैं सोच रहा था, काश! वह जल्दी लौट आएं और हम ढेर सारी बातें कर सकें।

बिस्तर पर रिमोट से छेड़छाड़ करते हुए संयोग से खिड़कियों पर पड़े हुए परदे ऊपर उठ गए। सामने बाल्कनी थी और पीछे उद्यान में हरे-भरे पेड़ चारों ओर फैले हुए थे। ढलती हुई शाम की सुनहरी किरणें भीतर आ गईं। फ़्रेंच गीत 'इक्वेशन' के सुर कानों में घुल रहे थे। समंदर की ओर से भारीपन लिए हुए आ रही हवाओं में सर्दियों की ख़ुशबू थी। नीचे खड़ी हुई नैनो को देखते हुए मेरे भीतर आनंद की अनूठी अनुभूति हो रही थी। मैं अपनी क़िस्मत का धन्यवाद कर रहा था जिसने मुझे यहां तक पहुंचाया था। अब यह अनुभूति जानी-मानी शख़्सियत रतन टाटा को जानने की नहीं थी। अब यह एक ऐसे व्यक्ति को जानने के संबंध में थी जिसने मुझे सम्मान का महत्त्व बताया और बहुत कुछ सिखाया।

सूर्यास्त हो चुका था और लाइट ऑन हो गई थी। मैंने खिड़कियों पर वापस परदे गिरा दिए। मैं इंतज़ार कर रहा था। परदों के बीच से बार-बार झांक कर गेट की ओर नज़र जा रही थी। आख़िरकार एक काली कार ने परिसर में प्रवेश किया। इसमें श्री टाटा ही थे। मैंने जल्दी-जल्दी अपनी अस्त-व्यस्त शर्ट और बालों को ठीक किया।

'माफ़ करना शांतऽनु मुझे देर हो गई। क्या बाल्कनी में आप ही थे?'

'जी, हां मिस्टर टाटा... वह मैं ही था।' मैंने मुस्कराते हुए उनकी अगवानी की।

'आओ, हम टीटो और टैंगो से मिलकर आते हैं।'

यह पहली बार नहीं था जब मैं उनसे मिल रहा था, ना ही दूसरा मौक़ा। वास्तव में पांचवां भी नहीं। लेकिन हर मुलाक़ात में मुझे खुद को उनकी उपस्थिति के लिए तैयार करना होता है। लंबे अरसे के बाद और वास्तव में रतन टाटा को जानने के अहंकार में उनसे मिलते समय लाख ना चाहते हुए भी कुछ न कुछ मूर्खतापूर्ण बोल निकल ही जाते हैं या कोई ऊलजलूल हरकत हो जाती है।

हम समंदर को देखते हुए लॉन में बैठ गए। वह टीटो और टैंगो को बॉल खिलाने लगे। कारोबारी विवाद की उलझनों के बाद भी वह भरसक जतन कर रहे थे कि शरीर के साथ उनका मन भी पूरी तरह से हमारे साथ रहे। ख़ासकर टीटो और टैंगो के साथ। मेरी उनसे इस तरह की कोई अपेक्षा नहीं थी। लगभग हर मिनट में विवाद को लेकर उनके पास आ रहे कॉल से बार-बार बातचीत का सिलसिला टूट रहा था। यह स्पष्ट होने लगा था कि जब तक यह क़ानूनी विवाद अंजाम तक नहीं पहुंच जाता तब तक श्री टाटा को राहत नहीं मिलने वाली। इसका असर कई वर्षों तक रहने वाला था और पूरी तरह ख़त्म होने तक और बदसूरत शक्ल लेने वाला था।

मैं उनके साथ होने पर ही खुशी महसूस कर रहा था। मैं चाहता था कि उनकी मदद कर सकता लेकिन कैसे, मुझे नहीं मालूम था। आपके सामने आपका दोस्त परेशान हो और आप बेबस, असहाय बैठे रहें। मैं बेचैन महसूस कर रहा था। घर में ही हमने डिनर लिया। उसके बाद उन्होंने मुझे पूरा घर दिखाया। अंत में हम उनके अध्ययन कक्ष में पहुंचे जहां टीटो के साथ उनकी वही तसवीर टंगी हुई थी जो सुकृत ने खींची थी। वह किताबें निकालकर पन्ने पलटकर मुझे दिखाते रहे।

अचानक उन्हें जैसे मेरी कोई बात याद आई।

'आपकी बिज़नेस केस की प्रतिस्पर्धा ग्रामीण आवास से संबंधित ही थी ना?'

'जी हां, मुंबई की झुग्गी बस्ती के संबंध में।'

'मैं आपको कुछ दिखाता हूं।'

उन्होंने वास्तुकला पर एक किताब निकाली और कुछ खोजने की मंशा से पन्ने पलटने लगे। यह किताब दुनिया भर की वास्तुकला पर केंद्रित थी। वह इज़रायली-कैनेडियन वास्तुविद मोशे सैफ़्दी के हैबिटेट 67 प्रोजेक्ट के बारे में मुझे बताने लगे। मोशे ने कैनेडा के मॉन्ट्रियाल में यह आदर्श सामुदायिक आवासीय परिसर तैयार किया था। श्री टाटा ने विस्तार से बताया कि किस तरह से श्री सैफ़्दी अपने मॉड्यूलर डिज़ाइन के आवासों के लिए पहचाने जाते हैं। जगह के बेहतर उपयोग के लिए उन्होंने विशेष तौर पर काम किया है।

'मैं यह नहीं कह रहा हूं कि हमारे यहां झुग्गी बस्तियों में इसे इस्तेमाल किया जा सकता है लेकिन इसे किसी और तरह से काम में लिया जा सकता है।'

मैंने एक महत्त्वपूर्ण बात श्री टाटा के साथ गौर की। किसी भी नए उपक्रम का अनोखापन उन्हें प्रभावित नहीं करता था बल्कि उनका ध्यान इस पर रहता था कि उस उपक्रम से समाज की समस्या को किस तरह से हल किया जा सकता है। मोशे सैफ़्दी ने आवास के लिए सामान्य तौर पर मॉड्यूलर ढांचा तैयार किया था। लेकिन श्री टाटा की दिलचस्पी केवल इतनी थी कि क्या हमारे देश में झुग्गी बस्तियों में इसका उपयोग हो सकता है।

'क्या आप मेरे साथ कल वर्ल्ड ट्रेड सेंटर के दफ़्तर चल सकते हैं? उसकी 26वीं मंजिल से परिसर के चारों ओर बनी झुग्गी बस्ती को देख सकते हैं। यह बहुत दुखद असमानता है। लोगों के बीच इतना अंतर देखकर अफ़सोस होता है। लेकिन आप यह भी देख सकते हैं कि इस अव्यवस्था में भी एक एक पैटर्न देखने को मिलता है।'

वे और भी विस्तार से समझाते रहे। झुग्गियों में बदलाव में क्या समस्याएं हैं; किस तरह से इनमें रहने वालों के पास क़ानूनी काग़ज़ात नहीं होते। झुग्गियों के अपने नेता होते है। वे ही इन झुग्गियों को चलाते हैं। उनको समझा पाना कठिन होता है।

'आपके पास आवास की अनूठी क़िस्म की डिज़ाइन हो सकती है - वास्तव में हमारे पास है भी। शीरे और दोबारा उपयोग की जाने वाली सामग्री से बनी हुई - लेकिन इसका क्या उपयोग है यदि हम इनके नेताओं को समझा पाने में नाकाम रहते हैं?' उनके चेहरे पर अफ़सोस झलक रहा था।

मुझे महसूस हो रहा था कि जवाब देने के लिए मेरे पास ज़्यादा जानकारी नहीं है। मुझसे जवाब की अपेक्षा नहीं थी लेकिन कई बार उनके बोलने के अंदाज़ में ही उनके सवाल होते थे। मैं तब तक नहीं जानता था कि रतन टाटा अलग राय और बहस को पसंद करते हैं या नहीं। मैं कुछ सहमा हुआ रहता था। नपे-तुले, सधे हुए बोल। इसका कारण शायद उनसे दूर हो जाने का डर था या कहीं वह मुझे अहंकारी ना मान लें या इन दोनों में से कुछ भी। (आज मैं इसकी कतई परवाह नहीं करता।)

हम कुछ देर यूं ही बैठे रहे। रिमोट से न्यूज़ चैनल बदलते हुए सुर्खियों पर नज़र डाली। मीडिया में क़ानूनी विवाद छाया हुआ था और वह इससे बचते रहे थे। देखने से ही श्री टाटा बहुत थके हुए लग रहे थे लेकिन फिर भी एक दोस्त और मेजबान की भूमिका निभाने का जतन कर रहे थे। वह सचमुच कोशिश कर रहे थे लेकिन भटकाव को रोकने में नाकाम थे। मैं तो कह सकता था, आप बहुत थके हुए हैं। मैं नहीं चाहता था कि मेरी चिंता में वह इस तरह परेशान हों।

'श्री टाटा, तो हम सुबह मिलते हैं।'

'हां, हां यही ठीक रहेगा। क्या आप ब्रेकफ़ास्ट के लिए आएंगे?'

'ज़रूर, मुझे अच्छा लगेगा।'

'मुझे अफ़सोस है कि स्ट्रॉबेरी वैफ़ल्स तो नहीं होंगे, लेकिन हम कुछ और देखते हैं।'

'कुछ भी चलेगा।'

'कल हम ट्रस्ट के दफ़्तर चलेंगे। समझने की कोशिश करेंगे कि ग्रेजुएट होने के बाद कॉर्नेल के अब तक के अनुभव के आधार पर आप कहां उपयुक्त हो सकते हैं और बेहतर कर सकते हैं। हम अमेरिका में कुछ एनजीओ की सूची भी बना सकते हैं जहां आपको इंटर्नशिप के लिए आवेदन करना चाहिए। वापस आने से पहले यह अनुभव आपके लिए बेहतर साबित होगा।'

अपने ही झंझावातों में घिरे होने के बावजूद भी उन्हें इसकी परवाह थी? मैंने उनकी जगह अपने को रखने की कोशिश की और सवाल किया कि क्या मैं ऐसा कर पाता। अच्छे वक़्त में कोई भी मदद कर सकता है। लेकिन मुसीबत में घिरे रहते हुए दूसरों के बारे में सोचना ही शायद उन्हें बिरला

बनाता है। उन्हें कोई कोशिश नहीं करनी होती; सहानुभूति और संवेदनशीलता जैसे उनका सहज स्वभाव है।

श्री टाटा के साथ एक शानदार शाम के बाद नींद अभी दूर थी। तभी फ़ोन पर मैसेज था। इसे पढ़कर मेरा सिर चकरा रहा था।

'मैं कल मुंबई वापस आ रही हूं। तुमसे मिलना चाहती हूं।'

मैं श्री टाटा के पास ठहरा हुआ था। मैं उनके कारण ही मुंबई में था। इतनी दूर रह कर भी हमने जो रिश्ते क़ायम रखे थे, यह उससे ज़्यादा अहम नहीं था।

फिर मैंने जवाब दिया, 'मैं भी सचमुच तुमसे मिलना चाहता हूं।'

9

शातिर अपराधी

अगली सुबह आठ बजे हम तीसरी मंज़िल पर डेक पर थे, जहां से स्विमिंग पूल का नजारा दिखाई दे रहा था। वह शिकायती लहजे में बता रहे थे कि किस तरह से उन्होंने कबूतरों को पूल से दूर रखने की कोशिशें कीं लेकिन असफल रहे। वह एक-एक करके तमाम उपायों का विस्तृत ब्योरा देने लगे।

मैं आज के दिन को लेकर रोमांचित था। श्री टाटा ने अपने सभी कार्यक्रमों में मुझे साथ ले जाने का फ़ैसला किया था। हमने तरह-तरह के विषयों पर विस्तार से बातचीत की थी। उनकी हाज़िरजवाबी, विनोदपूर्ण स्वभाव किसी भी विषय को दिलचस्प बना देता है, वह आपको सोचने का एक नया नज़रिया दे देते हैं। ऐसा लगता था कि आपको उत्तर देने वाली कोई मशीन मिल गई हो लेकिन उससे अपने जीवन को बदल देने वाला कोई एक सवाल पूछने की बजाय मेरे पास उनके लिए ढेरों सवाल थे। विक्टोरिया काल की ऐतिहासिक इमारतें और शायद उनके निर्माण के साक्षी रहे बुज़ुर्ग हरे-भरे पेड़ खिली हुई धूप में और दमक रहे थे।

हमारा पहला पड़ाव फ़ोर्ट स्थित उनका दफ़्तर था। यहां दीप्ति से एक बार फिर मुलाक़ात होगी। वही एलफिंस्टन इमारत जहां हम पहली बार मिले थे। हम तीनों ने अमेरिका में कुछ एनजीओ के नामों पर सोच-विचार किया जहां मैं इंटर्नशिप कर सकता था और वापस आने तक कुछ अनुभव हासिल कर पाता। वह पूरी सक्रियता के साथ सोच रहे थे कि कैसे अमेरिका में अपने अनुभव को मैं समृद्ध कर सकूं। हालांकि यह बात अलग है कि आख़िर में अपनी पसंद से मैंने टाटा ट्रस्ट में ही गर्मियों में अपनी इंटर्नशिप की। यह पशु

अस्पताल के संबंध से जुड़ा प्रोजेक्ट था जो उनका और ट्रस्ट का बहुत पुराना सपना था। तब मैं इसे समझ नहीं सका था लेकिन आज मैं सोच सकता हूं कि यह एक तरह से आप को तैयार करने की प्रक्रिया है। वह मेरे सामने मेरी 'ख़ूबियां' बता रहे थे; मुझे बहुत अजीब-सा महसूस हो रहा था। जैसे चारों ओर सब लोग जन्म दिन पर आपके लिए हैप्पी बर्थडे का गीत गा रहे हों। तब आप उनके चेहरे की ओर ताकने के सिवाय और क्या कर सकते हैं। आख़िर में आप छुई-मुई बन जाते हैं। बाहर जाते हुए हम एक केबिन के सामने से गुज़रे - मामूली से दिखाई देने वाले उस केबिन में फ़ाइलों का अंबार था। उस समय उस केबिन का महत्त्व मुझे नहीं पता था। मैं नहीं सोच सकता था कि आने वाले दिनों में इसकी कितनी अहमियत होने वाली है।

टाटा ट्रस्ट का दफ़्तर कूफ़े परेड में वर्ल्ड ट्रेड सेंटर पर स्थित था और वहां हमेशा गहमागहमी बनी रहती थी। दो कर्मचारियों ने मेरा इंटरव्यू लिया। टाटा ट्रस्ट जिन अलग-अलग क्षेत्रों में काम कर रहा था, उनसे जुड़े तमाम सवाल किए। मेरे रेज़्यूम की गहराई से पड़ताल करके जानने की कोशिश में लगे रहे कि मैं ट्रस्ट में किस भूमिका में उपयोगी हो सकता हूं। कई ज्वलंत विषय समाधान के लिए थे और सभी रोमांचक थे। आवास, स्वास्थ्य, पोषण और इन सभी से ट्रस्ट सीधे जुड़ा हुआ था। हालांकि जब मुझसे मेरे हुनर के बारे में पूछा गया तो बहुत उपयोगी प्रतीत नहीं हो रहा था। मेरे जवाब वैसे ही थे जैसे कि आम तौर पर मैंनेजमेंट कोर्स से निकले युवाओं के होते हैं। हमें जो बहुत अच्छे से सिखाया-पढ़ाया जाता है लेकिन वास्तव में वह किसी के लिए मददगार नहीं होता। क़ानूनी विवाद के चलते ट्रस्ट के दफ़्तर में तनाव साफ़ दिखाई दे रहा था। तभी मैंने जो कुछ सुना उससे मैंने सिहरन महसूस की। 'मुझे उम्मीद है जब आप लौटेंगे तो ट्रस्ट क़ायम रहेगा।'

घर जाने से पहले श्री टाटा ने मुझे अपने केबिन में बुलाया। जो वादा उन्होंने कल किया था, उसे पूरा करने के लिए। वर्ल्ड ट्रेड सेंटर की 26वीं मंजिल के उस केबिन की खिड़की से नीचे झुग्गियों में एक अलग दुनिया दिखाई दे रही थी। उन्होंने झुग्गियों के बीच की संकरी गलियों की ओर इशारा किया जो कि आवाजाही के रास्ते थे। वह विस्तार से झुग्गी बस्ती के विकास के बारे में बताते रहे जो संभवतया उनके देखते-देखते ही हुआ था। किस तरह से इनकी शुरुआत हुई। कैसे एक-एक करके बाद में और निर्माण किए गए। घोर अस्त-व्यस्त झुग्गियों में भी एक व्यवस्था किस तरह

से विकसित हुई। समुदाय के दो वर्गों के बीच इतने अधिक अंतर को लेकर वह अपनी चिंता प्रकट कर रहे थे। हम जहां खड़े हुए थे, उससे कुछ सौ मीटरों की दूरी पर ग़रीबी का समंदर था। जब भी वह समर्पण और दृढ़ता के साथ किसी विषय पर बात करते थे तो सुखद अनुभूति होती थी। ग्रामीण आवास उनका बहुत प्रिय विषय है।

उनसे मुलाक़ात के लिए कोई आगंतुक आने वाले थे। घर लौटते हुए उन्होंने इसका ज़िक्र किया। कुछ देर के लिए वह अभी उनके साथ व्यस्त रहने वाले थे। उनके साथ रहते हुए मैंने नियम बनाया था कि अपना फ़ोन नहीं देखूंगा। जैसे ही मैं कमरे में वापस आया मैंने अपने मैसेज देखे।

'मैं आज देर रात तक मुंबई पहुंच जाऊंगी, तुमसे कब मुलाक़ात होगी।'

'मैं भी तुमसे मिलना चाहता हूं, लेकिन तुम जानती हो कि मैं कहां हूं।'

'बस, कुछ ही घंटों के लिए?'

'ठीक है मैं कोशिश करता हूं।'

मैं भी उससे मुलाक़ात करना चाहता था। कई महीनों की दूरी तमाम झगड़ों और उतार-चढ़ाव के बीच भी मैं उसे याद करता था। मेरे लिए मुंबई का मतलब था तुहीना। मैं उसके साथ एक बार फिर समय बिताने को बेताब हो गया था। मैं मदहोशी में डूब जाना चाहता था। उसके क़रीब जाना चाहता

था। सी-लिंक पर 'काली-पीली' से गुज़रते हुए तेज़ हवाओं में उसके बालों को उड़ते हुए देखना चाहता था।

लेकिन सबसे बड़ा सवाल श्री टाटा से इजाज़त लेने का था। डिनर के दौरान मैंने कई बार अपना गला साफ़ किया। मैं हिम्मत जुटा रहा था।

'श्री टाटा मैं आपसे कुछ कहना चाह रहा था।'

उन्होंने मेरी ओर देखा।

'मेरी दोस्त है, वह पीजी के लिए अमेरिका जा रही है। क्या मैं उसे विदा करने जा सकता हूं?'

उनकी निगाहों में सवाल था, 'रात में?'

'जी हां, फ़्लाइट रात एक बजे है। मुझे आधी रात को जाना होगा।'

उनके अगले सवाल से मैं अपने झूठ में उलझ गया।

'अमेरिका के लिए रात में फ़्लाइट?'

'जी।'

'कौन-सी फ़्लाइट है? रात एक बजे अमेरिका के लिए फ़्लाइट की मुझे कोई जानकारी नहीं है।'

मैं हकलाने लगा था। 'जी...जी, मुझे भी बहुत ज़्यादा जानकारी नहीं है।' मुझे बेहद खेद हुआ कि उन्हें मुंबई से जाने वाली उड़ानों के बारे में गहन जानकारी है और मुझे नहीं।

वह अपना खाना रहे थे और उनकी चुप्पी मुझे परेशान कर रही थी। मुझे बेहद ग़लत लग रहा था। मैं समझ नहीं पा रहा था। क्या उन्होंने मेरे झूठ को पकड़ लिया है या बेवकूफ़ बना रहे हैं अथवा इनमें से कुछ नहीं।

'ठीक है, आप उनको बिलकुल छोड़ने जाइए।'

क्या उन्होंने मेरे झूठ को पकड़ लिया है? वह कहीं ऐसा तो नहीं सोच रहे थे, मैं अब उनकी दोस्ती को हल्के ढंग से ले रहा हूं? मैं समझ नहीं पा रहा था। डिनर करने के बाद हमलोग उन तमाम चीज़ों के बारे में थोड़ी देर बातचीत करते रहे, जो कि दिनभर में हुई थीं। लेकिन वह ज़ाहिर तौर पर बुरी तरह थके दिख रहे थे।

'अच्छा ठीक है, मैं अब सोने जा रहा हूं, क्या आप वास्तव में देर से आएंगे?'

'जी...यदि इसमें कोई समस्या है तो मैं वहीं रुक सकता हूं?'

'नहीं, ऐसा कुछ नहीं है आप की-कार्ड ले जाइए। आपको किसी को उठाने की ज़रूरत नहीं पड़ेगी। आप जब भी आएं, आराम से आकर अपने रूम में सो सकते हैं।'

उनकी सज्जनता मुझे और अधिक परेशान कर रही थी। वह मुझे चाबी दे रहे थे। पिता-तुल्य, एक बड़े भाई की तरह स्नेह के रस से मैं भीगा हुआ महसूस कर रहा था। मुझे समझाकर कि किस तरह से की-कार्ड को उपयोग करना है, वह सोने चले गए।

मुझे बुरा महसूस होना चाहिए था। और कुछ हद तक मुझे बुरा लगा भी। कैसा अद्भुत संयोग और क़िस्मत थी जो मुझे इस घर तक लेकर आई थी। उनके क़रीब लेकर आई थी और मैं। मैं सब कुछ जोखिम में डालने को तैयार था। मुझे तुहीना से मिलना था। यदि कोई अपराधबोध होना चाहिए था, तो वह तब तक तो मेरे भीतर नहीं जागा था। कम से कम पूरी तरह से तो नहीं।

मैं बहुत ही दबे पांव घर से निकल गया। वह बाहर ही मेरा इंतज़ार कर रही थी। सड़क के उस पार खंबे की रोशनी के नीचे खड़ी तुहीना ने मुझे देख कर हाथ हिलाया। कुछ भी नहीं बदला था। मैंने दौड़कर उसे अपनी बांहों में भर लिया। एक क्षण को उसके परफ़्यूम की खुशबू से मुझ पर मदहोशी छा गई। कई वर्षों की दूरियों को हम जैसे एक ही पल में मिटा देने को बेताब थे। आंसुओं से भीगे उसके ख़तों को लेकर अमेरिका रवाना होने से लेकर इथाका में उसकी यादों में डूबे रहने तक हर समय मैंने उसको याद किया था। उससे मिलने तक मैं नहीं जानता था कि मुझे

उसकी इतनी अधिक ज़रूरत थी। हम दोनों अब कुछ संभल चुके थे। इससे पहले कि सिक्योरिटी गार्ड को अगले दिन चटखारे लेकर बातें करने को कुछ मसाला मिले, कैब बुलाकर हम जल्द ही वहां से निकल गए। हमने यूं ही टैक्सी में एक दूसरे की बांहों में उन्हें बीते दिनों को याद करते हुए रात बिताई। मुझे मुंबई से बहुत प्यार है लेकिन तुहीना के साथ मुंबई का मज़ा दोगुना हो जाता है। अचानक मेरी निगाह घड़ी पर गई। हमारे पास केवल आधा घंटा बचा हुआ था। तुहीना के साथ रात कैसे बीत गई पता ही नहीं चला।

मैं आख़िर मुंबई क्यों आया था। अब तक भी मेरे भीतर कोई अपराध बोध नहीं जागा था। जो कि होना चाहिए था। शायद तुहीना के साथ बिताए पलों की खुमारी का असर था। मैं तड़के क़रीब 3.30 बजे श्री टाटा के आवास पर पहुंचा। घनघोर अंधेरा था और मैंने की-कार्ड से दरवाज़े खोलने का जतन किया लेकिन ऐसा नहीं हुआ। उस समय कोई बाहरी व्यक्ति मुझे देखता तो उसे मैं ज़रूर एक भ्रमित और बहुत ही बेकार क़िस्म का चोर नज़र आता जो ऐसे दरवाज़े को तलाश रहा है जो वहां पर है ही नहीं। आख़िरकार क़रीब पांच मिनट की मशक्कत के बाद की-कार्ड सही जगह पर लगा और दरवाज़ा खुल गया। मेरा शरीर थकान से चूर था। मैं सीधे बिस्तर पर जा गिरा। अलार्म लगाते हुए मुझे याद आया कि तुहीना ने क्या कहा था।

'मैं तुम्हारे साथ नया साल का जश्न मनाना चाहती हूं।'

'लेकिन मैं तो श्री टाटा के साथ रहूंगा।'

'यह सब मैं कुछ नहीं जानती, अब यह बताओ कि हम दोबारा कब मिल रहे हैं। प्लीज़?'

'अभी मैं कुछ कह नहीं सकता।'

'प्लीज़?'

आख़िर उसकी प्लीज़ के सामने शायद मैं पिघल गया था।

'मैं कोशिश करूंगा।'

अगली सुबह ब्रेकफ़ास्ट पर फिर मेरे भीतर सच-झूठ का द्वंद्व चल रहा था। झूठ हावी होता चला जा रहा था और फिर उसकी जीत भी हो गई।

'श्री टाटा मुझे शायद आज दोपहर में ही जाना पड़ेगा। मेरा परिवार चाहता है कि मैं नए साल पर उनके साथ रहूं।'

मुझे अगले ही क्षण अपनी नीचता का अहसास भी हो गया।

इसे विडंबना भी कह सकते हैं। मैं मानता था, हम दोनों क़रीब हैं, इसके बावजूद मैं उनको सच्चाई नहीं बता पा रहा था। मैं अच्छी तरह से जानता था कि मैं यदि उनको सच्चाई बता दूंगा तो वह बल्कि मुझे जाने के लिए ही प्रोत्साहित करेंगे। फिर भी शायद मरे भीतर यह डर था कि उनकी बजाय किसी और के साथ समय बिताने का मेरा फ़ैसला उनको आहत नहीं करे। और मैं वही कर रहा था।

'ओह, अच्छा होता कि आप कुछ समय और रुकते। लेकिन मैं समझता हूं।'

उनकी सज्जनता ने मेरे भीतर के दर्द को और बढ़ा दिया।

मैंने अपना सामान पैक किया। कमरे को नज़र भर कर देखा। खिड़की से दूर तक फैले समंदर को। मुंबई की सर्द हवाओं की ख़ुशबू सांसों में समा रही थी। मैंने अपने आप को एक बार फिर से समझाने की कोशिश की। वापस लौटने से पहले मुझे उसके साथ एक दिन बिताने की ज़रूरत थी। उससे दूर रहकर मैंने काफ़ी दर्द झेला है। उसने सात समंदर पार मेरी तन्हाई को दूर करने के लिए इतनी दूर से मेरा साथ दिया। वापस लौटते ही मैं उसे एक बार फिर से और शायद हमेशा के लिए खो देने वाला हूं। अपने अपराध बोध को दूर करने के लिए और अपने मन को समझाने के लिए तमाम सारी दलीलें मैंने सोच रखी थीं।

वह मुझे छोड़ने दरवाज़े तक आए।

'गुड बाय, श्री टाटा। मुझे उम्मीद है कि जल्दी ही हम न्यू यॉर्क में मिलेंगे।'

'गुड बाय, दोस्त।'

क्या आप मुझसे नफ़रत करते हैं? क्योंकि निश्चित ही मैं अपने आप से नफ़रत कर रहा था। मैं सब कुछ छोड़ कर उन्हें सच बताना चाहता था। तुहीना मेरे लिए महत्त्वपूर्ण थी। सुकृत, श्री टाटा, मेरे परिवार के साथ तुहीना भी उन लोगों में थी जिन्होंने कॉर्नेल में मेरे जीवन को आसान बनाया। उससे एक अंतिम बार मुलाक़ात। पता नहीं आगे फिर कभी मुलाक़ात हो ना हो। इसमें कोई ग़लती नहीं थी। मैं समझ गया था कि मैं कहां पर ग़लत था। श्री

टाटा से झूठ बोलना ग़लत था। मैं जानता हूं कि वह निश्चित रूप से इस बात को समझ जाते। उनके साथ इतना समय बिताने के बाद मुझे उनसे झूठ नहीं बोलना चाहिए था।

इस तरह से झूठ बोलकर गए हुए चार साल से ज़्यादा समय हो गया है। और अभी भी मैं मानता हूं कि उस एक क्षण के लिए मैं बहुत ही निर्मम हो गया था। यह अपराध बोध हमेशा बना रहेगा। मैं उस दिन के लिए अपने आप पर नाराज़ होने के सिवा कुछ नहीं कर सकता। मैंने कुछ बेहतरीन पलों को छोड़ दिया था।

अगले कुछ घंटे और अगले कुछ वर्षों ने यह साबित कर दिया कि तुहीना के साथ वह दिन बहुत ही मजेदार था। लेकिन मैं यह भी नहीं भूल सकता कि मैंने क्या कुछ उस दिन कुर्बान भी कर दिया था। इथाका लौटते ही तुहीना और हम अलग हो गए। मुंबई में साथ में बिताए पल हमें एकजुट बनाए रखने में कामयाब नहीं हुए। शायद वह अतीत की लौ को जलाने का एक तरीक़ा था। शायद यह भी एक कारण था कि मैं अंतिम बार उससे मिलने को बेताब था। उसे आख़िरी बार गुडबाय कहने के लिए।

लेकिन जो कुछ निरंतर बना रहा और बल्कि बढ़ता रहा वह था श्री टाटा का प्यार। पिता तुल्य उनका साथ। बिना किसी शर्त के वह हमेशा मेरे साथ रहे। मैं जब इस अध्याय को लिखना शुरू कर रहा हूं तो उनसे झूठ बोलने का बोझ और अधिक नहीं उठा सकता। यह उनके सामने सच बोल कर अपने बोझ को हल्का करने का वक़्त है।

'श्री टाटा जब मैं इथाका से दिसंबर 2016 में आपके साथ रहने के लिए आया था?'

'हां, बहुत मज़ेदार वक़्त था।'

'जी, सच में... लेकिन मैंने आपसे झूठ बोला था। प्लीज़, आप नाराज़ मत होइएगा।'

'नहीं, नहीं, बताओ।'

मैंने उन्हें सब कुछ बता दिया। सब कुछ कोई भी बात छुपाई नहीं।

'अरे, तुमने तो मुझे डरा ही दिया था। इसमें कोई बुरी बात नहीं है। यह तो पूरी तरह से माफ़ी के क़ाबिल है मेरे दोस्त। मुझे लगा कोई बहुत ख़तरनाक क़िस्म की बात हो सकती है।'

उन्होंने उसके बाद दोबारा कभी इस विषय को नहीं उठाया। हां कभी-कभी चुटकी ज़रूर लेते। जब कभी मैं कुछ काम का कहकर जल्दी कहीं बाहर जाने लगता तो ज़रूर सवाल करते। 'क्या आप अपने "दोस्त" को विदा करने हवाई अड्डे तो नहीं जा रहे हैं?'

मैंने 2016 के दिसंबर में जो किया था उसे मैं बदल नहीं सकता। मेरा मन तो करता है कि काश! ऐसा हो सकता लेकिन मुझे ऐसा लगता है कि बहुत-सी चीज़ें उसी तरह से होती हैं जो आपको ज़िंदगी को समझने के अवसर देती हैं।

अब मैं इतना ही कर सकता था और मैंने किया भी। दोबारा कभी उनसे झूठ नहीं बोला। क़िस्मत से कभी भी ऐसी नौबत नहीं आई। जो कुछ भी मैं अपने आपको बता सकता हूं। वह मैं श्री टाटा को भी बता सकता हूं और ज़्यादातर ऐसा ही किया। अगले साल जब वह न्यू यॉर्क आए तो मैं इथाका से उनसे मिलने पहुंचा। इस बार मैंने उनको यह ज़ाहिर कर दिया कि यहां मैं कितना अकेलापन महसूस करता हूं। मुझे कभी यहां अपनेपन का अहसास नहीं हुआ।

'श्री टाटा मैं ठीक नहीं हूं।'

और उन्होंने मेरी बात को सुना। उनके शब्दों ने दिलासा दी। उन्होंने मुझे समझाया कि सब कुछ ठीक हो जाएगा और वह हमेशा मेरे साथ हैं।

यदि आज मुझे उसी दिसंबर 2016 के समय में जाने का मौक़ा मिले। मैं वही 24 वर्ष का एक भावुक-सा युवक होना चाहूंगा, जो अपनी प्रेमिका से आख़िरी बार मिलना चाहता था। लेकिन इस बार मैं उनकी आंखों में आंखें डाल कर सच कहूंगा। मुझे विश्वास ही नहीं बल्कि पता है कि वह इसे समझेंगे क्योंकि इतने वर्षों के साथ में मैंने हमेशा उन्हें ऐसा ही पाया है।

10

विंटर का साथ

क़िस्मत के खेल चमत्कारों से भरे हुए हैं। सबसे अधिक ये रिश्ते-नातों में नज़र आएंगे। आप अपने सबसे क़रीबी लोगों को देखिए। सबसे ख़ास जिन्होंने आपके जीवन को बदल दिया और उन संयोगों पर गौर कीजिए जिनके जरिये वे आपके जीवन में आए। मेरे जीवन की एक बहुत खुशनुमा मगर छोटी-सी कहानी बहुत ही साधारण सी बात से शुरू होती है : मैं अकेला था।

मुझे अवसाद के बारे में ज़्यादा कुछ पता नहीं था। मैं कह नहीं सकता कि मैं इससे पीड़ित था। मैं अभी भी इस बारे में नहीं जानता लेकिन जानने की कोशिश करता रहता हूं। बहुत सोच-विचार के बाद मुझे इसका कारण यही समझ आया कि कॉलेज शुरू हुए इतने दिन हो गए हैं लेकिन मेरा कोई दोस्त नहीं बना है। मैं अपने शहर से सात समंदर दूर हूं। लेकिन ऐसा कोई नहीं है जिसे अपना कह सकूं। जिन लोगों से मैं रोज़ मिलता था, उन्हें मैं दोस्त नहीं कह सकता था। मैं बहुत सोचता रहा कि आख़िर घर और इथाका में ऐसा क्या फ़र्क़ है जिसने मुझे अब तक इस शहर में परेशान कर रखा है? दोनों जगह के अपने जीवन की तुलना के बाद एक अंतर जो मुझे साफ़-साफ़ पता चला वह था मेरा प्यारा-सा कुत्ता ब्राउनी।

ब्राउनी जैसा कि नाम से ही पता चलता है, आंखों सहित उसका पूरा शरीर चॉकलेट जैसे भूरे रंग का था। उस बेसहारा को हम सड़क से लेकर आए थे। मज़बूत, स्वावलंबी और प्यार करने वालों को लेकर पूरी तरह से समर्पित। घर में उसकी मौजूदगी भरोसा देने वाली थी। उसके पेट पर सिर रखकर आराम करना अध्यात्मिक अनुभव कराता था। वहां पढ़ाई के दौरान उसकी उम्र बढ़ती जा रही थी। भले ही कोई ना हो, लेकिन ब्राउनी मेरी

मदद ज़रूर करता। लेकिन ना तो वहां था और ना ही आ सकता था। तभी मेरे दिमाग़ में एक विचार कौंधा जो मुझे या तो परम आनंद की ओर ले जा सकता था या भयानक विनाश की ओर। 'क्या हो अगर...'

इस संसार की रचना जिसने भी की है, कुत्ते के रूप में ऐसा जीव बनाया है जिस पर हम इंसान आंखें बंद कर और दिल खोल कर यक़ीन कर सकते हैं। इथाका छोटा-सा कस्बा था। मैंने इंटरनेट पर तलाशा, जहां ब्रीडर डॉग्स के विक्रेताओं के ढेरों विज्ञापन थे। मुझे इससे सख़्त नफ़रत थी। उनके यहां सब कुछ होता था जो मुझे पसंद नहीं था और जो मुझे यहां लेकर आया था। उनको 'पपी-मिल' कहना ग़लत नहीं है, जहां उनको तब तक बच्चे देने के लिए मजबूर किया जाता है जब तक कि वे पूरी तरह से शरीर से लाचार नहीं हो जाती थीं और अंत में छोड़ दिया जाता है। हमने मोटोपॉज़ में इस तरह की छोड़ी गईं कई मादा श्वानों को शरण दी थी। दूसरे अन्य विक्रेताओं की बहुत अधिक शर्तें थीं जो मैं पूरी नहीं कर रहा था। जैसे, वे छात्रों को कुत्ते नहीं देते थे। आप क्या करते हैं, मकान मालिक की जानकारी, राष्ट्रीयता आदि-आदि। छात्रों को ख़ास ज़रूरतों वाले पालतू जानवर को रखने के लिए ज़िम्मेदार के रूप में नहीं देखा जाता। मैं यह समझता हूं कि शायद ऐसा इसलिए कि वे पूरा ध्यान नहीं दे पाते। लेकिन मेरे आधे दिन का कॉलेज और यूनिवर्सिटी से नजदीकी के कारण मैं यह काम बेहतर तरीक़े से कर सकता था। तभी मुझे कंप्यूटर स्क्रीन के नीचे कुछ अलग क़िस्म की पोस्ट नज़र आई।

'मोराविया में कुत्ते के पिल्ले उपलब्ध हैं। आप यहां आकर उन्हें देख सकते हैं या... नंबर पर कॉल कर सकते हैं।' साथ में दंपति, उनकी बेटियों और कुत्ते के साथ उसके पिल्लों की तसवीर थी। मोराविया इथाका के पास कस्बा था। क़रीब 25 किलोमीटर या एक घंटे की दूरी पर। कोई बस वगैरह नहीं जाती थी। मैं इथाका से बाइक पर इतनी दूर कभी नहीं गया था। ख़यालों में खोया हुआ मैं नींद में डूब गया।

अगली सुबह मैं केवल शरीर से ही क्लास में था। कई तरह की उधेड़बुन चल रही थी।

'क्या मुझे कुत्ता रखना चाहिए?'

'नहीं।'

'लेकिन तब...'

'लेकिन मैं कर नहीं सकता...'

'लेकिन मैं कर सकता था...'

'हो सकता है यदि मैं...'

'यह असंभव है...'

विचार मंथन की प्रक्रिया बहुत यातना भरी थी। काश, मैंने इस बारे में कभी सोचा ही नहीं होता! काश, मेरे लिए ऐसा सोचना भी असंभव हो जाए! मैंने कुत्ता पालने के विचार के विरोधियों से भी इसी लिए बात करने की कोशिश की। ऐसे लोग बहुत मिलते हैं।

'भाई, तुम पहले ही मोटरसाइकिल लेने का एक ग़लत फ़ैसला कर चुके हो। अब यह मत करो प्लीज़।'

मैं समझ गया था। मैं एक छात्र था। कुत्ता पालना ज़िम्मेदारी है। मुझे इससे बचना चाहिए। मैंने ऐसे फ़ॉर्म तैयार करने में मदद की थी जो लोगों को कुत्ते गोद लेने से रोकते थे। लेकिन इंसानी फ़ितरत। जितना अधिक लोगों ने मुझे रोकने की नसीहतें दीं। उतना ही ज़्यादा मेरा यक़ीन बढ़ता गया कि मैं एक कुत्ते को गोद ले सकता हूं।

पतझड़ शुरू हो गया था। शाम सुहानी लेकिन सर्द थी। शाम को घर पहुंचने तक अंधेरा घिरने लगता था। उस दिन अंतिम पीरियड माइक्रो इकोनॉमिक्स का था। प्रोफ़ेसर वाल्डमैन ने हमारी क्लास ली। वह उस दिन कुछ ख़ास पढ़ा रहे थे। जो कुछ भी उन्होंने पढ़ाया बहुत ही अहम था। लेकिन मैं क्लास में नहीं था।

मैं अपनी बाइक पर 60 मील प्रति घंटे की रफ़्तार से मोराविया की ओर चला जा रहा था। रास्ता पूरी तरह से पक्का नहीं था। सूर्यास्त होने को था। दिमाग़ में कोई भी उलझन नहीं बची थी। सामने शानदार नजारा था और ठंडक बता रही थी कि अब सर्दी नजदीक है।

घर से जो दस्ताने मैं लेकर आया था, वे राइडिंग के मक़सद से नहीं थे और मेरे हाथ ठंड के कारण अकड़ रहे थे। मुझे लग रहा था जैसे अंगुलियां कट कर अलग हो चुकी हैं। मैंने गाड़ी पार्क की लेकिन हाथों में इतनी भी ताक़त नहीं बची थी कि मैं चाबी निकालता। एग्जास्ट के पीछे खड़े होकर मैंने शरीर

को गर्मी देने की कोशिश की। वहां पूरी तरह से अंधेरा था और आसपास कोई भी नज़र नहीं आ रहा था। लेकिन घर के भीतर से रोशनी छन कर बाहर आ रही थी। मैं दरवाज़े पर दस्तक देता, उससे पहले ही किसी ने मुझे देख लिया।

'शांतनु?'

'जी... जी हां।'

'हे भगवान क्या इस मौसम में आप इस बाइक पर आए हैं?'

'हां... हां मैंने किया।'

'ओह, आइए थोड़ा यहां अपने को गर्म कर लीजिए।'

भीतर आग सुलग रही थी। और गर्म सूप का प्याला हाथों में आने के बाद मुझे कुछ राहत महसूस हुई। सच कहूं तो मुझे ख़ुशी थी, मैं ज़िंदा था। वह परिवार वास्तव में बहुत ही घरेलू क़िस्म का था। मुझे उनका पेशा तो याद नहीं है लेकिन इतना ज़रूर था कि वे इसे कारोबारी नज़रिए से नहीं करते थे और यह पहली और आख़िरी बार होगा जबकि उनके यहां पिल्ले हुए होंगे।

जोश में मैंने यहां आने का फ़ैसला किया था लेकिन अब मेरे दिमाग़ में तमाम तरह के सवाल कौंधने लगे।

'जब मैं यहां आ रहा था तो मैं क्या सोच रहा था?'

लेकिन जल्दी ही इन सवालों का ख़ुशनुमा अंत हो गया। मेरे दाएं और एक छोटा-सा दरवाज़ा खुला और उसमें से सात प्यारे से पिल्ले मेरे सामने थे।

'आपको आने में कुछ देर हो गई। इनमें से छह तो पहले ही कुछ लोगों ने पसंद कर लिए हैं। केवल एक बाक़ी है। अभी उसे कोई भी नहीं ले रहा है। मैं सच कहूं तो वह कुछ अलग है। हालांकि बहुत प्यारा है। हमें ख़ुशी होगी यदि आप उसे ले लेंगे और हम भी सुकून से रह सकेंगे।'

'आप किसकी बात कर रहे हैं?'

'वही जो आपके पैरों के पास बैठा हुआ है।'

पैरों के पास नन्ही-सी जान। वह भी मासूमियत के साथ मेरी ओर देख रहा था। आंखें मिलते ही उसने नज़रें झुकाईं। फिर ऊपर मेरी ओर देखा। उसके चेहरे पर घने बाल थे जिससे उसका सिर बहुत भारी दिखाई दे रहा था। इतना कि शायद लगातार सिर ऊपर उठाकर भी नहीं रख सकता था। मैंने उसे अपनी गोद में बिठा लिया। मुझे उसमें कोई कमी तो नहीं अलबत्ता

आंखों में उम्मीद दिखाई दी। कौतूहल और असमंजस के भाव नज़र आ रहे थे। लेकिन साथ ही एक आनंद भी नज़र आ रहा था। मेरे भीतर से फिर एक बार सवाल उठा, मैं क्या करने जा रहा हूं। लेकिन उसकी भौंकने की आवाज़ से विचारों का सिलसिला वहीं ख़त्म हो गया। मेरे चेहरे पर एक अजीब-सी मुस्कराहट आ गई जिसे कि 'कितनी सुंदर' कहने के बजाय एक सच्ची मुस्कान कहना चाहिए जिसे समझाया नहीं जा सकता। मुझे याद नहीं आख़िरी बार मैं कब इस तरह से मुस्कराया था। बिना जाने लेकिन इसका एक अर्थ था। मैंने अब अपना इरादा बना लिया था।

'श्रीमान और श्रीमती बैंक्स? मैं इसे लेकर जाऊंगा।'

अगले कुछ क्षण असमंजस के थे। अभी वह दो महीने का भी नहीं हुआ था। क़ानूनी रूप से उसे अभी गोद नहीं ले सकता था। दो महीने में अभी 2 हफ़्ते बाक़ी थे। उन्होंने उसके ऊपर एक मार्कर से लिखा, 'एस.एन.।' अब वह मेरा हो गया था। पूरी तरह से।

मैंने उसे गोद में उठाया और उसके कानों में धीरे से कहा, 'अब तुम्हारा नया घर होगा। दोस्त, मैं जल्दी ही तुम्हें लेने आऊंगा।' उस नन्हे से

जीव ने फिर आशा भरी निगाहों से मुझे देखा। उसे भरोसा देकर मैं वापस रवाना हो गया। ठंड कम नहीं थी लेकिन मेरे भीतर शायद गर्मजोशी भर चुकी थी और मुझे सर्दी का अहसास नहीं हो रहा था। काली अंधेरी रात भी मुझे डरा नहीं रही थी और मैं निश्चिंत भाव से धीरे-धीरे लौट रहा था। इथाका की ठंड जो भी मान लें, प्रसिद्ध या बदनाम थी। मैंने फ़ैसला कर लिया था, नया दोस्त मेरे साथ ही रहेगा। मैं जहां जाऊंगा, वह मेरे साथ जाएगा। हर कही। लेकिन इस जगह की याद के तौर पर मैंने उसका नाम 'विंटर' रखा।

मैं उसको अपनी बाइक पर तो लाने वाला नहीं था। दो हफ़्ते का इंतज़ार मेरे लिए बहुत कठिन साबित हो रहा था। मैं उसकी अगवानी की तैयारी में जुट गया था। उसका बिस्तर, बर्तन, कुछ सुंदर से कॉलर, उसके भोजन का इंतजाम, पपी पैड आदि-आदि। इसके अलावा मैंने खुद को तैयारी करने के लिए भी कुछ किताबें ख़रीदीं।

इथाका में इक्का-दुक्का लोगों पर मैं भरोसा कर सकता था। उनमें से ही एक थी ताइवान की वेन को। वह कुछ अपने में ही खोई रहती थी। हम मिलते-जुलते रहते थे। हालांकि बातचीत कम होती थी और ज़्यादा समय चुप्पी रहती थी। लेकिन चुप्पी में हम सहज रहते थे। विंटर के साथ मेरी इस यात्रा को सफल बनाने में वेन को ने मुझे काफ़ी मदद की। वह विंटर को लाने के लिए मेरे साथ कार लेकर चलने को तैयार हो गई।

उस शाम की ठंड के बाद दोपहर की गुनगुनी धूप अच्छी लग रही थी। बैंक परिवार भी कहीं ज़्यादा खुश दिखाई दे रहा था। बाक़ी के छह पिल्लों को उनके परिवार मिल चुके थे। हमने शुक्रिया कहा। मैंने विंटर को अपनी गोद में बिठा लिया और वापस चल पड़े। ज़्यादातर समय विंटर कार के बाहर झांकता रहा। कई बार तो वह तेज़ हवा के थपेड़ों की ओर झपटता हुआ दिखाई देता जैसे हवा को खाने की कोशिश कर रहा हो। घने बालों में वह बहुत प्यारा लग रहा था। बार-बार उसकी ओर आकर्षित हो रही वेन को मुझे ड्राइविंग की ओर ध्यान देने के लिए टोकना पड़ रहा था।

विंटर के आने से मेरा जीवन पूरी तरह से बदल गया था। नियमित ढर्रे पर उसे लाने में वक़्त लगा। क्लास, विंटर, सुबह-शाम की सैर। मैंने अपने पूरे समय को इस तरह से व्यवस्थित किया जिससे मैं ज़्यादा से ज़्यादा समय उसके साथ रह सकूं। पढ़ाई भी ठीक से कर सकूं। सुबह हम घंटों तक खेलते। विंटर थक जाता था। दिन में जब मैं कॉलेज जाता तो वह थकान

दूर करता और अच्छी ख़ासी नींद ले लेता था। जब मैं घर में नहीं होता था तो मेरे दोस्त उससे मिलने आ जाते। वापस लौटता तो वह जाग जाता था। अब मैं लाइब्रेरी की जगह घर पर ज़्यादा काम कर रहा था। जब सैर लंबी हो जाती तो थक कर विंटर मेरी गोद में आ जाता था।

मैंने गौर किया। समय के साथ मेरा जीवन कैसे बदल रहा था। कुछ बहुत व्यस्त लोगों को छोड़ दें तो उस छोटे कस्बे में हर कोई विंटर से मिलने को बेताब दिखाई देता था। उसके पास आता, सहलाता, हेलो कहता। उनके ढेरों सवाल होते। इसका क्या नाम है, कितनी उम्र है, मेरा नाम क्या है। ऐसे में बहुत सारे लोगों से बात करने को मैं मजबूर हो गया था। हम सुबह-शाम लगभग उन्हीं मार्गों पर सैर करते थे और रोज़ाना जाने-पहचाने चेहरे सामने होते थे। लोग विंटर का इंतज़ार करते रास्तों पर भटकते रहते थे। विंटर की प्रतिक्रिया बताती थी कि उसे भी लोगों से प्यार है।

इसमें कोई शक नहीं था कि अगर आप बहुत देर तक उसे देखेंगे तो आप एक तरह से उसे दावत दे रहे होंगे। वह लपक कर आपकी गोद में सवार हो जाएगा। विंटर को मैं अच्छे से पहचान गया था। वह शरारती भी था। पुरुषों की तुलना में वह लड़कियों को ज़्यादा पसंद करता था। वीकेंड पर तो शराब पिए हुए सीनियर छात्र सड़क के दूसरी ओर से हमें देखकर चीख़ने लगते थे। कॉफ़ी हाउस, स्टारबक्स के क़रीब से गुज़रते तो विंटर के यह दीवाने तरह-तरह की चीज़ें लाकर उसे खिलाने-पिलाने लग जाते थे। नए-नए दोस्तों के साथ हम घर वापस आते। हमें रोज़ाना नए दोस्त मिल रहे थे।

मेरे घर आने के बाद विंटर को यह पसंद नहीं था कि मैं उसके साथ खेलने के अलावा और कुछ भी काम करूं। लेकिन कॉलेज का काम ज़रूरी था। मैं जब कॉलेज का काम करता तो पूरे समय वह चुपचाप बैठा मुझे देखता रहता। वह भी मेरी मजबूरी को समझता था। फिर हम मिलकर अपना प्रिय शो *द ऑफ़िस* देखते। वह मेरी गोद में पूरे समय ऊपर-नीचे कूदता रहता। सच में ऐसा लगता था जैसे वह भी शो के पूरे मज़े ले रहा है। लेकिन 10 मिनट देखने के बाद वह नींद में डूब जाता। ऐसी ही एक रात जब बाहर बहुत सर्दी थी और जोशुआ रेडिन के 'विंटर' के संगीत की हल्की-हल्की धुन गूंज रही थी। मेरी गोद में विंटर बेफ़िक्र सो रहा था। पूरे हक़ के साथ। उसके साथ अनोखा रिश्ता हो गया था। अचानक मुझे अहसास हुआ कि कुछ ही हफ़्तों में विंटर ने कैसे मेरे जीवन को बदल दिया। मुझे संकट से बचा लिया।

यह विंटर ही था जिसके कारण मैं अजनबियों से भी बात करने को मजबूर हो गया। मेरे कई लोगों से रिश्ते बन गए। मैं अपरिचितों को देख कर मुस्कराने लगा। उनमें से कई लोगों से मिलने-जुलने लगा। मुझे घर से बाहर निकलने के तमाम सारे कारण नज़र आने लगे। कॉलेज और कॉलेज के बाद और वैसे भी लोगों से मेल-मुलाक़ात करने लगा। एक समय था जब मैं कमरे में बंद अकेला बैठा सोचता रहता था। कैसे, कब, मैं यहां से बचकर निकल पाऊंगा और आज उसने मेरे भीतर ज़िंदादिली पैदा कर दी है। ऐसा कुछ भी नहीं है कि उसने मुझे मेरी समस्याओं का कोई हल दे दिया हो। उसने मुझे उन परेशानियों के प्रति बेपरवाह कर दिया। उसने मुझे उनका सामना करने का साहस दे दिया।

कभी मैं ऐसा सोचता था कि विंटर के जीवन में मेरे सिवाय और क्या है। इतना अहंकार! मैं क्या इतना बड़ा था कि किसी के जीवन की ख़ुशियों और उसकी सेहत की ज़िम्मेदारी ले सकता था? कई बार मैं बहुत कमज़ोर महसूस करता था। ऐसे ही क्षणों में विंटर को वापस करने का भी विचार आया। वेन से मैंने विंटर को किसी अच्छे परिवार की देखभाल में सौंप देने की बात की। कहीं हमने उसके अच्छे भविष्य को तो ख़राब नहीं कर दिया? लेकिन अब इन सब ख़यालों से उबर जाना ही बेहतर था। अब भले ही मुझे अपने अपना सब कुछ त्यागना पड़ जाए, मैं उसके साथ ही रहूंगा। उसे कभी यह महसूस नहीं होने दूंगा कि उसे कम प्यार मिल रहा है। या दुनिया में कोई भी उसे ज़्यादा प्यार दे सकता है। उसके जीवन में अब कुछ भी मैं अनिश्चित

नहीं रहने दूंगा। पूरी दृढ़ता से इसका पालन करने के लिए मैं यह बार-बार दोहराता रहा। और यह हमारे जीवन की सच्चाई और वास्तविकता बन गई।

मैंने महसूस किया कि हमारा अपार्टमेंट पालतू जीवों के अनुरूप नहीं था। यह सही में नहीं था। जब तक विंटर छोटा था मैं उसे अपनी जैकेट में रख लेता था। लंबे कोट में वह समा जाता था। ऐसे कि कभी भी, किसी को आभास भी नहीं होता। कभी कोई आवाज़ नहीं। मुझे कई बार हैरानी भी होती। मैंने ऐसा करने के लिए कभी भी नहीं कहा था। लेकिन उसे पता था कि ऐसा नहीं करना है!

इसमें उसको कोई ख़तरा नहीं था। लेकिन उसके जैसे शैतान और नटखट के लिए कोट के भीतर दुबके रहना कोई बहुत आसान नहीं था। वह एक जगह बैठने वाले शांत बच्चों की तरह तो नहीं था। मेरी आत्मा मुझे इसके लिए कचोट रही थी। विंटर का यूं चुपचाप स्वीकार लेना। कोई विरोध नहीं करना। मैं इसको लेकर बेचैन हो गया। आख़िरकार हालात ने हमारी नियति तय की।

और यह सब बहुत तेज़ी से हुआ। विंटर को कोट के भीतर छुपाना कठिन होता जा रहा था। एक दिन उसका एक पैर बाहर झूल रहा था और वह कुछ उछल-कूद कर रहा था। तभी हमें सोसाइटी के गार्ड देख लिया और रिपोर्ट कर दी। अब हमें नोटिस मिल चुका था या तो आप इसे छोड़ दें या फिर यह अपार्टमेंट ख़ाली कर दें। अब हम एक नए ठिकाने की तलाश में थे।

अब हम रोज़ इथाका की ऊंची-नीची राहों की धूल छान रहे थे। हमने विज्ञापनों पर भी नज़र डाली। किसी को भी मुझे घर देने में आपत्ति नहीं थी। लेकिन जैसे ही उनको मेरे दोस्त के बारे में पता चलता तो साफ़ मुकर जाते। क़रीब एक पखवाड़े का समय लगा। एक मकान मालिक ने मुझे सकारात्मक संकेत दिया। उनका सवाल था, क्या अभी पिल्ला है। वह राज़ी हो गए। यह शहर के बाहरी इलाक़े में बना घर था जिसकी छत ढाल वाली थी। हमें रहने के लिए सबसे ऊपरी मंज़िल का कमरा मिला था। इसमें आकस्मिक स्थिति में भागने के लिए खिड़की थी। खिड़की के रास्ते हम छत पर जा सकते थे। पीछे घना जंगल था जहां अंधेरा छाया हुआ रहता था। विंटर के बिना तो मैं शायद वहां रह भी नहीं पाता। उसे वहां पहले ही दिन से बहुत मज़ा आ रहा था। उसे बाल्कनी बहुत पसंद आई। वह मुझे खिड़की से कॉलेज के लिए जाते हुए उदास देखा करता और वापस आते देखकर गदगद हो जाता। हर सुबह हम पहाड़ों और जंगलों में भटकते, मज़े करते। हिरणों का पीछा करते और पेड़ों से गिरी हुई टहनियों को उठा लेते और खेलते। विंटर को अपने नाम के अनुरूप बर्फ़ में बहुत मज़ा आता था।

उसको तेज़ी से बड़ा होते देख कर मुझे कुछ सहज नहीं लगा। वह जल्दी ही बड़ा दिखाई देने लगा जैसा कि वह अभी है। लेकिन उसके बड़े होने के साथ ही उससे मिलने वाले लोगों की तादाद भी बढ़ गई। अब भी

लोग उसे तरह-तरह के खाने-पीने की चीज़ें देने को बेताब रहते थे। शराब पिए हुए लड़कियां उसका पीछा करती थीं और वह नटखट हरकतों से बाज नहीं आता था। लड़कियों की ओर उसका आकर्षण जवानी के साथ और बढ़ गया था। मेरे कॉलेज के साथियों से भी उसकी दोस्ती हो गई थी। कॉर्नेल पेट सोसाइटी में मुझे ज़िम्मेदारी मिल गई थी। हम छुट्टी के दिन यूनिवर्सिटी के हरे-भरे खुले मैदान पर जमा होते। अपने अनुभवों को साझा करते। अब हर कोई विंटर को और उसके कारण मुझे जानने लगा था।

हां, इनमें श्री टाटा भी शामिल थे। मैं उन्हें विंटर के फ़ोटो लगातार भेजता रहता था। उन्हें पूरी जानकारी थी कि विंटर कितनी तेज़ी से बड़ा होता जा रहा है। उनके जवाब मेरे भीतर ख़ुशी भर देते थे। मुझे कुछ अजीब लगा। उन्होंने कभी भी यह सवाल नहीं किया कि आख़िर विदेश में पढ़ते हुए विंटर को लाने का विचार कहां से और कैसे आया। मुझे ऐसा लगता है कि वह इसे भी समझ गए थे। इसका मतलब यह नहीं कि वह अकेलापन महसूस कर चुके थे बल्कि जानते थे कि अकेलापन क्या होता है। अकेलेपन का क्या अर्थ है। चाहे वह कॉर्नेल हो या कोई भी अन्य जगह। उन्होंने कभी नहीं पूछा और मैंने भी कभी इसका ज़िक्र नहीं किया। विंटर को उन्होंने स्वीकार कर लिया जैसे कि बाक़ी सभी लोगों ने किया था। विंटर की जब भी बात होती तो वे यही कहते थे, 'कितना ख़ुशमिजाज और प्यारा है'। आज भी उसे सहलाते हुए उनके यही बोल होते हैं।

न्यू यॉर्क की एक यात्रा के दौरान वह इथाका में हमारे छोटे-से घर पर आए थे, जहां उनकी विंटर से पहली रूबरू मुलाक़ात हुई। विंटर उनका ध्यान आकर्षित करने के लिए बेताब हो रहा था। लेकिन एक क्षण के लिए जैसे ही वह छत पर भागा, जहां दौड़ लगाना उसे बेहद पसंद था, वह डर गए। मैं तुरंत रेंगता हुआ छत पर पहुंचा और उसे आवाज़ दी। लेकिन वह और दूर भागने पर तुला हुआ था। अंत में सैर पर ले जाने और उसकी पसंदीदा डिश खिलाने जैसे कई झूठे वादों के बाद वह पकड़ में आया। यह सब कुछ श्री टाटा की मौजूदगी में हुआ। यह दोनों की पहली प्यारी-सी मुलाक़ात थी।

जब अमेरिका छोड़ने का वक़्त क़रीब आया तो मैंने 6 महीने पहले से विंटर को ले जाने के लिए ज़रूरी काग़ज़ी कार्रवाई शुरू कर दी। मैंने दोनों देशों की एयरलाइंस के तमाम क़ानूनों पर पूरा अनुसंधान कर लिया। मुझे किन सर्टिफ़िकेट की ज़रूरत होगी और क्या समस्याएं आ सकती हैं। विंटर को कोई परेशानी नहीं हो। उसके आकार के हिसाब से कौन-सा पिंजरा सही रहेगा। कौन-सी उड़ान उसके लिए उपयुक्त होगी। मैंने सभी दस्तावेज़ों, नियम-क़ायदों का महीनों तक अध्ययन किया ताकि कोई भी कमी ना रह जाए। पालतू जीवों के साथ यात्रा के दौरान हुए हादसों की कहानियां मैंने सुनी हुई थीं और मैं कोई जोखिम लेना नहीं चाहता था। इसी डर से उसे इथाका में किसी परिवार को सौंपने का भी विचार आया। लेकिन फिर मुझे अपना संकल्प याद आया। मैं दुनिया में कहीं भी जाऊं वह मेरे साथ ही रहना चाहता था और मैं खुद भी यही चाहता था। मैंने यात्रा के बारे में सोचना शुरू कर दिया था। उसका सामना करने का फ़ैसला किया।

मैंने ऑनलाइन टिकट का जोखिम लेने की बजाय छुट्टी के दिन न्यू यॉर्क में जेएफ़के एयरपोर्ट पर टिकट बुक कराई। केवल इसलिए कि मैं सभी तरह के सवालों का समाधान कर सकूं और जो भी जिज्ञासा है, उसे शांत कर सकूं। मैं कोई भी कमी नहीं छोड़ना चाहता था। ऐसा कुछ भी नहीं चाहता था जिसे लेकर बाद में हम दोनों को कोई मुश्किल आए। मेरे पास

कई सारे सवाल थे। नइना ने भी कुछ समस्याओं को लेकर सवाल रखे थे। मैंने लुफ़्तहांसा की टीम से बारीक़ से बारीक़ जानकारी प्राप्त करने की कोशिश की। एक तरह से हमने पूरा रिहर्सल करके देखा। मिनट दर मिनट। इसके बाद मैंने विंटर का टिकट लिया।

यात्रा की तारीख़ आ गई थी। हम विमान में सवार हो रहे थे। वह कार्गो में और मैं केबिन में था। पिंजरे के भीतर से वह मुझे हैरानी से देखे जा रहा था। उसकी आंखों में कातरता थी जैसे वह मुझसे कह रहा हो, 'मुझे छोड़कर मत जाओ। प्लीज़।' विमान रवाना होने से पहले विंटर को ले जाया जाने लगा था और मैं बेबस उसे देख रहा था। उस पल मैंने सबसे ज़्यादा महसूस किया था, काश! आप अपने कुत्ते से बोल सकते, उसे यह समझा सकते कि बस कुछ घंटों की बात हैं। उसके बाद हम फिर मिलने जा रहे हैं। दोनों के लिए बेचैनी से भरा सफ़र था। दस घंटे काटने कठिन हो रहे थे। विंटर पिंजरे में था। मैं अपने आप को कटघरे में महसूस कर रहा था। मुझे पता था कि वह मेरे पीछे ही है। लेकिन मेरे साथ नहीं था। मैं उसे क्यों समझा नहीं पा रहा था कि सब कुछ ठीक होने जा रहा है?

दस घंटे की उड़ान के हर पल में मेरी प्रार्थना बस यही थी कि विंटर सुरक्षित हो। वह यह समझ जाए कि हम दोनों फिर से मिलने जा रहे हैं। अब हमेशा के लिए। अब कभी दूर नहीं होने के लिए।

किसी से आप इतनी शिद्दत से और इतने क़रीब से जुड़ जाते हैं कि उसके बिना आपका सांस लेना भी दूभर हो सकता है। विंटर ने जैकेट से झांकते हुए खिड़की के पास दिन-रात अपनी आंखों से जो कुछ देखा और पाया था वह मैं था। मैं जानता था कि वह वह मेरी दुनिया है लेकिन यह जानना असंभव है उसके लिए मैं क्या था, उसके लिए मैं क्या हूं।

मुंबई में कस्टम संबंधी औपचारिकताओं के दौरान मैं विंटर को सुरक्षित देखने को बेताब हो रहा था। वहां तैनात पुलिसकर्मियों को मेरी बेताबी परेशान कर रही थी। लेकिन, मुझसे रहा नहीं जा रहा था। हर कोई इंतज़ार में था। श्री टाटा, घर पर अम्मा, विमानतल के बाहर नइना, वेन को, मुंबई और इथाका में मेरे दोस्त। आख़िरकार तमाम बेचैनी का सुखद अंत हुआ। उन्होंने विंटर का पिंजरा बाहर निकाला। मुझे उसे पिंजरे से बाहर निकालने की तब तक अनुमति नहीं थी जब तक कि हम विमानतल नहीं छोड़ दें। मैंने

जल्दी से उसकी ट्रॉली बाहर निकाली और नइना ने उसे पिंजरे से आज़ाद कर दिया। वह सीधे मेरी बांहों में झूल गया।

हम दोनों एक हो गए; मैंने उसके कानों में जो कहा, उसने अपनी दुम सहित पूरे शरीर को हिलाकर अपनी ख़ुशी का इज़हार किया। 'अब कभी ऐसा नहीं होगा, विंटर, कभी भी नहीं।'

और मैंने उसे दिए वादे को पूरा किया है। उसकी आंखों में भी मेरे लिए भरोसा बढ़ चुका है। इस तरह से जुदा होना अब वह कभी बर्दाश्त नहीं कर सकता।

आज मैं जब यह सब लिख रहा हूं। हमारे कोलाबा के छोटे-से अपार्टमेंट में विंटर मेरे पैरों के पास बैठा हुआ है। हमने हमेशा की तरह दिन में बहुत से नए लोगों से मुलाक़ात की है। कई बार मैं विंटर और अपने इस साथ के बारे में सोचता हूं तो यक़ीन नहीं कर पाता। जोशुआ रैडिन के 'विंटर' का संगीत अभी कमरे में गूंज रहा है।

मैंने मुंबई की, प्रकाश स्तंभ तक पहुंचने की यात्रा भले ही कर ली हो लेकिन यह बहुत लंबी थी और कठिन भी। कई बार में इसे बीच में छोड़ना भी चाहता था और लगभग मैंने छोड़ भी दी थी। विंटर वह नौका थी जो मुझे यहां तक लेकर आई।

11

आम रस

कॉर्नेल में दीक्षांत कार्यक्रम के आमंत्रण पत्र छपवाने की एक विशेष परंपरा रही है। संस्थान के प्रतीक चिह्न के साथ आपका नाम, साथ ही जहां से आप पढ़ाई कर रहे हैं उस संस्थान का नाम। हरी-भरी वादियों में फैले संस्थान का ख़ूबसूरत-सा चित्र उस आमंत्रण पर बना होता है। उसे सील कर दिया जाता है।

केवल दो लोग जिन्हें मैं जानता था, वह दीक्षांत कार्यक्रम में आने वाले थे। मेरे अम्मा और नइना। लेकिन मैंने कुछ अतिरिक्त कार्ड भी छपवाए थे और उन लोगों को भी आमंत्रण भेजा जिन्होंने इन कठिनाई भरे वर्षों में मेरा साथ दिया था। मुझे पता था कि उनकी भावनाएं ज़रूर मेरे साथ होंगी। स्वाभाविक था कि एक आमंत्रण श्री टाटा को मुंबई में भेजा गया। मैं दीक्षांत कार्यक्रम की तैयारी में जुट गया। गाउन, कैप आदि सामान की व्यवस्था करना। मेरे माता-पिता भारत से चल पड़े थे। तो एक ज़रूरी काम मेरे लिए था घर की साफ़-सफ़ाई करना। श्री टाटा का जवाब आ गया था। उन्होंने आमंत्रण स्वीकार कर लिया था।

मुझे इसकी उम्मीद नहीं थी। यह शायद मेरी नासमझी थी। दो साल पहले मुंबई से जब मैं अमेरिका आने वाला था तो मैंने उन्हें डिनर पर बुलाया था। मैंने उनसे मज़ाक़ में पूछा था, क्या वह मेरे दीक्षांत समारोह में आएंगे और उन्होंने तभी वादा किया था कि वह कोशिश करेंगे। वह अपना वचन पूरा कर रहे थे। मुझे इस समारोह में कुछ अवार्ड भी मिलने वाले थे। उसके बाद कुछ और कार्यक्रम होने थे। उनका जवाब आ गया था। वह किसी एक कार्यक्रम में शामिल होने की कोशिश करेंगे।

मैंने उनके कार्यक्रम को देखते हुए अपने प्रोफ़ेसरों से बाहर जाने के रास्ते के क़रीब ही उनके लिए एक कुर्सी रखने की गुज़ारिश की जिससे वे बीच में जब चाहें बाहर जा सकें। उस क्षण की कल्पना से ही मेरे शरीर में एक तरंग-सी दौड़ गई जब वह यहां बैठे होंगे और मैं स्टेज पर अपनी डिग्री लेने जाऊंगा। मेरे दिमाग़ में तरह-तरह के चित्र उभरे। सभी रोमांच और भावुकता से भरे हुए। सिवाय एक को छोड़कर जिसमें मैं स्टेज पर डिग्री लेने जाते हुए फिसल कर गिर पड़ता हूं। कोई हैरानी नहीं। यह बहुत अधिक वास्तविक संभावना है। मेरे परिवार के लिए अब दीक्षांत समारोह उतना महत्त्वपूर्ण नहीं रह गया था जितना कि उसमें आने वाले मेरे मेहमान। दुर्भाग्य से यह खुशी लंबे समय तक नहीं रह पाई। कार्यक्रम से कुछ ही दिन पहले श्री टाटा ने मुझे बताया कि उनकी वापसी की फ़्लाइट कार्यक्रम के आसपास ही है। इस वजह से उनके लिए आना मुश्किल रहेगा।

मुझे इस ख़बर ने मुझे उदास कर दिया। मैंने क्या कुछ सोच रखा था। लेकिन उन्होंने दीक्षांत समारोह से पहले रात में एक साथ डिनर करने की पेशकश भी की। मैंने उनसे हमारे घर पर साथ में डिनर करने का आमंत्रण दिया जो उन्होंने खुशी-खुशी मंजूर कर लिया। मैं अम्मा और नइना की खुशी के अतिरेक की हालत को देखकर चिंता में पड़ गया था। अब गेंद अम्मा के पाले में थी। उन्हें ही खाना बनाना था और अब सफलता या असफलता की पूरी ज़िम्मेदारी उनके ऊपर थी। अब बेटे के दीक्षांत समारोह की परवाह किसी को नहीं थी।

खाने में उन्हें क्या पसंद है?

हम लोग क्या पहनेंगे?

वह कहां बैठेंगे?

हमारे पास टेबल क्लॉथ भी तो नहीं है।

हमारे पास कोई टेबल भी नहीं है!

घर की एक नहीं, दो नहीं, कई बार साफ़-सफ़ाई और धुलाई हुई। टेबल क्लॉथ ख़रीदा गया। टेबल हमने अपने पड़ोसी से एक दिन के लिए उधार ले ली। सर्दी से बचने के लिए फर का कहीं भी इस्तेमाल नहीं करने का ख़ास ध्यान रखा। उनकी पसंद का ख़याल करते हुए डिनर का मेन्यू बनाया। यह कुछ इस तरह था - फ़िश करी, चावल और रोटी। एकदम घर का सादा

भोजन। घर में तनाव साफ़ देखा जा सकता था। अंत में वो दिन आ गया जिसका हमें इंतज़ार था। तैयारियों की बारीक़ियों को विवाद में उलझे अपने माता-पिता को घर पर छोड़ कर मैं श्री टाटा को लेने होटल रवाना हो गया।

इथाका का सुहाना दिन था। हरे-भरे पेड़, खुला नीला आसमान और बाहर से आ रहे परिवारों से अलग रौनक दिखाई दे रही थी। मैंने किराए पर कार ले ली थी। बीस मिनट में हम वापस आ गए थे और वह मेरे घर की संकरी सीढ़ियों पर ऊपर चढ़ रहे थे। मैंने अम्मा को आवाज़ दी।

मैं अम्मा को बताकर गया था। हम जल्दी ही आ जाएंगे। फिर भी उनकी ज़िम्मेदारी ऐसी थी कि उनका चौंकना स्वाभाविक था। शायद हम एक घंटे बाद भी आते तब भी अम्मा यही कहतीं, 'क्या इतनी जल्दी! थोड़ी देर और नहीं कर सकते थे?' यह डिनर बहुत मज़ेदार होने वाला था।

काश, आप नइना के चेहरे को देख पाते। उनके चेहरे पर किसी बच्चे की तरह उत्साह और रोमांच था। उन्होंने दरवाज़ा खोला और उनके सामने श्री टाटा खड़े हुए थे। हालांकि वह एक बार पहले भी उनसे मिल चुके थे। अम्मा रसोई में काम छोड़कर दौड़ती हुई बाहर आईं। हालांकि रसोई और कमरे के बीच दो क़दम का ही फ़ासला था। मेरा घर कोई बहुत बड़ा बंगला नहीं था। डिनर की तैयारियों की चिंता के बीच अम्मा मुस्कराने की भरसक कोशिश कर रही थी। छोटे-से घर में चार लोगों की मौजूदगी कुछ ज़्यादा हो गई थी। हमने श्री टाटा को खिड़की के साथ बड़ी कुर्सी पर स्थान दिया जो कमरे का एक मुख्य स्थान कहा जा सकता है। अम्मा और मैं बिस्तर पर बैठ गए। नइना ने हमारे विशिष्ट मेहमान के बाजू में एक पुराने गैस हीटर के ऊपर जगह बनाई। क्योंकि कोई कुर्सी या जगह वहां नहीं थी।

विंटर को अभी दूर ही रखा गया। उसे दूसरे कमरे में रहने को कहा गया। मुझे डर था कि कहीं वह अपने अति उत्साह और ध्यान खींचने की चाहत में हमारे मेहमान के लिए समस्या नहीं पैदा करे। लेकिन जैसे ही श्री टाटा ने उसकी भौंकने की आवाज़ सुनी तो उन्हें यह कुछ अच्छा नहीं लगा कि उनकी वजह से विंटर को भीतर ही रहने को कहा गया है। तो इस तरह से विंटर आज़ाद होकर हमारे बीच ही आ पहुंचा। उसके बाद तो उसने शाम श्री टाटा और श्री टाटा के साथ ही बिताई। जैसे ही हम उसे दूर करने की कोशिश करते तो श्री टाटा मेरे ऊपर ही नाराज़ हो जाते। उन दोनों के लिए जैसे मैं कोई गैर हो गया था।

अम्मा रसोई में डिनर की तैयारी कर रही थी। बाहर नइना उनके साथ दुनिया-जहां की बातें कर रहे थे। मैंने दीक्षांत समारोह का अपना गाउन और टोपी पहनी और उनके बीच आ खड़ा हुआ।

'श्री टाटा मुझे मालूम है कि आप दीक्षांत समारोह में नहीं आ सकते लेकिन आप इतनी दूर तक आए हैं तो हम यहां एक लघु दीक्षांत समारोह कर सकते हैं।'

वह खड़े हुए, 'बधाई, शांतऽनु बहुत-बहुत बधाई। इन दो वर्षों में आपने इतना अच्छा किया है। मुझे आप पर बहुत गर्व है। मैं बहुत ख़ुश हूं और अब मैं आपकी मुंबई वापसी का और अधिक इंतज़ार नहीं कर सकता।'

हमने अपने इस छोटे-से दीक्षांत समारोह की तसवीरें लीं। वास्तव में यही तसवीरें ज़्यादा मायने रखती हैं। इन तसवीरों में अम्मा और नइना कहीं दिखाई दे रहे हैं, कहीं ग़ायब हैं। वह दिन इथाका का बहुत ख़ूबसूरत दिन था। मुझे जिन अपने ख़ास लोगों की परवाह थी, जिन्होंने मुझे यहां तक पहुंचने में मदद की थी, वे इस समय घर में थे। मैं अभी इसे एक सपना ही समझ रहा था कि श्री टाटा ने अपना वचन पूरा किया और समय निकालकर आए। हमारा दिल खुशियों से भरा हुआ था। लेकिन पेट में चूहों की धमाचौकड़ी शुरू हो गई थी।

खाना खाते समय श्री टाटा ज़्यादातर समय शांत रहे। वह मुस्करा रहे थे और अपना सिर हिला कर इशारों में संकेत कर रहे थे। अम्मा की निगाहें पूरे समय उनके हाव-भाव पर थीं और वह अंदाज़ लगाने की कोशिश कर रही थीं कि उन्हें खाना पसंद आया या नहीं। हड़बड़ी में बोले गए उनके आधे-अधूरे वाक्यों को कई बार मुझे पूरा करना होता था। नइना अपनी ओर से कोशिश कर रहे थे कि टाटा को कोई भी परेशानी नहीं हो। विंटर ने पूरे दिन के लिए अपना ख़ास दोस्त मान लिया था। हल्की-फुल्की बातचीत और अम्मा के तरह-तरह के व्यंजन लाकर हमें परोसने के बीच समय तेज़ी से गुज़र गया।

खाने के बाद कुछ मीठा! ऐसा कुछ भी नहीं था। लेकिन अम्मा ज़रूर अपने साथ भारत से कुछ लेकर आई थी - आम रस। श्री टाटा ने कोई भी चीज़ दोबारा नहीं ली। लेकिन उन्होंने दो कटोरी आम रस लिया। एक कटोरी भरकर खाने के बाद अम्मा ने जब थोड़ा और लेने का आग्रह किया तो उन्होंने ख़ुशी-ख़ुशी स्वीकार कर लिया। अम्मा बहुत ख़ुश थीं इतनी दूर से आम रस लाने का उनका जतन सफल हो गया। हमारे डिनर और हमारी शाम को इस सफलता ने मोहर लगा दी। खाना खाने के बाद उन्होंने हमें अपने मोबाइल पर जानवरों से जुड़े कुछ वीडियो दिखाए। कई बार वह ज़ोर देते, 'इसे देखो, यह शानदार है।' बातचीत भी जारी थी। विंटर उनके पैरों के पास बैठा था। हमारे संबंधों की गरमाहट से हीटर की ज़रूरत महसूस नहीं हो रही थी। मुझे अगले दिन के समारोह की अब ज़्यादा परवाह नहीं थी। जहां तक हमारे परिवार की बात थी, मेरा दीक्षांत समारोह संपन्न हो गया था।

कुछ देर और हँसी-ख़ुशी से भरे पल और फिर उनके चलने का वक़्त हो गया। वह जाने के लिए उठे। उनके काले पेंट पर विंटर के बाल लगे हुए थे। होटल की लॉबी में मैंने उन्हें विदा किया। सही मायने में अब हमारे बीच शुरुआत का समय आ रहा था।

जाते हुए उन्होंने एक बार फिर मुझे बधाई दी। 'बधाई, बहुत-बहुत बधाई। एक बार फिर से। मैं कामना करता हूं कि दुनिया की सभी सफलताएं आपके क़दम चूमें। सच में मुझे आप पर गर्व है। मुंबई में आपका इंतज़ार करूंगा। आपकी मां ने बहुत अच्छा भोजन तैयार किया। मुझे अफ़सोस है कि मेरे कारण उन्हें परेशानी उठानी पड़ी।'

उन्हें छोड़ कर लौटते हुए मैं सोच रहा था, हम दोनों कितने दूर तक साथ आ गए हैं। वह शाम मेरे ग्रैजुएट होने के समारोह से कहीं ज़्यादा उन लोगों की शाम थी जिन्होंने यहां तक पहुंचने में मेरी मदद की।

अम्मा, हीटर के पास बैठे हुए नइना, श्री टाटा और उनके पैरों पर बैठा विंटर। उस कमरे में मौजूद हर किसी ने मेरे लिए समर्पित भाव से काम किया। मेरी भलाई के लिए, मेरी तरक़्क़ी और मेरी ख़ुशहाली के लिए। यह सब वहां मेरे लिए थे। इथाका की मेरी यात्रा पूरी हो गई थी। कॉर्नेल का अध्याय समाप्त हो गया था। कोई आशंका और डर नहीं रह गया था। मैंने बहुत सारे दिन इस डर के साथ बिताए थे।

कोलाबा के तट पर प्रकाश स्तंभ की रोशनी चारों ओर प्रकाश बिखेर रही थी।

12

चेयरमैन ऑफ़िस

मुंबई।

मुंबई से मुझे बहुत प्यार है। इस हद तक कि अगर मैं और ज़्यादा प्यार करूंगा तो हो सकता है कि आप जैसे पाठक इसे पढ़ना बंद कर दें। लेकिन हमें जोखिम तो लेना पड़ेगा।

टाटा ट्रस्ट के लिए मैंने पहले ही कॉर्नेल में गर्मियों के दौरान पशु चिकित्सालय से संबंधित एक परियोजना के लिए इंटर्नशिप की थी। ट्रस्ट मुंबई में एक आधुनिकतम पशु चिकित्सालय स्थापित करने के श्री टाटा के सपने को आकार देने में लगा हुआ था। पशु कल्याण में जो भी मैंने थोड़ा बहुत काम किया था, उसे देखते हुए उन्होंने मुझे ट्रस्ट और कॉर्नेल के बीच की कड़ी के लिए चुना। मैंने कॉर्नेल में रहकर ही काम किया। ट्रस्ट की टीम इथाका आई। श्री टाटा ने कुछ चिकित्सालयों का काम देखने और वहां जो कुछ भी अच्छा हो रहा हो, उसके बारे में जानकारी एकत्र करने को कहा था। मैं टीम के साथ न्यू यॉर्क में कई पशु चिकित्सालयों को देखने गया। मैं जितना अधिक योगदान इसमें दे सकता था, मैंने कोशिश की। जो अतिरिक्त ज़िम्मेदारी ले सकता था वह भी मैंने पूरी की। मैंने अपनी तरफ़ से हर संभव कुछ अतिरिक्त देने की कोशिश की। यह प्रोजेक्ट और मोटोपॉज़ के मेरे जीव कल्याण के कार्य को देखते हुए श्री टाटा ने ग्रैजुएशन के बाद मुझे पशु चिकित्सालय टीम के साथ काम करने को कहा। और यह ठीक भी था।

मुझे इस नौकरी के लिए औपचारिक पत्र प्राप्त हो गया। वेतन पर्याप्त था, जिससे मैं अपनी पढ़ाई के क़र्ज़ की किस्त चुका सकता था। किस्तों और

मुंबई में रहने के ख़र्च के बाद बचत के लिए कुछ रह नहीं जाता लेकिन उसके बाद कुछ ज़रूरत भी नहीं थी। कुफ़े परेड पर स्थित वर्ल्ड ट्रेड सेंटर की 26 वीं मंज़िल पर मेरा दफ़्तर था। श्री टाटा दफ़्तर से काम नहीं करते थे लेकिन पूरा ट्रस्ट वहां पर था। ट्रस्ट का मुख्य दफ़्तर तमाम तरह की गतिविधियों और चहल-पहल का केंद्र था जो टाटा समूह के परोपकार के सभी कार्यों के पीछे मौजूद रहता है।

मैं इस चुनौती के लिए पूरी तरह से तैयार हो गया था। इस बात को बाहर भी बहुत अच्छी तरह से लोग जानते हैं कि एक अत्याधुनिक पशु चिकित्सालय की स्थापना श्री टाटा का एक बहुत पुराना सपना था जो कि उनके लिए बहुत मायने रखता था और इसे पूरा करने में किसी भी तरह का योगदान देना अपने आप में एक गर्व की अनुभूति देने वाला है। उनसे अलग दफ़्तर में होने का अर्थ था कि मैं उन्हें रोज़ाना तो नहीं देख पाऊंगा। लेकिन मुझे यह उम्मीद ज़रूर थी कि वह अक्सर कुछ समय निकाल कर अपने इस दोस्त से मिलना चाहेंगे। और वह भी नहीं तो कम से कम यह संतोष मुझे था कि हम अब एक शहर में तो थे।

विंटर की ख़ातिर मैं चाहता था कि दफ़्तर के पास ही मेरा घर हो। मैंने कोलाबा में अपने लिए बसेरा तलाशना आरंभ किया। इस पॉश इलाक़े में किराया न्यू यॉर्क की तरह बहुत अधिक है! न्यू यॉर्क की तरह छोटे अपार्टमेंट हैं। कई फ़्लैट देखने के बाद प्रॉपर्टी एजेंट ने एक फ़्लैट दिखाया। मुझे यह दूसरे अपार्टमेंट की तरह ही लग रहा था। तभी खिड़की से सड़क पार इशारा करते हुए वह बोला, 'वह देखिए वहां श्री रतन टाटा रहते हैं।'

इतना सुनना था फिर मैंने आगे और कुछ भी सोचने से इंकार कर दिया। मेरा ठिकाना तय हो गया था। फ़्लैट छोटा था। मुश्किल से एक रूम, किचन। लेकिन काफ़ी बड़ी खिड़कियां होने से घर के भीतर काफ़ी रोशनी रहती थी। यह श्री टाटा के घर से बहुत पास, सड़क पार करने की दूरी पर था। अपने दोस्त के घर के नज़दीक रहना अपने आप में बड़ी ख़ुशी थी जो इस भारी ख़र्च को भी सहने की ताक़त दे रही थी। हो सकता है हमारी अक्सर मुलाक़ात हो या हो सकता है ना हो। पर यह कम से कम मेरे घर के बहुत नज़दीक था।

मुंबई के सात द्वीपों में से एक कोलाबा है। इसे 16 वीं सदी में ब्रिटिश क्राउन ने ईस्ट इंडिया कंपनी को लीज पर दिया था। यह व्यापारिक केंद्र बना और यहां ब्रिटिश शैली की एक से एक सुंदर इमारतें आज मौजूद हैं। कुछ अभी भी अच्छी हालत में हैं। कुछ जर्जर हो रही हैं। समुद्री किनारों पर मरीन ड्राइव, अपोलो बंदर, बैक बे जैसे ख़ूबसूरत मार्ग बने हुए हैं। ऐतिहासिक इमारतों में अब लगभग सभी प्रमुख कंपनियों के मुख्यालय स्थित हैं।

कोलाबा को रहने और काम करने के लिहाज से पॉश जगह माना जाता है और यहां पले-बढ़े लोगों को कई बार 'टाउनीज' कहा जाता है। मुंबई में लाखों लोग काम पर जाने के लिए रोज़ाना कम से कम दो घंटे सफ़र करते हैं। ट्रेन से, बस से, पैदल। वास्तव में मुंबई हमेशा दौड़ती हुई दिखाई देती है। सुबह से देर रात तक लोग भागते नज़र आते हैं। मुंबई में काम करने

की जगह से कुछ ही मिनट की दूरी पर रहना वास्तव में बहुत बड़ी सुविधा है। वह भी कोलाबा जैसी ख़ूबसूरत जगह जिसे मुंबई वाले 'टाउन' भी कह कर बुलाते हैं। इस सबके चलते छोटा-सा एक रूम, किचन वाला फ़्लैट मेरे लिए बेहद आरामदेह था।

अपनी इस पहली नौकरी की शुरुआत से पहले कुछ फ़ुरसत के दिनों में मैंने पैदल ही कोलाबा को छान मारा। तमाम पुराने संग्रहालय, समंदर किनारे के सुंदर रास्ते, कैफ़े, कला दीर्घा, रेस्तरां, ऐतिहासिक स्मारकों की तरह दिखाई देने वाली इमारतें जिनमें अब नए जमाने के कारोबारी दफ़्तर हैं। और मुंबई के भागते-दौड़ते हुए लोग। मुंबई भागम-भाग की ज़िंदगी में ही बसता है। इसमें एक तरंग है और एक नशा है। मैंने इस शहर में काम करने का सपना देखते हुए बहुत लंबा इंतज़ार किया है। मैं जहां भी गया और जितने भी पल बिताए उसमें मुझे यही भरोसा मिला कि मैंने जो भी फ़ैसला किया है वह सही है।

आख़िरकार मैं फिर वापस आ गया था। मुझे कोई शिकायत नहीं थी। मरीन ड्राइव के दोनों ओर खजूर के पेड़ों की लंबी कतार और खुले नीले आसमान के तले मैं महसूस कर रहा था कि शांतनु नायडू के जीवन में अब कोई कमी नहीं है। मुझे सब कुछ मिला है और मैं उसके लिए बहुत कृतज्ञ था।

तभी मेरा फ़ोन बज उठा था। भारत आने के बाद श्री टाटा से पहली बार बात हुई।

'हेलो, शांतऽनु, कैसे हो? क्या आप मुंबई आ गए?'

'जी, मैं आ गया हूं और पूरी तरह से सेटल हो गया हूं। मैंने घर ले लिया है। सभी व्यवस्था कर ली है और अगले हफ़्ते से दफ़्तर आने लगूंगा।'

'अच्छा, बहुत बढ़िया। आपको पशु चिकित्सालय की टीम के साथ रखा गया है। लेकिन जब से वेंकट ट्रस्ट के काम में चले गए हैं तब से मेरे दफ़्तर में एक जगह ख़ाली हो गई है और उनका काम करने वाला कोई नहीं है। मेरे लिए इन सभी चीज़ों को संभालना मुश्किल हो सकता है। दफ़्तर और ट्रस्ट के दूसरे स्टार्ट-अप आदि के कार्य को संभालने में मुझे आपकी मदद की ज़रूरत है। क्या आपको मेरे दफ़्तर में काम करने और मेरी मदद करने में कोई समस्या तो नहीं होगी?'

मेरे पांव कांपने लगे और खड़े रह पाना मुश्किल हो गया। मैं वहीं बैठ गया। मैंने गहरी सांस ली। 'यह तो मेरे लिए गर्व की बात होगी श्री टाटा। क्या आप फ़ोर्ट दफ़्तर की बात कर रहे हैं?'

'जी, हां। साथ ही आप पशु चिकित्सालय की टीम के काम में भी मदद कर सकते हैं। मैं अगले हफ़्ते आऊंगा और आपको सभी ज़िम्मेदारी बता दूंगा।'

'जी, ज़रूर। मैं इंतज़ार करूंगा।'

मैं उस फ़ोन कॉल के महत्त्व को नहीं समझ पाया था। बहुत कम लफ़्ज़ों में जो कुछ उन्होंने बोला था। वह मैं नहीं समझा था।

इतिहास के एक छोटे-से हिस्से में मेरा नाम जुड़ा था। अभी तक की योजना स्पष्ट थी। मुझे टाटा ट्रस्ट के दफ़्तर में पशु चिकित्सालय प्रोजेक्ट पर काम करना था और उनसे अक्सर मुलाक़ात करनी थी। लेकिन अभी जो हुआ... मैं उसको नहीं समझ सका कि उसका क्या अर्थ था। मैं शांत बैठ कर दोबारा पूरी बातचीत को याद करने लग गया।

पहले दिन मैं अपने कुछ ख़ास पसंदीदा चुने हुए प्रेरक गीतों को सुनते हुए काली-पीली टैक्सी से दफ़्तर पहुंचा। मैंने भरसक कोशिश की थी कि मेरी ड्रेस पर ज़रा भी शिकन नहीं आने पाए। एलफ़िंस्टन इमारत का जादू अब भी क़ायम है। दाईं ओर हॉर्निमन सर्किल गार्डन, सामने सेंट थॉमस कैथेड्रल। मुंबई स्टॉक एक्सचेंज जहां शेयर बाज़ार की चहल-पहल थी और दूसरी अन्य ब्रिटिश काल की वेनेशियन, गोथिक शैली की इमारतें। सर्किल के चारों ओर जाने-माने बैंकों के मुख्यालय इन इमारतों में स्थित हैं। हाईकोर्ट के कारण इस मार्ग पर वकीलों की गहमा-गहमी नज़र आती है। नए वकील जो अपने आपको स्थापित करने के जुनून से भरे हुए थे। आलीशान कारों में बड़े-बड़े अधिकारी।

मैं ट्रस्ट में प्रवेश के लिए तैयार था। मैंने लंबे समय से तैयारी की थी, एक सैनिक की तरह। अपनी भूमिका अदा करना, पशु चिकित्सालय के निर्माण की एक बड़ी भूमिका में योगदान करना। लेकिन मैं टाटा में एक कर्मचारी की तरह काम करने के लिए तैयार नहीं था। 'मैं टाटा के लिए काम करता हूं,' अब इसका एकदम अलग अर्थ था। मुझे यह भी नहीं पता था कि मेरा काम क्या होने वाला है। ना ही मुझे इसकी जानकारी थी कि इस पद की क्या ज़रूरत है। आप ऑनलाइन पता नहीं कर सकते थे। दक्षिण मुंबई के इस ख़ूबसूरत माहौल में श्री टाटा के फ़ोन के बाद चिंता, जिज्ञासा और उल्लास का मिलाजुला भाव था।

श्री टाटा के दफ़्तर में तीन कर्मचारी थे और अब मैं चौथा हो गया था। मुझे याद है कि मैंने उनके बारे में बताया है लेकिन भरोसा कीजिए कि उनका और अधिक विवरण भी इन्हीं पन्नों पर सामने आएगा।

टीम की एक सदस्य हैं दीप्ति। छोटे बालों वाली सबसे छोटी लेकिन मज़बूत।

परिपक्व परिज़ाद हैं। यहां की सहायक प्रबंधक जो मुंबई हाउस के समय से श्री टाटा के साथ हैं।

और डेनिसी जो फ़्रंट डेस्क पर सहायक हैं।

उन्होंने दफ़्तर में मेरी जगह बताई और मेरी डेस्क को जमाने में मेरी मदद की। मुझे बड़ी खुशी और हैरानी हुई जब मुझे पता चला कि मेरा एक छोटा-सा अपना केबिन होगा। यह वही केबिन था। कुछ साल पहले जिसके सामने से मैं गुज़रा था। मुझे नहीं मालूम था एक दिन मैं इस केबिन में बैठने वाला हूं। इसमें कोई खिड़की नहीं थी लेकिन यह हर तरह से एकदम मध्य में था। प्यून से टेबल, फ़र्नीचर आदि से सभी पुरानी और गैर ज़रूरी चीज़ों को हटाकर साफ़ करने को कहा गया। आईटी टीम ने मेरा कंप्यूटर सिस्टम व्यवस्थित किया। इतने अधिक लोग मेरे काम के लिए आते जा रहे थे कि मैं अपराध बोध में घिरता जा रहा था। इसकी वजह यह भी थी कि यह सहायकों को मिलाकर मुश्किल से 10 लोगों का दफ़्तर था। जो कुछ भी हो रहा था, उस पर सबका ध्यान जा रहा था और तब मुझे लोगों की निगाहों का केंद्र बनना बहुत पसंद नहीं था। मैंने अपने लिए बहुत से अधिक कोने में एक छोटे-से क्यूबिकल की उम्मीद की थी। मैं केबिन में चुपचाप खड़ा देख हरा था। मेरे जवाब भी सीमित थे, 'जी, मैडम,' 'काफ़ी है' या 'अरे, इसकी कोई ज़रूरत नहीं थी।' दीप्ति और डेनेसी ने मेरे केबिन को व्यवस्थित करने में मदद की और यह सुनिश्चित किया कि मुझे अपने काम के लिए सभी तरह की सुविधाएं उपलब्ध हों। 'एक नए आने वाले शख़्स' के प्रति आम तौर पर दफ़्तरों में होने वाले विरोध के भाव के बिना उन्होंने मेरा स्वागत किया। लेकिन यह आम

दफ़्तर नहीं था और ज़ाहिर कर रहा था कि श्री टाटा के सिद्धांत और मूल्य उनके कर्मचारियों के भीतर भी अपनी जड़ें जमा चुके हैं।

श्री टाटा के दो कॉल इस बीच में आए। वह जानना चाह रहे थे कि मेरा केबिन, सिस्टम आदि व्यवस्थित हुआ या नहीं। मुझे ऐसा लगा वह भी पहले दिन से ही मेरी भूमिका को स्पष्ट करने के लिए आतुर हो रहे थे। उनके आने तक मैंने अपने को केबिन में ही सीमित रखा। इस बीच बहुत ज़रूरी सवाल ही पूछने की हिम्मत की जैसे कि... वॉशरूम कहां है!

चंद घंटों के बाद दरवाज़े खुले लेकिन मैं आगंतुक को देख नहीं सका। लेकिन जिस तरह से सभी लोग सम्मान में खड़े हुए उससे मुझे लगा कि वह आ चुके हैं। वह सीधे मेरे केबिन में आए और मुझे साथ आने को कहा। कुछ इधर-उधर की बातचीत के बाद उन्होंने कहा,

'मैं कुछ ही देर में एक स्टार्ट-अप के लोगों से मिलने जा रहा हूं। आपको भी इसमें रहना चाहिए। यह एक जहाज उद्योग से संबंधित स्टार्ट-अप है। यह इसके बारे में कुछ जानकारी है जिसको आप तो देख लें।'

मुलाक़ात कुछ ही देर में होने वाली थी और मुझे उस विषय के बारे में कोई जानकारी नहीं थी।

यह एक स्टार्ट-अप था जो वाणिज्यिक जहाजरानी में सप्लाई चेन लॉजिस्टिक्स के क्षेत्र में काम कर रहा था। मुझे स्टार्ट-अप के संबंध में अध्ययन कर ज़रूरी जानकारी एकत्र करनी थी ताकि मैं मदद कर सकूं और जो कुछ बताया जा रहा है उसे समझ सकूं। स्टार्ट-अप के प्रतिनिधियों के लाउंज में पहुंचने तक मैं कागज़ात पूरी तरह देख भी नहीं सका। एक बार फिर मैंने सरसरी नज़र दौड़ाई। कुछ ही देर में मुझे अंदर बुला लिया गया।

यह एक शक्तिशाली पल था। मैं श्री टाटा के साथ स्टार्ट-अप के प्रतिनिधियों के साथ मुलाक़ात कर रहा था। जब वे अपनी प्रस्तुति दे रहे थे तो अचानक मेरे दिमाग़ में दो वर्ष पूर्व की उस मुलाक़ात की यादें ताज़ा हो गईं। मैं और सुकृत ऐसे ही उनके सामने बैठे हुए थे और मोटोपॉज़ के बारे में जानकारी दे रहे थे। यह वास्तव में एक अद्‌भुत संयोग ही था। आज मैं उनके साथ उनकी टीम के हिस्से के रूप में था।

श्री टाटा उन लोगों में से नहीं थे जो अपने सवाल पूछने के लिए अंत तक इंतज़ार करते। उनके दिमाग़ में सवाल कौंधते ही वह सामने रख देते

हैं। कई बार इससे लोग कुछ बेचैन हो जाते हैं। लेकिन जो लोग अपने आप को संभाल लेते हैं और उसका जवाब दे देते हैं, वे वास्तव में पूरी तैयारी से होते हैं। विश्वविद्यालय में वेंचर में निवेश से जुड़े हमारे अभ्यास में जज की भूमिका करने वाले प्रस्तुति के ठीक बीच में आप को रोक देते हैं और एक ऐसा सवाल दाग़ देते हैं जो आपको कुछ भौंचक्का कर देता है। लेकिन ऐसा ही होता है। समय क़ीमती है और सहज होने तक इंतज़ार करना अब पुरानी बात हो गई है।

उनके सवाल लगातार बढ़ते जा रहे थे और जवाब संतोषजनक नहीं थे। मेरे दिमाग़ में भी उनके जवाबों को लेकर कुछ सवाल उठ रहे थे। लेकिन मैं उन्हें पूछ नहीं सका।

क्या मुझे श्री टाटा से बीच में सवाल पूछना चाहिए?

कहीं मैं अगर कुछ नहीं बोला तो कहीं वह यह तो नहीं सोचेंगे मैंने तैयारी नहीं की है?

क्या पहले दिन पहली मुलाक़ात में ही सवाल करना मेरा अहंकार तो नहीं प्रदर्शित करेगा?

मेरे मन में जो सवाल था वह वास्तविक था और मैं सचमुच पूछना चाहता था। अंत में जब उनकी प्रस्तुति समाप्त होने के क़रीब पहुंची तब मैंने अपना सवाल उनके सामने उछाला।

'श्री टाटा क्या मैं भी एक सवाल कर सकता हूं?'

'हां, ज़रूर।'

'एक नए उद्यमी को ठीक यही मॉडल दोहराने से क्या है, जो रोक रहा है? ऐसा प्रतीत होता है कि इसमें प्रवेश के लिए किसी तरह का अवरोधक नहीं है और वाणिज्यिक जहाजरानी लागत को लेकर बहुत अधिक संवेदनशील है। शायद उद्योग कम लागत वाले प्रतिस्पर्धी का चुनाव करना पसंद करेगा।'

सवाल ख़त्म होते ही मेरे भीतर से चीख़ें उठने लगीं। क्या मूर्खतापूर्ण सवाल है!

मैं कह नहीं सकता कि श्री टाटा ने सवाल के संबंध में क्या सोचा। वह मेरे सवाल के बारे में क्या सोच रहे होंगे। बैठकों में उनकी प्रतिक्रिया को समझना बहुत कठिन था। इससे कई बार आगंतुक बेचैन भी हो जाते थे।

वास्तव में मेरे भीतर की जिज्ञासा से वह सवाल उठा और मुझे ख़ुशी थी कि मैंने उसे पूछा था। लेकिन इसका अर्थ यह नहीं था कि मुझे उनकी प्रतिक्रिया की कोई परवाह नहीं थी। मेरी पूरी दिलचस्पी थी कि आख़िर वह मेरे सवाल को लेकर क्या सोच रहे हैं। उन्हें यह कितना वास्तविक लगा। दुर्भाग्य से ऐसा जानने का कोई तरीक़ा मुझे दिखाई नहीं दिया। सत्र समाप्त हो गया था। मुझे ऐसा लगा कि स्टार्ट-अप प्रतिनिधियों के जवाब बहुत संतोषजनक नहीं थे।

उनका प्रस्ताव कोई बहुत अच्छा जान नहीं पड़ा था और अंत में कुछ अजीब औपचारिक सवालों के साथ हमारी मुलाक़ात का समापन हो गया जैसे कि कितनी पूंजी की उनको ज़रूरत है। उन्होंने कहा, अगर टाटा इसमें निवेश करते हैं तो यह उनकी ख़ुशनसीबी होगी।

उनके जाते ही मैंने श्री टाटा से इस बारे में सवाल किया।

'आप इस बारे में क्या सोचते हैं?'

'मैं इस उद्योग से बहुत अधिक जुड़ाव महसूस नहीं करता हूं। वाणिज्यिक जहाजरानी उद्योग से मेरा कभी भी बहुत अधिक संपर्क नहीं रहा है और इसको लेकर मेरे भीतर कोई रोमांच नहीं है। मैं इसमें कुछ भी नहीं दे पाऊंगा। हम आगे उनसे एक बार और मिल सकते हैं और देखते हैं कि उन्होंने कहां तक काम किया है।'

इसके बाद एक और मुलाक़ात के लिए जाना था लेकिन उससे पहले उन्होंने मुझे कुछ हिदायतें दीं।

'स्टार्ट-अप के कई तरह के प्रस्ताव हमें मिलते हैं जिन्हें आप एक बार देख लें और हर एक के बारे में मुझे अपना मूल्यांकन बताएं। आपको पुराने रिकॉर्ड देखने होंगे। किस तरह के स्टार्ट-अप में हमारी दिलचस्पी रही है। इससे आपको हमारे काम करने के ढंग का अंदाज़ होगा।'

बहुत गौर करने की बात थी कि किस तरह से पहले दिन से ही वह कुछ ज़ाहिर किए बिना सधे हुए ढंग से सुनिश्चित कर रहे थे कि मेरे सामने मेरा उद्देश्य स्पष्ट हो जाए। दफ़्तर में आने के बाद से ही उन्होंने मुझे दिशा देने का प्रयास शुरू कर दिया था और समय के साथ उनके प्रयास ना केवल बढ़ते चले गए बल्कि बहुत ही संगठित और एक दिशा में केंद्रित होते चले गए। पूरे जोश-खरोश के साथ मैं उनके सुझाव के अनुरूप स्टार्ट-अप की फ़ाइलों को खंगालने में जुट गया।

अगली सुबह तक मैंने तीन अलग-अलग कंपनियों का मूल्यांकन कर लिया था। उन्होंने दोपहर में भोजन करते हुए उन पर सरसरी निगाह डाली। वह चुपचाप देखते रहे। इस तरह एक-एक करके उन्होंने मेरे पूरे मूल्यांकन को देखा। मुझे कुछ सुझाव दीजिए। उन्होंने बताया कि वह किन मानदंडों पर कुछ अधिक विस्तार से जानना चाहते हैं और ऐसे कुछ बिंदु जिन्हें छोड़ा जा सकता है और जो उनके महत्त्व के नहीं हैं। उनकी प्रतिक्रिया अच्छी थी और सकारात्मक संकेत मिल रहे थे। तभी अचानक उन्होंने मुझे चौंका दिया।

'ठीक है मैं आपकी परीक्षा लेता हूं।'

इस अचानक हमले से मैं अवाक रह गया। उन्होंने भी इसे तुरंत ताड़ लिया।

'इसमें ऐसे भयभीत मत हो। आपने कहा, सिंगल इंजन वाला हेलीकॉप्टर भी दोहरे इंजन वाले कॉप्टर्स जैसा ही बेहतर प्रदर्शन करता है। ऐसा क्यों?'

'मुझे लगता है हनीवेल एचडीएस 900 इंजन और मिश्रित सामग्री का उपयोग कर वज़न कम करने पर बहुत अधिक ध्यान केंद्रित करने से उन्हें दोहरे इंजन वाले हेलीकॉप्टर की तरह काम करने में मदद मिली है और उनका कहना है कि मोनोकॉक डिज़ाइन से इसमें मदद मिली है लेकिन मुझे यह जानकारी नहीं है कि यह सब कैसे हुआ है।'

'सही जवाब! आप पास हो गए हैं।'

इस चर्चा का अर्थ यह नहीं है कि वह सवाल करते हैं बल्कि यह सबक़ है कि वह आपको अपनी इच्छा के बारे में बता देते हैं, बहुत सावधानी से आप सभी चीज़ों से गुज़रें और उसके बारे में अतिरिक्त जानने के लिए अध्ययन करें? यदि आप कोई एक दस्तावेज़ को पढ़ रहे हैं और उस पर

सारगर्भित टिप्पणी बना रहे हैं तो आपको केवल संबंधित आंकड़े ही नहीं बल्कि संदर्भ के लिए और अधिक ब्योरे को भी जानना चाहिए। यदि आपको सवालों के लिए इधर-उधर तलाशना पड़ जाए तो इसका अर्थ है कि आपने अपना काम बेहतर तरीक़े से नहीं किया। उन्होंने मुझे रोज़ाना इसी तरह से काम करने को प्रेरित किया। यदि उनके सामने कोई प्रश्न होता है तो आप केवल उसके जवाब तक ही सीमित ना रहें बल्कि उससे जुड़े दस और सवालों की तैयारी करें।

उनके दफ़्तर में प्राप्त होने वाले स्टार्ट-अप प्रस्तावों की संख्या बहुत अधिक होती है। हर कोई उनसे सहायता मिलने की उम्मीद करता है। यदि मैं उनको आने वाले निवेश प्रस्तावों को अलग-अलग श्रेणियों में रखूं तो कुछ इस तरह से होगी :

- ऐसे लोग जिनके पास कोई आइडिया होता है और सिर्फ़ आइडिया होता है। उसको अंजाम देने की कोई योजना नहीं होती।
- ऐसे लोग जिनके पास विविध प्रस्ताव होते हैं और उन्हें उम्मीद होती है कि श्री टाटा के दफ़्तर की उदारता के कारण उन्हें सहायता प्राप्त हो जाएगी।
- ऐसे स्टार्ट-अप जो शुरू किए गए लेकिन नाकाम रहे। वे अब अंतिम दौर में कंपनी के अस्तित्व के लिए सहायता चाहते हैं।
- अच्छा प्रस्ताव जिसके साथ एक अच्छी टीम जुड़ी हुई है और जो उस विचार के प्रति समर्पित है।
- ऐसी कंपनियां जिनमें हमने पहले ही निवेश किया है और जो अब अगले चरणों के लिए धनराशि प्राप्त करने हमारे पास आई हैं।

बहुत कुछ करने को था। कुछ समय के लिए श्री टाटा के दफ़्तर में कोई सज्जन इस काम को देख रहे थे। भारत में स्टार्ट-अप के लिए तेज़ी से वातावरण निर्मित हो रहा है। लेकिन अभी भी यह पुराने दौर में है। विशेष रूप से उद्यमिता तक पहुंच के मामले में। लेकिन उनको ख़ारिज करने से इस पूरे वातावरण का कोई संबंध नहीं है। इसके अतिरिक्त मुझे जिस चीज़ ने बहुत अधिक परेशान किया वह थी केवल एक लाइन में किसी प्रस्ताव को ख़ारिज कर देना। यह एक शख़्सियत के रूप में श्री टाटा और जिसके लिए वे जाने जाते हैं, जिसके लिए

उनकी पहचान है उसको सही तरीक़े से निरूपित नहीं करता था। उनके दफ़्तर को उनके विचारों का प्रतिनिधित्व करना चाहिए।

मैंने तय किया हमारे दफ़्तर से उम्मीद करने वाले उत्साही लोगों को इस तरह से एक बहुत ही यांत्रिक तरीक़े से जवाब देकर निराश नहीं किया जाए। यदि मुझे किसी प्रस्ताव को अस्वीकार भी करना होता था तो हमारा पहला जवाब नामंजूर करने की सूचना नहीं होता था। ज़्यादातर स्टार्ट-अप प्रस्ताव को उचित प्रारूप में नहीं भेजते थे। हमने उपयुक्त प्रारूप में प्रस्ताव मंगाने की शुरुआत की। तब हमें या तो बेतरतीब-सी पावर पॉइंट प्रस्तुति प्राप्त होने लगीं या हमसे पूछा गया कि किस तरह का प्रारूप होना चाहिए? मैंने पहले उपयुक्त प्रारूप को लेकर खाका बनाया और पहले ईमेल में इसे भेजना शुरू किया। इस तरीक़े से यदि दूसरे ईमेल में हम किसी प्रस्ताव के नामंजूर होने की सूचना भी देते थे तो निराश उद्यमी को कम से कम स्टार्ट-अप के प्रस्ताव के संबंध में उपयुक्त प्रारूप की जानकारी मिलती थी। इससे अगली बार जब वह किसी निवेशक के पास जाता था तो वह एक क़दम आगे होता था। अस्वीकृति के बाद भी मैं मदद नहीं करने को लेकर खेद जाहिर करता था और उन्हें भविष्य के लिए शुभकामनाएं व्यक्त करता था। इससे एक लाभ यह हुआ कि हमें उसके बाद कोई आगे कोई नकारात्मक प्रतिक्रिया प्राप्त नहीं होती थी।

इसे और बेहतर ढंग से कहें तो किसी नौकरी के साक्षात्कार से इसकी तुलना की जा सकती है। आप कोई साक्षात्कार देते हैं और उसके बाद आपको यह बताया जाता है कि आप को अस्वीकार किया गया है। बस और बात यहीं ख़त्म हो जाती है। आपको यह नहीं बताया जाता कि ऐसा क्यों हुआ। आप यह नहीं समझ पाते कि आपको कहां पर और काम करने की ज़रूरत है। आपको क्या सुधार करना होगा। उम्मीदवार को तरह-तरह के विचारों में उलझा हुआ छोड़ दिया जाता है। मुझे लगता है यह क्रूर तरीक़ा है। इससे अपने आप पर संदेह करने और अपने आप को कमतर आंकने जैसी भावनाएं पैदा होती हैं।

इसमें एक बहुत बड़ी चुनौती थी। हमें मिलने वाले ईमेल की संख्या बहुत अधिक थी। हर एक का व्यक्तिगत तौर पर स्टार्ट-अप का हित सर्वोपरि रखते हुए जवाब देना कठिन था। और अब भी है। लेकिन उसका तरीक़ा

यही है। इसे विनम्र, मानवीय और जवाब प्राप्त करने वाले के सर्वोच्च हित में होना चाहिए। आख़िरकार यह रतन टाटा का दफ़्तर है। हालांकि यह कार्य बढ़ जाने के कारण मैंने दफ़्तर से अलग इसे करने का निर्णय लिया। इसको लेकर मैंने 'ऑन योर स्पार्क्स' नाम से उद्यमियों के लिए ऑनलाइन कोर्स की शुरुआत की। श्री टाटा की शुभकामनाओं के साथ मैंने उन छात्रों के लिए व्याख्यान देने की शुरुआत की जिनमें उद्यमिता की भावना थी, लेकिन वे आधारभूत जानकारी ना होने के कारण पीछे रह जाते थे। या नहीं जानते थे कि उद्यमी होने का क्या अर्थ है या किस तरह से एक विचार को पेश किया जाए और किन ग़लतियों से बचना चाहिए। कॉर्नेल में मैंने उद्यमिता के संबंध में कुछ सीखा था लेकिन इसका यह अर्थ कदापि नहीं था कि कॉर्नेल में पढ़ने वालों को ही उद्यमी होने और कैसे शुरुआत करें के संबंध में बुनियादी बातों तक पहुंच होनी चाहिए। इससे और श्री टाटा की नसीहतों ने 'ऑन योर स्पार्क्स' को प्रतिमाह 300 छात्रों तक पहुंचने और उन्हें प्रशिक्षित करने में मदद की जो भारतीय उद्यमिता के क्षेत्र में आगे आने के लिए उत्साहित थे।

दिन बीतने के साथ मैं इस तरह की कई मुलाक़ातों का गवाह बना। लेकिन यह एक मुलाक़ात कुछ ख़ास थी। यह विदेश में स्थित एक मेडिकल स्कूल की मदद से प्राथमिक स्वास्थ्य सेवा को लेकर कुछ अनोखे समाधान के संबंध में चर्चा को लेकर थी। स्टार्ट-अप टीम ने अपना परिचय दिया। उसके बाद श्री टाटा ने उनसे मेरा परिचय कराया :

'यह मेरे सहयोगी हैं शांतऽनु। यह अभी-अभी मेरे दफ़्तर से जुड़े हैं।' और उसके बाद उन्होंने जो कुछ कहा वह कुछ भी मुझे याद नहीं है। उन्होंने मुझे 'सहयोगी' कहा। वह मुझे सहायक, जूनियर, नवनियुक्त और कुछ भी कह सकते थे। मुझे सम्मान दिया। मुझे याद नहीं आता, उन्होंने कभी मुझे 'सहयोगी' के अलावा और कुछ कहा हो।

उनकी विनम्रता ने मुझे हमेशा की तरह अपना कायल बनाया है। लेकिन कारोबार में इस तरह की विनम्रता के कई तरह के सकारात्मक प्रभाव समझे जा सकते हैं। जब आप अपने अधीनस्थ कर्मचारियों को अपने सहयोगी के रूप में संबोधित करते हैं और उससे इस तरह से व्यवहार करते हैं तो असहमति की गुंजाइश नहीं के बराबर होती जाती है। और आपके सहयोगी आपकी अपेक्षाओं पर खरा उतरने के लिए अपना सब कुछ दांव पर लगाने को तैयार हो जाते हैं। यह प्रबंधन का सुंदर और स्वस्थ पाठ है।

थका देने वाले दिन के बाद भी मैं ख़ुश था। मैं आख़िरकार एक सहयोगी था। मैं उनके इस दफ़्तर का अभिन्न हिस्सा बनने के लिए उनकी अपेक्षाओं को समझ रहा था, हर दिन एक क़दम आगे बढ़ रहा था जो वास्तव में एक पेचीदा प्रक्रिया थी। कल्पना कीजिए कि आप ऐसे शख़्स के लिए काम कर रहे हैं जिसके प्रति आपके मन में बहुत अधिक सम्मान है। आप हमेशा से जिस की ओर देखते रहे हैं। बचपन से आपने उसको अपना आदर्श माना है। हमेशा मेरे भीतर एक डर रहता था, कहीं मैं अपनी ज़िम्मेदारी को पूरी करने में नाकाम नहीं हो जाऊं।

उसी दिन मेरे बिज़नेस कार्ड तैयार होकर आ गए थे। मैंने उस दिन का आख़िरी ईमेल भेजा। अंत में पहली बार लिखा :

शांतनु नायडू,
कार्यालय, श्री रतन एन. टाटा।

13

सिंहासन

परिज़ाद ने पहले ही मुझे कुछ हिदायतें दी थीं। उनमें से एक यह थी कि जब भी श्री टाटा घर जाएं या दफ़्तर से कहीं बाहर जा रहे हों तो आपको उनके साथ नीचे तक उनको छोड़ने जाना चाहिए। अब मुझे यह ठीक नहीं लगा। मैंने इसका कुछ विरोध किया।

'मुझे लगता नहीं है कि वह इसे पसंद करेंगे। क्या पहले उनसे पूछ लेना चाहिए?'

'नहीं, आप ऐसा ही करिए। आपको ऐसे ही करना चाहिए। हमेशा उनके साथ कोई ना कोई होना चाहिए। वेंकट भी यही करते थे और आपको भी ऐसा करना चाहिए।'

मैंने उनकी हिदायत पर अमल शुरू कर दिया, जब भी वह दफ़्तर से बाहर निकलते मैं उनके पीछे हो लेता। ऐसा अक्सर होता जब वह ऑफ़िस छोड़ते, उनके साथ कार तक जाता और उनके लिए कार का गेट खोलता। इस बीच हम कुछ अधूरे कामों के बारे में चर्चा कर लेते थे। वह कुछ हिदायतें दे देते। लेकिन ऐसा कम हुआ। ज़्यादातर यह छोटा-सा समय हमारे बीच चुहलबाजी का मौक़ा बनता था। पूरे दिन व्यस्तता के बीच उनके साथ इन कुछ पलों में इतने रोमांचक और परिहास के पल मिल जाते कि वे दिन भर के लिए ऊर्जा देने को पर्याप्त होते थे। अक्सर वह मेरे बालों या मेरे कपड़ों को लेकर मुझे चुटकी लेते।

'आप क्यों मेरी तरह शर्ट पहनते हैं। मेरी नक़ल करना बंद कीजिए।'

'वाह, आपका बैग तो बहुत अच्छा है। बिलकुल स्कूली बच्चे की तरह। क्या फिर से स्कूल जाने का इरादा है?'

'आप इस तरह से मेरे साथ अगली मुलाक़ात में मत रहिए। अगर आपको आना है तो अपने हेयर कट करा कर ही आइए।'

उनके साथ का यह दायरा जल्दी ही और बढ़ गया। अब वह और ज़्यादा जगहों पर मुझे साथ ले जाने लगे थे। हम रास्ते में आते-जाते कई विषयों पर चर्चा कर सकते थे। मैं कई जगह उनके साथ जाता। कार्यक्रम की जगह पर या तो बाहर उनका इंतज़ार करता या फिर जैसी उनकी हिदायत होती, वैसा ही करता। कई बार वापस दफ़्तर भी लौट आता था। बॉस और सहायक के यह संबंध विकसित हो रहे थे और तेज़ी से मज़बूत भी बन रहे थे। लेकिन मुझे ऐसा महसूस हुआ कि इसमें कहीं हमारी दोस्ती शहीद हो रही थी। उनके भीतर छुपे मेरे दोस्त से बात नहीं हो रही थी। उसकी चुप्पी मुझे खटकती रहती थी। मेरे दोस्त पर बॉस के हावी हो जाने की मेरी आशंका कहीं ना कहीं सच होती लग रही थी।

दिन इसी तरह से गुज़र रहे थे। हम दोनों दफ़्तर में ही मिलते थे और हमारी बातें कामकाज के संबंध में ही सीमित हो गई थीं। उनमें हमारे रिश्ते की नज़ाकत नहीं थी।

हालांकि जब भी मेरे मन में ये विचार आते मैं उन्हें पीछे धकेल देता। अपने आप को दायित्वों के बारे में समझाता। अब मैं उनके दफ़्तर में काम करता हूं। यहां मेरे कुछ दायित्व हैं। मैं एक असाधारण शख़्सियत के साथ एक असाधारण पद पर काम कर रहा हूं। जहां विभिन्न क़िस्म के दायित्व हैं और उनके इतने विशाल अनुभव से सीखने के कितने मौक़े। मुझे और ज़्यादा से ज़्यादा बैठकों में उपस्थित रहने के लिए कहा गया। कुछ ताज में होतीं, कुछ हमारे दफ़्तर में या फिर कुछ के लिए मुझे वर्ल्ड ट्रेड सेंटर जाना पड़ता था। साए की तरह उनके साथ-साथ रहना कई बार बहुत तनाव भरा भी होता था। आपको ऐसी भीड़ का सामना भी करना पड़ सकता था जो उनको पहचान सकती थी। आपको उनकी मांग पर काग़ज़ात और सूचनाओं के साथ तत्पर रहना होता था। कई बार कुछ लोग उनके साथ तसवीरें लेने को उतावले हो जाते थे और कई बार यह बहुत अधिक हो जाता था। लेकिन उन्होंने कभी भी किसी को निराश नहीं किया।

उनके साथ कभी भी कोई आडंबर नहीं रहा है। वह कहीं भी सहज तरीक़े से पहुंच जाते थे। कोई साथ में बॉडी गार्ड, गाड़ियों का काफ़िला, सुरक्षा, कोई टीम जैसा कुछ भी नहीं। मैंने उनसे इस संबंध में बात भी की लेकिन वह इसे लेकर बहुत निश्चिंत हैं। 'मुझे कौन नुक़सान पहुंचाना चाहेगा?' हम जहां कहीं गए वहां उनके स्वागत के लिए या उन्हें बैठक के स्थान तक ले जाने के लिए हमेशा एक या दो लोग होते थे।

आख़िरकार एक दुबले-पतले से लड़के की अक्सर उनके साथ मौजूदगी से धीरे-धीरे ज़्यादातर लोगों को पता चल गया था कि श्री टाटा जहां कहीं भी जाएंगे, मैं उनके साथ रहूंगा। उनके साथ कुछ भी नहीं होता था। वह सुरक्षा जांच से जल्दी ही बाहर जाते थे लेकिन मेरे साथ एक बैग हुआ करता था और जांच में मुझे कुछ ज़्यादा समय लगता था। मैं ऐसे में पीछे छूट जाने के डर से हड़बड़ी में कहीं फिसल जाता तो कहीं कोई सामान गिरा देता। लेकिन वह कभी भी मेरे बगैर आगे नहीं बढ़ते। हमेशा मेरा इंतज़ार करते हैं। पीछे मुड़कर मुझे देखते हैं। अगर मैं कुछ गिरा देता तो इंतज़ार करते। मैं उस सामान को समेटता और उन तक भागकर पहुंचता, जहां वह मुस्कराते हुए मेरा इंतज़ार करते हैं।

कई बार तसवीर खिंचवाने के लिए आतुर लोग हमें घेर लेते थे। मैं इस भीड़ को देखकर डर ज़रूर जाता था लेकिन ऐसा नहीं हुआ कि मैंने कभी किसी को इंकार किया हो या किसी को पीछे किया हो या किसी को उनसे

मिलने से रोका हो। यह निर्णय हमेशा उनका ही होगा और उनका ही होना चाहिए। उनको कभी यह पसंद नहीं था कि कोई भी उनकी ओर से जवाब दे। किसी अजनबी के प्रति बदसलूकी तो दूर की बात है। किसी के अनुरोध को यदि ठुकराना भी होता है तो वह बहुत ही विनम्रता के साथ जवाब देते हैं जिससे कि अनुरोध करने वाला भी आहत नहीं होता। यह विनम्रता उन तक ही सीमित नहीं थी बल्कि उनके साथ जुड़े हुए और उनके साथ रहने वाले सभी लोगों से यही इसी विनम्रता की अपेक्षा की जाती है। मैं जब भी सोचता हूं तो मेरे मन में यही विचार आता है कि इस तरह का व्यवहार मन में सच्ची सहानुभूति से ही पैदा हो सकता है।

मुझे जिन बैठकों और मुलाक़ातों में शामिल किया जा रहा था, अब मेरे लिए वे बहुत अधिक स्पष्ट हो गई थीं। ये ज़्यादातर निवेश से संबंधित होती थीं। लेकिन स्वास्थ्य और सामाजिक बदलाव के विषयों, जैसे ट्रस्ट और विश्वविद्यालय या कोई टेक्नोलॉजी कंपनी जिसके पास कोई बहुत रोमांचक उद्यम करने को है या इलेक्ट्रिक वाहन के वेंचर के संबंध में कोई मुलाक़ात। ऐसी मुलाक़ातों में मेरी कोशिश होती थी कि मेरी उपस्थिति का अहसास नहीं हो। मेरा यही मानना था कि अभी इसका समय नहीं आया है। मैंने अपनी ज़िम्मेदारी फिलहाल सूचनाएं जमा करने, उनको बेहतर करने और उनके लिए सारगर्भित नोट बनाने तक सीमित रखी थी। इस नोट को वह देखकर और चर्चा कर सकते थे। इससे सहमत हो सकते थे या हम मिलकर उस पर आगे और काम कर सकते थे।

श्री टाटा किसी भी विषय पर बातचीत और संवाद को प्रोत्साहित करते थे। वह असहमति को लेकर भी उत्साहित थे। लेकिन उसका उद्देश्य सार्थक होना चाहिए जिससे प्रमाणित विश्लेषण के बाद ठोस परिणाम तक पहुंचा जा सके। यदि आप पूर्वाग्रह से ग्रस्त हैं और उससे प्रेरित होकर आप कोई बहस कर रहे हैं तो उसका कोई अर्थ नहीं है।

'श्री टाटा, आपका कोई सुझाव यदि मुझे ठीक नहीं लगता और मैं उसमें सुधार करता हूं तो क्या मैं ऐसा कर सकता हूं?'

'बिलकुल, अगर आप आप मेरी राय के विरोध में भी विचार ज़ाहिर करेंगे तो यह मुझे अच्छा लगेगा लेकिन इसके पीछे समुचित कारण होने चाहिए।'

ये हिदायतें मेरी समझ की बुनियाद थीं जिनके आधार पर मुझसे अपने दायित्वों को अंजाम देने की अपेक्षा थी। लेकिन मेरे दायित्वों का दायरा बहुत व्यापक था। उनके नए पपी का नाम दर्ज कराने से लेकर उनके लिए ख़रीदारी करना, कार्यक्रम तय करना, निवेश संबंधी मूल्यांकन करना या ट्रस्ट से संबंधित घटनाक्रमों पर उनको जानकारी प्रदान करना। मुझे बहुत मज़ा आ रहा था क्योंकि इसमें एक निरंतरता थी। कहीं भी कोई ठहराव नहीं था।

कुछ दिनों से मैं देख रहा था कि वह कुछ परेशानी में डूबे हुए थे। दीप्ति ने मुझे बताया कि वह 1996 का कोई पत्र तलाश रहे हैं जो रिकॉर्ड में नहीं मिल रहा है। हम उसे खोजने में असमर्थ रहे हैं। हम किसी और विषय पर चर्चा कर रहे थे कि तभी उन्होंने स्वभाव के विपरीत कुछ उग्रता से इस बारे में जिक्र किया। जब श्री टाटा किसी चीज़ को करना चाहते थे तो उसके लिए उतावले हो जाते हैं। वह चाहते हैं कि कैसे जल्द से जल्द काम संपन्न हो जाए। और वास्तव में देखा जाए तो ऐसा कोई कारण नहीं है कि ऐसा नहीं होना चाहिए। लेकिन उसका अर्थ होता था कि पूरा दफ़्तर जैसे कि एक फ़ायर ब्रिगेड टीम की तरह बन जाए।

'मैं किस तरह से मदद कर सकता हूं?'

'अगर आप इस पत्र को खोज निकालते हैं तो मैं आपको सिंहासन पर आसीन कर दूंगा!'

बहुत आकर्षक पुरस्कार होगा। मुझे इसे खोजना ही था।

वर्षों पहले समूह के अध्यक्ष के पद से उनके सेवानिवृत्त होने के बाद सभी पत्रों और काग़ज़ात को डिजिटल कर दिया गया था। यह एक बहुत अच्छी पहल रही। कुछ अगर स्कैन नहीं हो सके तो उसकी वजह या तो इंसानी चूक कही जा सकती है या वे इस हालत में नहीं थे कि उनका स्कैन किया जा सकता था। मैंने इस डिजिटल संग्रह को पूरा खंगाल मारा। वह एक मेमो था जो उन्होंने 1996 में टाटा समूह के पूर्व अग्रणी सदस्य रूसी मोदी को लिखा था। मैं उस पत्र की सामग्री के बारे में तो नहीं बता सकता लेकिन यह पत्र उनके लिए बहुत महत्त्वपूर्ण था और मैंने यह भी नहीं पूछा कि क्यों। यह समूह में कुछ फर्जी उच्च पदों को निर्मित करने से जुड़े विवाद के संबंध में था। बहुत देर स्क्रीन पर तलाशते हुए आख़िरकार मैं पूरी तरह से थक गया। मैं परिज़ाद के पास पहुंचा और मैंने ऐलान कर दिया कि वह पत्र अब पूरी तरह से लापता है। उन्होंने मुझे बताया कि अभी भी हमारे पास ये मूल काग़ज़ात वेयरहाउस में कहीं पर रखे हुए हैं। मैंने श्री टाटा से एक बार फिर उस समय के बारे में जानकारी ली और उन्होंने मुझे सटीक समय बता दिया।

'मैंने उसे नवंबर 1996 में भेजा था, क्रिसमस की छुट्टियों पर जाने से दो दिन पहले।'

मुझे यह भी याद नहीं रहता कि मैंने अपने पिछले जन्मदिन पर क्या किया था। उनकी याददाश्त से ज़्यादा बेहतर और कोई अभिलेखागार नहीं हो सकता था। और उनके पास बहुत बारीक़ से बारीक़ जानकारी होती है। जिसे कोई भी याद रखने की परवाह नहीं करता।

मैंने वेयरहाउस से फ़ाइलें मंगवा लीं। अगले दिन जब मैं सुबह दफ़्तर पहुंचा तो कान्फ्रेंस हॉल में ढेरों पुरानी फ़ाइलें जमा हो चुकी थीं। इनके भीतर के पीले काग़ज़ात इनके इतिहास की पूरी जानकारी दे रहे थे। मैंने उनकी जर्जर हालत को देखते हुए सावधानी से एक-एक करके इन काग़ज़ों को खंगालना शुरू किया। ये केवल देखने में ही ऐतिहासिक नहीं थे बल्कि उन्हें पढ़कर समूह के इतिहास को समझा जा सकता था। इनमें कुछ बहुत ज़्यादा अहम नहीं थे। लेकिन कुछ महत्त्वपूर्ण थे। उन्होंने सभी के लिए अवकाश की शुभकामनाएं दी थीं। कुछ बदलाव के संबंध में थे। मेरे लिए ये तमाम दस्तावेज़ ईर्ष्या पैदा कर रहे थे। मन में कहीं भीतर इच्छा उमड़ रही थी,

काश! मैं उस समय में समूह का हिस्सा होता। मैं आज उन्हें और उनके आसपास के माहौल को देखकर यह सोच सकता था कि जब वह टाटा सन्स के अध्यक्ष रहे होंगे तो आज से 100 गुना अधिक जीवंतता रही होगी। लेकिन फिर भी मुझे सौभाग्य मिल रहा था कि कम से कम आज मैं उनके साथ काम कर रहा हूं। एक ऐसी भूमिका में हूं जिसके लिए लोग पूरे जीवन इंतज़ार कर सकते हैं।

दिन लगभग ख़त्म होने को था और दो फ़ाइलें शेष थीं। उम्मीद कम थी। मैंने रूसी मोदी को भेजे गए दो सूचना पत्र पर निशान अंकित ज़रूर कर लिया था जो उसी समय के आसपास के तो थे लेकिन वह दस्तावेज़ नहीं थे जिनकी तलाश थी। मुझे अब सिंहासन दूर होता नज़र आ रहा था। 1996 की अंतिम फ़ाइल मेरे सामने थी उन्होंने जो समय कल बताया था, मैंने उस दौरान के सभी कागज़ात छान मारे थे। पत्र उनमें भी नहीं था। जिज्ञासावश और अब अपनी तलाश को अंतिम रूप से समाप्त करने से पहले मैंने एक नज़र बताए गए समय से एक माह पूर्व के कागज़ात पर भी डाली।

'प्रिय रूसी…'

मैं एक सांस में ही उस कागज़ को पढ़ गया। फिर तो मैं ख़ुशी से उछलने लगा। यह वही पत्र था! मैंने उसे परिज़ाद को दिखाया और उसने भी

इसकी पुष्टि कर दी। किसी ने उस पत्र को ग़लत तरीक़े से फ़ाइल में लगा दिया था। मैंने श्री टाटा को फ़ोन किया और उन्हें बताया कि कुछ काग़ज़ मैं सौंपना चाहता हूं। मैं यह उनके घर पर पहुंचा दूंगा। मुझे मालूम था और उन्होंने वैसा ही किया क्योंकि इस समय उनके दिमाग़ में वही पत्र छाया हुआ था। उन्होंने पूछा क्या वह पत्र मिला और मैंने आज उनकी चुटकियों का बदला लेने का मन बनाया और साफ़ झूठ बोल दिया, 'नहीं।'

वह शाम कुछ शांत थी। हम हॉल में बैठे हुए थे और सामने समंदर का नजारा दिखाई दे रहा था। लेकिन वह कुछ परेशान से नज़र आ रहे थे। लगातार यात्रा और उस दस्तावेज़ के नहीं मिलने से वो उखड़े हुए थे। मैंने तमाम लंबित विषयों को लेकर बातचीत की और अंत में सब चर्चा हो गई तब मैंने वह पत्र उनके हाथ में थमा दिया। 'यह आपके लिए तोहफ़ा...'

क़रीब आधा मिनट तक उनकी नज़रें उस पर जमी रहीं जिससे कि वह उसे पढ़कर यक़ीन करना चाहते थे कि यह वही पत्र है। आख़िर जब उन्हें इसका पूरा यक़ीन हो गया तो संतोष का भाव उनके चेहरे पर दिखाई दिया। उनकी उनकी आंखों में अनोखी चमक आ गई। इसे देखने के लिए भी शायद मैंने फ़ोन पर उनसे पत्र नहीं मिलने की बात कही थी।

'आपने आख़िर इसे ढूंढ लिया।'

'जी, मेरी नज़र से कोई छुप सकता है क्या!'

उन्होंने एक बार फिर उसे पूरा पढ़ा और मैं उन्हें देखता रहा।

उन्होंने ख़ुशी से मुझे गले लगा लिया।

'इसे पाकर मेरा मन बहुत हल्का हो गया है।'

'यह सब तो ठीक है लेकिन मेरा सिंहासन?'

'आप बहुत छोटे हो हम एक छोटा-सा सिंहासन ज़रूर लाएंगे और उसे वहां बाहर गार्डन में लगाएंगे।'

'ठीक, आप वहां लड़कियों का जमघट पसंद करेंगे या फिर ढेर सारी गायों का झुंड।'

उनके चेहरे से चिंता के बादल छंट चुके थे। हम काफ़ी देर तक बातें करते रहे। कई तरह के विषयों पर लंबी चर्चा हुई। बड़े दिनों के बाद हम दोनों खुल कर हँस रहे थे। मुंबई और न्यू यॉर्क में साथ में बिताए हुए पलों को हमने ताज़ा किया। एक बार फिर मुझे धन्यवाद देने के अंदाज़ में उन्होंने बताया कि वह पत्र उनके लिए कितना महत्त्वपूर्ण है।

'ये सभी पत्र मेरे चेयरमैन रहते हुए महत्त्वपूर्ण घटनाओं के प्रमाण हैं। मैं इन किस्सों और कहानियों को बताने के लिए ही जीवित हूं। मेरे बाद बिना किसी सबूत के कोई भी इन पर यक़ीन नहीं करेगा। कई बार मैं इन्हें दोबारा देखना चाहता हूं। हो सकता है कि इनमें कोई ऐसा सबक़ हो जिसे मैं आज के हालात में आजमा सकूं।'

इस पत्र को खोजने के लिए कोई ऐसे हुनर की ज़रूरत नहीं थी जो केवल मेरे पास ही हो। ज़रूरत एक निरंतर कोशिश की थी। जुनून के साथ। लेकिन उससे भी कहीं अधिक चिंता के माहौल से उनको बाहर लाना? उनके चेहरे पर मुस्कान को वापस बिखेरना या उनके ऊपर के बोझों में से एक बोझ को कम कर देने की खुशी पाना। क्योंकि मेरे लिए उनकी खुशी सबसे बड़ी थी, इसमें कुछ भी अतिशयोक्ति नहीं है।

मैंने उस शाम उन्हें बता दिया कि जब मैं किताब लिखूंगा तो वह केवल ऐतिहासिक घटनाक्रम या कारोबारी दृष्टि से बहुत अहम पड़ाव के बारे में ही नहीं होगी बल्कि उनके दूसरे पक्ष को भी मैं सामने लाऊंगा। हमने साथ में जो भी मौज-मस्ती या कुछ कारनामे किए हैं, यह उन सबके बारे में होगी। उनको मैं किस तरह से देखता हूं, उसके बारे में भी लिखूंगा। उनके जीवन के अलग-अलग रंग, अलग-अलग पहलू जिनसे दुनिया अनजान है, वे भी उस किताब का हिस्सा होंगे। 'उद्योग जगत' की लौह दीवार के पीछे छुपे एक कोमल इंसान का जीवन भी सामने आएगा। क्योंकि आख़िर में लोग यह भूल जाते हैं कि वह भी हमारे बीच के एक इंसान हैं। वह हँसते हैं, रोते हैं, उन्हें भी अफ़सोस होता है। वह भी एक इंसान हैं जिसे कभी दुख होता है, कभी ख़ुशी होती है, उनके भीतर भावनाएं हैं - चिंता की, ख़ुशी की।

उन्हें इस पर कोई आपत्ति नहीं थी। 'कोई भी एक किताब नहीं हो सकती जो सब कुछ सामने ला सकती हो। हर किसी की अपनी दृष्टि होती है। अलग-अलग लेखक होते हैं, सबका नज़रिया अलग होता है। तीन, चार या पांच... हो सकते हैं, लेकिन आप अपने नज़रिए से अपना काम कीजिए।'

मज़ेदार चुटकियों भरे हास-परिहास के बाद मैंने उनसे विदा ली।

'मैं बहुत ख़ुश हूं।'

'श्री टाटा आप ख़ुश हैं तो मैं भी ख़ुश हूं।'

उन्होंने मेरी पीठ थपथपाई और मैं गदगद हो गया। जब से मैं मुंबई लौटा था, मैंने दोस्त को कहीं खो दिया था। केवल वह मेरे बिग बॉस की तरह नज़र आए थे। मेरे मन में कहीं न कहीं यह भावना मज़बूत हो गई थी कि हमारे बीच के पेशेवर संबंध अब पूरी तरह से निजी संबंधों पर हावी हो चुके हैं। लेकिन उस शाम ने मुझे यह अहसास करा दिया कि मेरे दोस्त

अभी वहीं हैं। वह शाम इसकी गवाह बन गई जब हम दोनों खुश थे, भले ही कुछ पलों के लिए। प्रकाश स्तंभ भी कभी-कभी नज़रों से ओझल हो जाता है। कभी कोहरे की चादर, तो कभी धूल का बवंडर उसे ढंक देता है। लेकिन वह हमेशा वहां होता है। प्रकाश देता रहता है।

14

फिर इथाका

यात्रा श्री टाटा के कारोबारी जीवन का बहुत बड़ा हिस्सा है। सलाहकार बोर्ड, परिषदों, अलग-अलग ट्रस्ट के साथ जुड़े होने के कारण उन्हें हफ़्तों तक यात्रा पर रहना पड़ता है। मुझे कभी समझ नहीं आया कि वह कैसे अलग-अलग टाइम ज़ोन में विमान यात्राएं कर लेते हैं, जैसे कोई कपड़े बदलता हो। अपने वादों को पूरा करते हैं और फिर वापस आकर ठीक अगले दिन दफ़्तर आ जाते हैं। जबकि दिल्ली-मुंबई की उड़ान के बाद ही मैं पूरे दिन के लिए थक कर चूर हो जाता हूं।

लेकिन मुश्किल तब होती है, जब वह लंबे समय के लिए विदेश चले जाते हैं और मुंबई में उनके दफ़्तर में कई महत्त्वपूर्ण कार्य अटक जाते हैं। वह जब वापस आते हैं तो तमाम अटके हुए कामों का निपटारा करने पर तुल जाते हैं। काम करने का उन्हें नशा ही है। वह काम ख़त्म करके ही दम लेते हैं। लेकिन यह वास्तव में एक संघर्ष की तरह होता है। एक समय था जब उनके साथ उनके सहायक भी यात्रा करते थे वह जहां भी जाते थे, वह चलते-फिरते दफ़्तर की तरह उनके साथ होते थे। इसका फ़ायदा यह था कि इतना अधिक काम जमा नहीं होता था।

मुझसे भी कहा गया कि मोबाइल दफ़्तर की अब बहुत अधिक ज़रूरत है। लेकिन मैं इसकी शुरुआत करना नहीं चाहता था। मुझे ऐसा नहीं लगा कि मेरी यह हैसियत है या मैं इस स्तर पर हूं कि मुझे इस तरह का सुझाव देना चाहिए। मुझे विदेश यात्राओं का कोई बहुत शौक नहीं था। कई देश सैर-सपाटे के लिए अद्भुत हैं लेकिन एक दिन मैं खुद छुट्टी लेकर जा

सकता था। वह जब बाहर जाते थे तो उनकी कमी मुझे खलती थी लेकिन ऐसा माना गया था कि मुझे इसका अभ्यस्त होना चाहिए।

लेकिन मेरे सोचने से चीज़ें नहीं चलती थीं। आप किसी के सहायक हैं तो आप उनके साथ यात्रा किए बिना उनकी सहायता कैसे कर सकते हैं। ऐसे हालात बने कि उनके साथ यात्रा का सिलसिला भी शुरू हो गया। मेरी पहली यात्रा उनके जन्मदिन पर हैदराबाद की थी। हम रात में हैदराबाद के लिए रवाना हुए। हमें अगले दिन एक दक्षिण भारतीय परिवार की शादी में शामिल होना था। मैंने होटल में दो कप केक और एक कैंडल रात में लाने को कहा। मैं रात में उनके कमरे में ही था। साथ में उनके एक और पुराने दोस्त वितिन भी थे। वह उसी विमान के चालक दल में शामिल थे जिससे हम आए थे। हम लोग जानबूझकर उन्हें रात देर तक जगाए रखने के लिए गप्पें मार रहे थे। वह उबासियां ले रहे थे। नींद उन पर भारी होती जा रही थी। हम उनको जगा कर रखने के लिए तरह-तरह के बहाने और जतन करने में जुटे हुए थे। हमने एक साइंस फ़िक्शन एक्शन मूवी भी देखनी चाही लेकिन उससे तो लगा कि शायद और जल्दी नींद आ जाएगी। इतना सब करने के बाद भी घड़ी की सुई 11.45 तक पहुंची और यहां तक पहुंचने के बाद आख़िरकार अब मुझसे रहा नहीं गया।

'श्री टाटा, आपके लिए सरप्राइज है।'

'अच्छा, सच?'

'जी, आप बस कुछ मिनट इंतज़ार करें।'

'अरे क्या है बताओ, जल्दी।'

और तभी कप केक कमरे में आ गए। उनकी शक्ल देखने लायक़ हो चुकी थी।

'अरे नहीं, अब प्लीज़ कोई बर्थडे सॉन्ग मत गाना प्लीज़।'

'आपको हम ऐसे ही नहीं बख़्श देंगे प्यारे दोस्त। हम ज़रूर गाएंगे।'

हमारी पूरी तैयारी थी। अब कैंडल की बारी थी। एक बार... दो बार... तीन बार..., कैंडल बुझने का नाम ही नहीं ले रही थी। वह इधर-उधर देखने लगे। इसके लिए किस को दोषी ठहराया जाए लेकिन मेरे सिवा और कौन हो सकता था।

'आप बहुत शरारती हो, ज़रूर कोई करामाती कैंडल लाए होंगे। है ना?'

ऐसा नहीं था।

कोई बड़ा जलसा, पार्टी कुछ नहीं। वह अपना जन्मदिन इसी तरह से सादगी के साथ मनाते हैं। कुछ क़रीबी मित्रों के साथ। काश! मैं आपके साथ उस संपूर्णता को साझा कर सकता जो उनको मुस्कराते हुए देखने से मुझे प्राप्त होती है। आप उस मुस्कान को बार-बार देखने के लिए अपना पूरा जीवन बिता देना चाहेंगे।

अगले दिन वह सुबह आठ बजे जागे। मैं इसी समय पायजामे में नीचे आ गया और उनका ब्रेकफ़ास्ट के लिए इंतज़ार कर रहा था। तभी वह भी आ गए और इतनी सुबह-सुबह मुझे देखकर चिढ़ाने लगे।

'अरे, आप यहां मुझे उम्मीद नहीं थी...ट्विंकल-टोज?'

फिर हम ख़ामोशी के साथ बटर टोस्ट खाते हुए अख़बार की सुर्ख़ियों पर नज़र दौड़ाते रहे। उसके बाद की यात्राओं में यह कुछ रस्म जैसा ही हो गया। वह मुझे उस पायजामे में देखते और मुझे चिढ़ाना शुरू कर देते : 'गुड मॉर्निंग, ट्विंकल-टोज।'

मुझे कभी भी यह अच्छा नहीं लगा कि वह अकेले बैठ कर खाएं। ऐसा नहीं था कि उनको इससे कोई समस्या थी।

कमरे में लौटकर हमने अपना कुछ वक़्त काम को दिया जो हम साथ लेकर आए थे। ख़ास तौर पर मैं जिसके लिए साथ आया था। कुछ काग़ज़ी औपचारिकताएं पूरी कीं। कुछ लंबे समय से टल रहे फ़ैसले किए, कुछ अपनी प्राथमिकताओं में बदलाव किया और स्टार्ट-अप के संबंध में कुछ हल्की-फुल्की बातचीत की। वास्तव में मेरे दफ़्तर और मेरे दायित्व की यही ज़रूरत थी। विवाह स्थल के लिए कार में जाते हुए भी हम काम करते रहे। उनके साथ कार में काम करना मेरे लिए कुछ अच्छा अनुभव नहीं रहा है लेकिन वह इसमें बहुत सहज महसूस करते हैं। कार में काम करते हुए मैं हड़बड़ा जाता हूं। एसी के बावजूद पसीने-पसीने हो जाता हूं। हालांकि मैंने पूरी कोशिश की है कि उनके सामने ऐसी नौबत नहीं आए लेकिन मुझे लगता है कि अब तक वह भी यह समझ चुके होंगे। हमारे विवाह कार्यक्रम में पहुंचने से पहले मैंने देखा कि जो भी काम हम साथ लाए थे, वह लगभग पूरा हो गया था।

यह एक हाई प्रोफ़ाइल शादी हो रही थी। उनके स्वागत-सत्कार के लिए खड़े हुए लोग उन्हें गोल्फ़ कार्ट में लेकर गए और मुझे उनके साथ रहने के लिए बहुत मशक़्क़त करनी पड़ी। मैं कभी तेज़ी से चल रहा था तो कभी दौड़ लगा रहा था। मैंने कोशिश की कि मैं उनके कहीं भी बीच में ना आऊं लेकिन उनकी पहुंच के दायरे में रहूं। जब भी वह चाहें आंखों के इशारे से मुझे अपने पास बुला सकें। ऐसा ही हुआ दोपहर के भोजन के वक़्त वह जब खाना खा रहे थे, तभी किसी ने उनके सामने निवेश के संबंध में प्रस्ताव पेश कर दिया। तब उन्होंने मुझे बुलाकर उनका केस समझने को कहा। या वह यह जानने के लिए बुलाते कि फ़्लाइट के लिए कितना समय बाक़ी है या जब वह असमंजस में पड़ जाते कि अब कहां जाना है। या फिर जब कोई उन्हें महत्त्वपूर्ण काग़ज़ थमा देता। लेकिन इसके बाद मैं फिर पीछे हो जाता था जैसे मैं वहां कभी था ही नहीं।

उनका उस दिन जन्मदिन भी था और यह एक परंपरागत दक्षिण भारतीय विवाह समारोह था। परिवार ने उनकी अच्छी सेहत और समृद्धि की कामना से मंत्रोच्चार कार्यक्रम आयोजित किया। उन्हें बैठाया गया और उनको घेरे हुए 15 पंडितों ने फूलों और अक्षत की वर्षा करते हुए मंत्रोच्चारण के द्वारा उनके उज्ज्वल भविष्य और दीर्घायु होने की भगवान से प्रार्थना की। उनकी हालत देखते ही बनती थी। वह लाचार दिखाई दे रहे थे। उन्हें देखकर मुझे बहुत आनंद आ रहा था। ऐसे में हर अंतर्मुखी की हालत कुछ इसी तरह की होती है। यह तो हमारे बर्थडे गीत से भी कुछ ज़्यादा था। मैंने मौक़ा देखकर झटपट उनकी तसवीरें ले डालीं। उन्होंने मुझे गुस्से में देखा। हम दोनों की आंखें मिलीं और दोनों ही हँस पड़े। उन्होंने मुझे 'रंगे हाथों' पकड़ लिया था लेकिन मुझे कोई परवाह नहीं थी। मेजबान परिवार के स्नेह का ध्यान रखते हुए वह अपने स्वभाव के अनुरूप रस्म के लिए तैयार तो हो गए मगर सहज नहीं दिखाई पड़ रहे थे।

तभी मंत्रोचार संपन्न हो गया और अब हमारा भी जाने का वक़्त हो गया था। उन्हें वापस गोल्फ़ कार्ट में बैठाकर ले जाया गया और मैं उसी तरह से दोबारा दौड़ता-भागता उनके पीछे पहुंचा। प्रवेश द्वार पर बड़ी संख्या में फ़ोटोग्राफ़र और विवाह समारोह के अतिथि उनकी तसवीरें लेने में लगे हुए थे। उनकी हर एक्शन की तसवीरें खींची जा रही थीं। कार में बैठते हुए और ऐसा लग रहा था जैसे सांस लेते हुए भी वे उनकी तसवीर खींचने को बेताब थे। श्री टाटा कार में बैठ गए थे। लेकिन चारों ओर लोगों के घेरे होने के कारण मैं फंस गया था और कार के गेट तक ही नहीं पहुंच पा रहा था। मेरे ना होने के कारण कार आगे नहीं बढ़ रही थी। कोई भी यह नहीं सोच रहा था कि वह एक बच्चे का इंतज़ार कर रहे हैं और सभी ऐसा मान रहे थे कि मैं कोई विवाह समारोह में आया हुआ अतिथि हूं। आख़िरकार एक शख़्स ने कार में बैठने में मेरी मदद की। वहां मौजूद फ़ोटोग्राफ़र के चेहरे पर मैं हैरानी का भाव साफ़ देख पा रहा था : 'ओह, आप इस बच्चे का इंतज़ार कर रहे थे?'

हम एयरपोर्ट के लिए रवाना हो चुके थे। श्री टाटा ने गुस्से से मुझे देखा : 'कुछ भी आपने जो रिकॉर्ड किया है अगर कहीं भी किसी को भी दिखाया तो आपकी ख़ैर नहीं।'

और मैंने उनकी इस हालत के जितने मज़े लिए थे उसकी सज़ा भी मैंने भुगती। रास्ते भर मैं मंत्रोच्चार के दौरान उन पर छिड़के गए चावल के दानों को उनके बालों से हटाता रहा। चार सदस्यों के परिवार के एक दिन के भोजन के लिए चावलों की मात्रा पर्याप्त थी। मेरी तरह-तरह की ज़िम्मेदारियों का इस तरह का आनंददायक पक्ष था।

विमान में हमने कुछ बाक़ी कार्य पूरे करने की कोशिश की। लेकिन जब भी मैंने कुछ काम करने के लिए फ़ाइल बाहर निकाली। उन्होंने तुरंत मुझे झिड़क दिया। 'यह सब वापस रखिए या फिर अगली बार आप मेरे साथ यात्रा नहीं कर पाएंगे।' काम पूरा करने के मेरे जुनून से चिढ़ते हुए वह मुझे भविष्य के लिए महत्त्वपूर्ण संकेत भी दे रहे थे, जो उन्हें कुछ स्पष्ट तरीक़े से बताने पड़े क्योंकि मेरी बुद्धि थोड़ी मोटी है।

'शांतऽनु, कई बार होगा जब हम यह सब काम कर सकते हैं, लेकिन कई बार हो सकता है कि काम करने की स्थिति नहीं हो। जब हम नहीं

कर सकते हैं तो उसको लेकर बहुत अधिक परेशान होने की ज़रूरत नहीं है। ठीक है ना।'

मेरे लिए इसका पालन करना कठिन था, लेकिन आज मैं इसकी कोशिश करना सीख गया हूं। जब भी वह मुझे अपने साथ कहीं भी ले जाते हैं। मैं महसूस करता हूं कि मुझे हर पल काम करना चाहिए। 'काम' की मेरी परिभाषा थोड़ी कुछ कठोर क़िस्म की है। वास्तव में काम में बातचीत भी शामिल है। उनकी कुछ ना करना भी उनके लिए एक काम है या अपने किस्से-कहानियों को सुनना और उनके बारे में बात करना या हम विमान से बाहर जो कुछ देख रहे हैं उसके बारे में बातचीत करना। यदि मैं सही समय पर उनको यह सब करने दूंगा तो वह दूसरे किसी समय में 'कार्य' करने की छूट ज़रूर देंगे।

अब हम अक्सर इस तरह की यात्राओं पर जाने लगे थे। दिल्ली, बेंगलूरु, हैदराबाद, कोलकाता। मैं तभी जाता था, जब मुझसे कहा जाता था और मैं कुछ बीच में अपना योगदान दे सकता था। स्वाभाविक रूप से जब उनके पास यात्रा के दौरान कार्य करने के लिए समय होता था। यूं ही यात्रा करने के मक़सद से तो कदापि नहीं। और मेरी चुटकी लेना तो जैसे उनका सबसे प्रिय शगल हो गया था। मेरी टांग खिंचाई में उनको लगता है कि सबसे ज़्यादा आनंद आता था। और वास्तव में कहूं तो मुझे भी इसमें बहुत आनंद मिलता था, क्योंकि इससे उनके चेहरे पर मुस्कान आती थी।

फिर एक विदेश यात्रा का कार्यक्रम तय हुआ। उनको तीन सप्ताह के लिए जाना था और उनके पीछे जो यहां काम का अंबार लगने वाला था, वह बहुत बड़ी समस्या था। मैंने उनकी टेबल पर नोट छोड़ दिया। मैंने पूछा कि क्या इस यात्रा पर मुझे साथ चलना होगा। उनका जवाब आया - 'हां, ज़रूर।' मैं नहीं जानता था कि आने वाली इस यात्रा में मुझे संयम की कितनी कड़ी परीक्षा से गुज़रना है।

मैं बेहद रोमांचित था। मैंने दो शर्ट ख़रीदीं। मेरे पास इकलौते दो सूट थे, मैंने आयरन कर तैयार कर लिए। एक शानदार सूटकेस जो उनके साथ चलने के लिए उपयुक्त हो और तैयारी पूरी कर मैंने यात्रा के बाक़ी दिनों को गिनना आरंभ कर दिया।

यह यात्रा थी इथाका-सैन फ़्रांसिस्को-लॉस एंजेलिस और पेरिस।

क्या? हम कॉर्नेल जा रहे हैं! श्री टाटा के 1959 बैच के रीयूनियन के लिए हम कॉर्नेल जाने वाले थे। अफ़सोस यह था कि हम केवल एक दिन वहां रहने वाले थे। मैं बेहद हैरान था। मैंने सपने में भी नहीं सोचा था कि इतनी जल्दी में कॉर्नेल लौटूंगा और वह भी ख़ास दोस्त के साथ जिसके साथ मैंने वहां पहले ही कुछ समय बिताया था।

यात्रा में फ़ाइलें बहुत अधिक हो रही थीं। उनके साथ बहुत सारे निर्देश भी थे। विमान में सीट कवर और सभी कुछ इतना सफ़ेद था कि मुझे लग रहा था कि मेरे बैठने से ही मैला नहीं हो जाए। उन्होंने विमान के चालक दल से कुछ चर्चा की और मैंने अपना छोटा-सा ऑफ़िस वहां पर बनाया। उन्होंने मुझे चिढ़ाया और फिर हमने कुछ कामकाज भी निपटाया लेकिन बहुत देर तक नहीं और जल्दी ही सो गए। मैं थका हुआ था और मुझे जल्दी ही नींद आ गई। तभी कोई पास से गुज़रा जिससे मेरी नींद खुली तो मैंने देखा वह और कोई नहीं श्री टाटा ही थे। उन्होंने मेरे बालों को थोड़ा बेतरतीब किया जो कि इशारा था कि अब हम कुछ काम कर सकते हैं।

खिड़की से अलग-अलग दृश्य हमारे सामने से गुज़र रहे थे। कभी विशालकाय गगनचुंबी पर्वत नज़र आते थे तो कभी बर्फ़ से ढंके पहाड़ तो कभी दूर तक फैली मरु भूमि तो कभी हरे-भरे पर्वत। आज मैं जहां हूं और जिनके साथ हूं इसको लेकर मेरे मन में ईश्वर के प्रति कृतज्ञता का भाव धीरे-धीरे और मज़बूत हो रहा था। हरे-भरे पर्वत और इमारतें क़रीब आईं। यह इथाका पहुंचने का संकेत था।

गर्मियों का ख़ूबसूरत-सा दिन था। स्वच्छ गहरा नीला आकाश, हल्की धूप, पेड़ों की खुशबू और वादियों के बीच बसे इथाका कस्बे का सुकून से भरा दिन। टाटा को लेने कार्यक्रम के मेजबान वहां पहुंचे हुए थे। कार में वह उनसे बातचीत करते रहे और मैं शहर को देखने में मगन हो गया। मैं उन गलियों, हरे भरे पेड़ों को देखकर बेहद खुश था। मैं उल्लास से भरकर चीख़ना चाहता था लेकिन ऐसा नहीं कर पा रहा था क्योंकि मुझे मेरी नौकरी बहुत प्यारी थी। मेरी यादें ताज़ा हो गईं।

दिन का कार्यक्रम काफ़ी गहमागहमी और व्यस्तता से भरा था। श्री टाटा कॉर्नेल के ट्रस्टी बोर्ड के सदस्यों में हैं। इसका मतलब था कि अगले दो घंटों में हमें एक के बाद एक कई बैठकों में शामिल होना था। रात में

हमारा रीयूनियन का डिनर रखा गया था। सबसे अहम बैठक कॉर्नेल के पशु चिकित्सा संस्थान के साथ थी, जिसमें मुंबई में प्रस्तावित अस्पताल के बारे में बातचीत होने वाली थी। मुझे कॉर्नेल के दिनों को याद करने, अपने प्रोफ़ेसरों से मिलने और तैयार होने के लिए केवल दो घंटे का समय मिलने वाला था। जैसे-तैसे मैंने यह सब निपटाया।

उस समय शाम के छह बजे हुए थे। सूर्यास्त के कुछ पहले की सुनहरी किरणों से पूरा परिसर दमक रहा था। सबकुछ एक स्वप्न की तरह महसूस हो रहा था। रह-रहकर मैं अपने अतीत में पहुंच जाता था। वृक्षों की अंतहीन कतारों के बीच ना जाने मैंने कितने दिन गुजारे थे। सूरज के ढलने तक विंटर के साथ कितनी शामें बीती थीं। शानदार किलों की तरह बनी इमारतों को पार कर हम क्लैर्मन हॉल पर पहुंच चुके थे। साठ से 90 वर्ष की आयु के बुज़ुर्गों का ख़ासा जमावड़ा था। 1959 बैच के ये बुजुर्ग अपनी युवावस्था के शानदार दिनों के साथियों से मिलने को बेताब हो रहे थे। उनके चमकते चेहरों से खुशी टपक रही थी। मुझे लगा उन्हें उनके पुराने दोस्तों के साथ अकेला छोड़ देना ठीक होगा।

'अब यहां पर मेरा रुकना ठीक रहेगा? अगर आप कहें तो...?'

'नहीं, आप मेरे साथ ही रहिए। मैं यहां किसी को पहचान नहीं पा रहा हूं।'

हम एक जगह बैठ कर इंतज़ार करने लगे। एक-एक करके उनके दोस्तों ने उन्हें पहचान लिया और वे मिलने पहुंचने लगे।

'श्री टाटा, क्या आपने मुझे पहचाना?'

'रतन, मैं कब से आपसे मिलना चाह रहा था।'

'आप तो पूरी दुनिया में मशहूर हैं। हमारे बैच के सबसे होनहार छात्र। आपका नाम पूरी दुनिया में है...'

'हम सबको बड़ा गर्व महसूस होता है...'

'रतन, मैं आपके बारे में पढ़ता रहता हूं...'

'रतन, यह मेरी पत्नी है।'

एक-एक करके उनके दोस्त मिलने आते गए। गले मिलने और बातचीत के सिलसिले शुरू हो गए। वह घुल-मिल गए। पुराने दिनों की यादें

ताज़ा करने के बाद वह वापस आए और मेरे बगल में बैठ गए। फ़ोटोग्राफ़र तसवीरें ले रहे थे और हम दोनों की इसी तरह से बैठे हुए एक तसवीर ली गई। एक बहुत ही प्यारी-सी तसवीर जिसमें 1959 और 2018 के दो छात्र कॉर्नेल की सीढ़ियों पर बैठे हुए थे। वह हम दोनों के साथ गुजारे हुए बहुत ही अद्भुत पल थे। कोई भी बुरे विचार उस समय दूर तक नहीं थे। दुनिया की सभी तरह की चिंता से बेपरवाह होकर हम एक संस्थान के दो छात्र समय बिता रहे थे। इथाका की गर्मियों का सूर्यास्त और उस शाम को भरपूर जी लेना चाह रहे थे।

और उसके बाद सभी पूर्व छात्र एक फ्रेम में आने के लिए साथ आ गए। वह हमेशा की तरह संकोच करते हुए सबसे आख़िर में कोने में जाकर खड़े हुए जहां से उन्हें देखना सबसे कठिन था। अब डिनर का वक़्त हो चला था। हम लोग डिनर के लिए हॉल में पहुंचे। मैंने उनके लिए दरवाज़ा खोला, तभी अचानक उनके पीछे कई और लोग आते चले गए। कुछ के हाथों में छड़ी थी, कोई व्हीलचेयर पर था, कुछ को आने में वक़्त लग रहा था और मुझे अच्छा लग रहा था कि मैं अपने संस्थान के उन बुज़ुर्ग छात्रों की मदद कर पा रहा था। उन बुज़ुर्गों के चेहरे पर मेरे लिए धन्यवाद का भाव था। सबके भीतर आने तक मैं वहीं दरवाज़े को खोले खड़ा रहा।

प्रवेश करने से पहले हर कोई ठहर कर मेरी ओर देख रहा था और उनके मन में मेरे लिए एक सवाल था।

'क्या आप उनके बेटे हैं?'

'क्या आप उनके रिश्तेदार हैं?'

'क्या आप आयोजक टीम का हिस्सा हैं?'

'आप कौन-से बैच से हैं?'

'आप कब से दरवाज़े को पकड़े खड़े हैं?'

वास्तव में यह पीढ़ी अपने तौर-तरीक़ों में करुणा से भरी प्रतीत हो रही थी। उनके पास तमाम किस्से और कहानियां थीं। आख़िर में जब मैं भीतर पहुंचा तब तक हॉल खचाखच भर चुका था। हमने एक खंबे के पीछे का स्थान बैठने के लिए चुना, जहां हम लोगों की नज़रों में आए बिना शांति के साथ बैठ सकते थे।

'क्या आप लोगों के साथ नहीं बैठेंगे?'

'मैं वास्तव में किसी को जानता नहीं हूं। इसके अलावा मैं आपको भी अकेला नहीं छोड़ना चाहता हूं।'

तभी एक बुज़ुर्ग महिला हमारे पास आईं। जब मैं दरवाज़े खोल कर खड़ा हुआ था तब वह प्यारी-सी मुस्कान से मुझे देखती हुई गुज़री थीं। भीतर भी वह अपने साथ बैठी महिलाओं और उनके पतियों के साथ हमारी ओर देखकर कानों में कुछ कह रही थीं।

'श्री टाटा...रतन, हम चाहते हैं कि आप अपने दोस्त के साथ हमारे साथ बैठें।'

काफ़ी ना-नुकर और आग्रह के बाद वह मान गए और हम उनके साथ शामिल हो गए। सभी ख़ुश नज़र आ रहे थे और संगीत की धुन के बीच अपने-अपने किस्से साझा कर रहे थे। जल्दी ही श्री टाटा भी अपने आस-पास के साथियों के साथ बातचीत में मशगूल हो गए। मैं भी उनमें घुल-मिल गया। मैंने हमारी दोस्ती का पूरा किस्सा साझा किया जिसे सुनकर वह हैरान रह गए।

वहां मौजूद दंपत्ति अपनी सुनहरे दिनों के किस्से साझा करते रहे। वे पहली बार कैसे मिले थे। डिनर की तैयारी हो चुकी थी। मैं वहां इकलौते युवा

के रूप में सभी की मदद को तत्पर था। उन बुज़ुर्गों की सेवा में मुझे भी ख़ुशी मिल रही थी। किसी के लिए कुछ टेबल से लाना होता था तो किसी की छड़ी नहीं होती थी किसी के लिए दूसरी कोई भी ज़रूरत का सामान। अगर मैं किसी की ज़रूरत को देखकर समझ नहीं पाता था तो श्री टाटा मुझे अपनी आंखों से इशारा कर देते थे। यह ठीक वैसा ही था जैसा कि भारतीय अभिभावक अक्सर बहुत स्वाभाविक रूप से अपने बच्चों को कोई भी ग़लत चीज़ करते हुए देखकर रोकने के लिए करते हैं या कोई ख़ास निर्देश देने के लिए करते हैं। और उस रात ऐसा कई बार हुआ और मैं उनके इशारों पर इधर-उधर दौड़ता भागता रहा। कैसे पूरी रात बीत गई, हमें कुछ पता ही नहीं चला।

हमने अपने-अपने कोट पहने और फिर पहुंच गए कॉलेज एवेन्यू में, भरे पेट और भरे दिल के साथ। यह ख़ूबसूरत रात थी। यह ऐसी जगह थी जिससे मेरी बहुत सारी स्मृतियां जुड़ी हुई थीं, उनकी भी ढेरों यादें थीं। हमने एक साथ कई नई स्मृतियां जोड़ीं भी। तब ऐसा महसूस हुआ हमारा आपसी टकराव सही मुमकिन रास्ते पर चल रहा है।

'उन्होंने आपको बेहद पसंद किया। मैं सोचता हूं आप बेहद आत्मीय और सीधे-सादे हैं। आपने अच्छा काम किया, शांतऽनु।'

'श्री टाटा, आपको धन्यवाद। मुझे तो आपका शुक्रिया अदा करना चाहिए, आप मुझे अपने साथ यहां लेकर आए। मुझे सच में बहुत अच्छा लगा।'

'मुझे भी बहुत मज़ा आया, दोस्त। शुक्रिया, आप मेरे साथ आए।'

मैंने कमरे में पहुंचकर एक बार फिर से वह तसवीर देखी जिसमें हम दोनों साथ बैठे हुए थे। उन लोगों के बारे में सोचने लगा जिनसे मिला था और सबसे ज्यादा श्री टाटा के बारे में जिन्हें आज मुस्कराने के ढेरों मौक़े मिले। इथाका ने वास्तव में मेरे जीवन को कितना कुछ दिया है। उसने मेरा जीवन बदल दिया। उसने मुझे विंटर दिया, कई सबक़ दिए। उद्यम के संबंध में आज मैं जो कुछ भी जानता हूं वह कॉर्नेल की ही देन है। इसने मुझे अनेक किस्से दिए और अब यहां से मैं कई सारी यादें और लेकर जा रहा हूं, जो पूंजी मेरे जीवन में अंत तक मेरे साथ रहने वाली थी।

15

पेरिस का रोमांच

इथाका में थोड़े समय ठहरने के बाद हम सैन फ़्रांसिस्को पहुंच गए जो कि उतार-चढ़ाव भरे मार्गों का शहर है। पहले दिन तो व्यर्थ की भागम-भाग से मानो मैं बेदम हो गया था। लेकिन जब मैं ऊंचाई पर पहुंचा तो गोल्डन गेट को कोहरे के बीच धीरे-धीरे उभरता देख सका। काश! वह नजारा देखने के लिए मैं कुछ देर और थम सकता। लेकिन सैन फ़्रांसिस्को के बारे में यह अच्छी बात थी जो मुझे याद है।

जैसे-जैसे यात्रा में प्रगति हो रही थी, हम कामकाज में कुछ अधिक व्यस्त होते जा रहे थे। श्री टाटा भी कुछ कठोर हो गए थे। अब कामकाजी माहौल में इथाका के पल पीछे छूट गए थे। जब भी मौक़ा मिलता हम अपने कार्य को पूरे करने में जुट जाते - होटल में या विमान में और कार में यात्रा करते हुए। लेकिन मैं शायद पूरी तरह से अपनी भूमिका नहीं निभा पा रहा था। वह लगातार मेरी ग़लतियों की ओर इशारा कर रहे थे और उनका रुख़ सख़्त हो गया था। लेकिन मेरे लिए भी ज़रूरी था कि मैं अपने आपको याद दिलाता रहूं कि मैं उनके लिए सहायक के तौर पर काम कर रहा था ना कि किसी दोस्त के लिए। मैं उनकी फटकार के लिए तैयार था और बेहतर करने की कोशिश कर रहा था।

अगले दिन मेरी बाईं आंख में अचानक परेशानी-सी महसूस हो रही थी। मुझे कुछ धुंधला दिखाई दे रहा था। मेरी एक आंख ही काम कर रही थी। मैं अपने कमरे में ही था। अभी तक तो मैं 50 प्रतिशत क्षमता के साथ काम चला रहा था लेकिन अब कुछ काम करना था और ऐसे काम नहीं चल सकता था। मेरी ओर से चूक हो रही थी। और यह पहली बार था जब मैं

काम के इस कठोर पक्ष को देख रहा था। दफ़्तर में केवल काम के घंटे के समय का ही साथ होता है और उसके बाद अगले दिन के शुरू होने तक आपको राहत मिल जाती है। लेकिन यात्रा के दौरान सुबह के नाश्ते से लेकर रात के भोजन तक केवल काम ही काम होता है। इसका मतलब यही है कि सब कुछ अच्छा ही अच्छा नहीं हो सकता और कई बार आपसे ग़लतियां हो सकती हैं। मैं शिकायत नहीं कर रहा हूं। बल्कि मैं बारीक़ियों को समझ और सीख रहा था जो कि किसी भी कार्य को संपूर्णता के साथ करने के लिए ज़रूरी हैं। यह सीमा पर तैनात सैनिक की तरह था और लापरवाही से आपको गोली लग सकती थी।

'आप मेरे सामने साइन के लिए काग़ज़ लाए हैं, लेकिन इसका मतलब क्या है?'

'यह देखिए यहां पर आपने फिर तारीख़ों में गड़बड़ की है।'

'आप जानते हैं या आपको ऐसा लगता है कि आप जानते हैं?'

वह बीच में समय निकालकर अपनी शर्ट, कुत्तों के लिए बॉल जैसे खिलौने और अन्य ख़रीदारी भी कर रहे थे। पेट स्टोर में मैं विंटर के लिए कुछ देख रहा था। एक आंख के साथ मैं किसी तरह राह बनाता हुआ सॉफ़्ट टॉय देख रहा था। मैंने शेल्फ़ से एक खिलौना उठा लिया जो शायद मुझे लगा आख़िरी बचा हुआ था। श्री टाटा के सख़्त तेवरों की चिंता और अपनी आधी दृष्टि के साथ मैं उसे लेकर बिल काउंटर पर कतार में उनके पीछे जा खड़ा हुआ। लेकिन बड़ी गड़बड़ हो गई। काउंटर पर महिला के इस सवाल से मैं शर्मिंदा हो गया :

'सर, क्या आप इसकी ड्रेस लेना चाहते हैं?'

'क्या मतलब, कौन-सी सामग्री?'

'जी, यह कुत्ता केवल प्रदर्शन के लिए है। उसकी ड्रेस बिक्री के लिए है।'

मुझे काटो तो ख़ून नहीं। तो क्या मैं पूरे स्टोर में इसे लेकर घूम रहा था। अपनी आधी दृष्टि के साथ। जल्दी भाग कर मैंने उसे वापस जगह पर रखा। मुझे ब्रेक की सख़्त ज़रूरत थी। मैं पहली बार इस तरह के माहौल में काम कर रहा था। इस दबाव में सामान्य तौर पर सहजता से होने वाले कामों में भी ग़लतियां होने लगती हैं।

लॉस एंजेलिस में हमारा एक दिन का कार्यक्रम था और विमान में यात्रा के दौरान हमने काम किया। उन्हें वहां केवल एक महत्त्वपूर्ण मीटिंग में शामिल होना था। मुझे कुछ घंटों का समय मिला था। मैंने इस समय का फ़ायदा उठाया और ऐसी कई जगहों को देखने चला गया जहां मैं पहले सुकृत के साथ गया था। यह उस समय की बात है, जब मैं हॉलीवुड में सहायक कैमरामैन के रूप में इंटर्नशिप कर रहा था (यह किस्सा कभी और।) हम दोनों के पास क़रीब 50 डॉलर रहे होंगे। लेकिन हमने बसें बदल-बदल कर सैर की। पांच डॉलर का टैको खाया और बिना अल्कोहल वाली बीयर लेकर समुद्र तट पर बैठकर नीले प्रशांत महासागर को बड़ी देर तक निहारते रहे। चंद घंटे के समय में मैंने रोडियो ड्राइव, सेंटा मोनिका पियर और बर्बेंक मार्ग की सैर पूरी कर ली। श्री टाटा जब तक मीटिंग से फुरसत हो गए। लेकिन जैसे एक घूंट में शराब पीना ठीक नहीं है, वैसे ही पुरानी यादों के लिए भागम-भाग करना ठीक नहीं।

हम लॉस एंजेलिस से बोस्टन पहुंच गए। मेरी आंख की समस्या ठीक हो गई थी। लेकिन उनके भीतर की गर्मजोशी, स्नेह और अधिक कम हो गया था। कम से कम मुझे ऐसा प्रतीत हो रहा था। मेरी चिंता बढ़ गई थी। मैं हैरान इस बात को लेकर था कि उनका पूरा गुस्सा मेरे लिए था। दूसरे लोगों के प्रति उनका मृदु व्यवहार उसी तरह से जारी था। हमारी बोस्टन की यात्रा पूरी हो गई थी। तभी अचानक हमारे कार्यक्रम में बदलाव हो गया। पहले हम सीधे पेरिस एयर शो के लिए जाने वाले थे लेकिन श्री टाटा को दो दिन के लिए लंदन में कुछ काम आ गया। मेरे पास ब्रिटेन का वीजा नहीं था। तय हुआ कि मैं सीधे पेरिस जाऊंगा और वहां उनका इंतज़ार करूंगा। वह पेरिस में मुझसे मिलेंगे।

इस बदले हुए कार्यक्रम ने मुझे कुछ राहत प्रदान की। मैं उनकी सख़्ती को लेकर कुछ भीतर ही भीतर परेशान हो रहा था। समझने की कोशिश कर रहा था कि आख़िर यह निजी है या पेशागत। और इस तमाम सोच से निश्चित ही मेरे कामकाज पर असर हो रहा था। मुझे राहत की बहुत ज़रूरत थी। कार्यक्रम में बदलाव हुआ था लेकिन मैं अकेले होटल में रुक कर यात्रा का ख़र्च और बढ़ाने का इच्छुक नहीं था। मैंने वहां रह रहे अपने दोस्त की बहन रचित से संपर्क किया और उसे पेरिस के कार्यक्रम के बारे में बताया। उसने ख़ुशी-ख़ुशी मुझे अपने घर आने के लिए आमंत्रित कर लिया। मैं सामान्य रूप से कुछ अस्त-व्यस्त हूं और पेरिस के रोमांच ने मुझे

और भटका दिया। पेरिस इमिग्रेशन काउंटर पर मेरे काग़ज़ इधर-उधर हो गए जो आख़िर तक नहीं मिले। अंत में थक-हार कर अधिकारियों ने मुझसे विनम्रतापूर्वक जाने को कह दिया। 'ठीक है, सर आप जा सकते हैं।' जब इमिग्रेशन वाले आपको परेशान नहीं करें तो यह सच में आपका गर्मजोशी भरा स्वागत है। मुझे पेरिस पहले से ही पसंद है।

मैं शहर के बाहर इलाक़े में स्थित रचित के घर पर पहुंच गया था। पेरिस में शानदार धूप बिखरी हुई थी। आसमान साफ़ था। मौसम सुहाना हो रहा था। पेरिस वासियों के लिए अनुकूल। रचित घर पर नहीं थी लेकिन वह मेरे लिए पूरी व्यवस्था कर गई थी। स्नैक्स आदि बहुत सारी चीज़ें। लेकिन मुझे खाने में कोई रुचि नहीं थी। पेरिस मेरे पास घूमने के लिए कुछ ही घंटे थे और इसलिए मैं तुरंत ही घर से बाहर निकल गया।

शानदार गेटवे आर्क द ट्राइम्फ़ से मैंने पेरिस भ्रमण की शुरुआत की, जिसके चारों ओर व्यस्त यातायात था। एक ओर मोटरबाइक पर तैनात पुलिस वालों का समूह मौजूद था। सड़कों के किनारे कुछ डांसर लोगों को रिझा थे। चारों ओर सैलानी नज़र आ रहे थे। कुछ मोटरसाइकिल के बेहतरीन मॉडल दिखाई पड़ रहे थे। बीएमडब्ल्यू और बेनेलीज़ जो कि आज कम दिखाई देते हैं। हर कोई शानदार परिधान में दिखाई पड़ रहा था। गले में स्कार्फ़, आधुनिक हील्स, धूप के चश्मे और हाव-भाव से आकांक्षी दिखाई देने वाले। पूरा पेरिस एक फ़ैशन शो है!

शहर में एक करंट है जो हर किसी को प्रभावित करता है। यह मैंने केवल न्यू यॉर्क और मुंबई में ही देखा है। लोग घरों की बाल्कनी पर धूप ले रहे थे। संकरे मार्गों पर छोटी कारों की कतारें लग गई थी। खिड़कियों पर कुछ जोड़े थे। कैफ़े में लोग हँसी-मज़ाक़ कर रहे थे और उद्यानों में भी मौज-मस्ती चल रही थी। वाइन और ख़ुशियों से शहर महक रहा था। पेरिस के बारे में जो भी कहा और लिखा गया है वह वास्तव में सच है। कुछ कविताओं के बारे में मुझे लगता था कि उनमें अतिशयोक्ति थी लेकिन अब हर लाइन सच साबित हो रही थी।

बोस्टन से रवाना होने से पहले श्री टाटा को मैंने बता दिया था कि मैं अपने दोस्त की बहन के घर पर रहूंगा। फिर क्या है। उन्हें चिढ़ाने का एक और बहाना मिल गया।

'लगता है प्यार के नशे में पेरिस की सैर करने वाले हो?'

उसके बाद मेरे जाने तक वह मेरे काल्पनिक प्यार के बारे में चिढ़ाते हुए पुराना मीठा-सा फ़्रेंच गीत गुनगुनाते रहे। धीरे-धीरे यह गीत की शक्ल में सामने आ गया। चलते समय उन्होंने मुझे बिठाया और एक काग़ज़ पर ये शब्द लिखकर दिए :

डार्लिंग, ज़ वू एम बोकू,
ज़ न से पा वॉट टु डू

'इतना ही मुझे कुछ-कुछ याद है। मुझे आशा है कि आप यह गीत खोज निकालेंगे।'

मैंने गीत खोज लिया। नाट किंग कोल का यह रोमांटिक गीत था। पेरिस में मेरे साथ कोई भी नहीं था। लेकिन मैं वहां पूरे समय मैं बैकग्राउंड में यही गीत बजाता रहता। लेकिन मैं वहां किसी के प्यार में खोने के बजाय भीड़ भरे रास्तों से प्यार करने लगा था, जहां चलने की जगह भी नहीं थी। भीड़ आपको कहीं ठेलते हुए पहुंचा देती और जब तक आप उस जगह को पहचानते तब तक आपको किसी और शानदार जगह पर पहुंचा दिया जाता। पूरा शहर ख़ूबसूरती से भरा हुआ था।

आर्क द ट्राइम्फ़ से चलते हुए मैं चैंप्स एलसी तक घूमता रहा। हवाओं में परफ़्यूम की खुशबू थी। कला और विलासिता पेरिस का अभिन्न हिस्सा है। मैंने कुछ पेंटिंग्स लीं और अम्मा के लिए एक रेनकोट लिया। मैं इससे ज़्यादा ख़र्च कर भी नहीं सकता था। हां, मैं कई दुकानों के भीतर जाकर चीज़ें ज़रूर देखता रहा। लोगों की बातचीत सुनता रहा। कुछ कपड़ों को छूकर देखता रहा। मैंने कुछ परफ़्यूम भी आजमाए और महंगी टाई को ना ख़रीदने के बहाने बनाता रहा। मेरा ख़रीदी करने का कोई इरादा भी नहीं था।

सीन नदी के किनारे-किनारे टहलते हुए आख़िर रचित मिलने पहुंच गई। उसके बाद पेरिस में नए रोमांच की शुरुआत हुई। मैं उसके साथ कैफ़े गया और हमने वाइन पी। नए दोस्त बनाए और कुछ पेरिस के छोटे-छोटे अपार्टमेंट देखे। जिस किसी से भी मेरी मुलाक़ात हुई, वह शहर की ज़िंदगी में व्यस्त था। न्यू यॉर्क की तरह हर कोई अपने संघर्ष में लीन। उनके घर इतने छोटे थे कि दो क़दम चलते थे और वहीं ख़त्म हो जाते थे।

देर रात तक हम पेरिस की सड़कों को नापते रहे। बिना मक़सद भटकते रहे। कई बार सोचा कि अब घर चलते हैं लेकिन अंत तक सड़कें ही हमारा ठिकाना बनी रहीं। कई बार एफ़िल टावर को देखा। नज़दीक से, दूर से। पहली रात तो मैं उसके ऊपरी छोर तक पहुंच गया। हम मध्यरात्रि तक वहां बने रहे जब कुछ मिनट के लिए सफ़ेद झिलमिलाती रोशनियां चालू हो गईं।

दूसरी बार सीन नदी पर बोट से एफ़िल को देखता रहा। जैसे-जैसे यह मेरे पास आई उसकी भव्यता और बढ़ती चली गई। सूर्यास्त के साथ दूर होती गई। दो दिन बहुत ही यादगार रहे। शहर के प्रति मेरा दिल प्यार से भर गया। और फिर जैसा कि अक्सर होता है। मैंने मन ही मन कभी फ़ुरसत के बहुत से दिन लेकर पेरिस आने का अपने से वादा किया जो हम सभी करते हैं और मेरे आस-पास के अन्य लोगों ने भी किया होगा।

मैंने खुद से और श्री टाटा से एक और वादा किया था। पेरिस में जे.आर. डी. टाटा की क़ब्र पर जाने का। रचित भी मेरे साथ आने को तैयार थी। हम पेर लैके सिमेट्री में पहुंचे जहां उन्हें दफ़नाया गया था। ख़ूबसूरत बगीचे के बीच एक के बाद एक कई कतारें पार कर 45 मिनट की तलाश के बाद हम अंत में जे.आर.डी. की क़ब्र तक पहुंचे।

'डिवीज़न 89 की पहली कतार में बाएं से पहले नंबर की क़ब्र।'

वहां पर तीन कब्रें थीं जिन पर पारसी में 'हुमाता, हुक्स्ता, हुवर्षता' (अच्छे विचार, अच्छे बोल, अच्छे कार्य) लिखा हुआ था। रचित ने मुझे कुछ मिनट के लिए अकेला छोड़ दिया।

मैं नहीं जानता था मुझे क्या कहना चाहिए। मैं कुछ देर मौन वहां खड़ा रहा।

'आपका दोस्त इस समय मुझे बहुत परेशान कर रहा है लेकिन आप जानते हैं मुझे उनकी बहुत फ़िक्र रहती है। मैं एक दोस्त के रूप में हमेशा उनका साथ देने के लिए तैयार रहूंगा। मैं चाहता हूं और मैं जानता हूं जब आप यहां थे तब आप भी इसी तरह से हमेशा उनके साथ थे। काश! मैंने आप दोनों को साथ में देखा होता। वह आज भी आपको याद करते हैं। यह मेरे लिए एक वरदान ही है कि मैं उनसे मिल सका और उनके साथ रहने का मुझे समय मिला है। मेरी यही इच्छा है कि आप हमेशा यूं ही उन पर अपनी दृष्टि बनाए रखें। जैसे वह मेरा ध्यान रखते हैं, मैं भी कोशिश करूंगा कि उनका ध्यान रख सकूं।'

यह ज़रूर बहुत भावनात्मक है। लेकिन जो भी जेह और श्री टाटा के संबंधों के बारे में थोड़ा भी जानता है उसके लिए ख़ूबसूरत सिमेट्री में क़ब्र के सामने खड़े रहना पूजा और संवेदना से भरा हुआ पल होता है। मैंने साथ लाए फूल उनको अर्पित किए और एक गहरी सांस लेकर रचित के साथ बाहर आ गया।

श्री टाटा दोपहर में आने वाले थे और उससे पहले ही मैं होटल पहुंच गया था जिससे पूरे दिन के कार्यक्रमों का खाका तैयार कर सकूं। कुछ बाक़ी काम पर नज़र डालना था। पेरिस एयर शो के कार्यक्रम की रूपरेखा को समझना था। यहां उन्हें क़रीब दर्जनभर मीटिंग में शामिल होना था। मैं उनकी वापसी का इंतज़ार कर रहा था। दिमाग़ में बस यही था कि अब हम यात्रा के पिछले कड़वे अनुभव को भूल कर नए सिरे से शुरुआत कर सकें। आख़िर उनकी कार भीतर आई और मैं उन्हें लेने के लिए दरवाज़े की ओर लपका।

'हाय, श्री टाटा।' मैंने तरोताज़ा और ऊर्जा से भरपूर आवाज़ से उनका अभिवादन किया। लंबी यात्रा से थका-मांदा व्यक्ति आपकी इस ऊर्जा से चिढ़ भी सकता है। दुर्भाग्य से जवाब में उतनी गर्मजोशी नहीं थी। लेकिन मैं अब कुछ तैयार हो चुका था। बहुत सारे काम बाक़ी थे। हम लोग काम पूरे करने में सीधे जुट गए।

पेरिस एयर शो में हमारे अगले दो दिन ख़ासकर मेरे लिए तरह-तरह की सीख और सबक़ देने वाले थे। मेरे मात्र दो सूट में से एक जो अब मुझे जान से भी ज़्यादा बचा कर रखना था उसमें ही मैंने विमानन क्षेत्र के कई दिग्गजों के साथ बैठकों में भाग लिया। बोइंग, लॉकहीड मार्टिन, एयर बस, गल्फ़स्ट्रीम दसॉ। एक के बाद एक लगातार मीटिंग। मैं कुछ बेतुके ढंग से उनके पीछे कोने में खड़ा हुआ लगातार नोट्स ले रहा था। शायद ही कोई मेरी ओर गौर कर रहा था। कई बार बैठक एक घंटे या और भी लंबी चलती और मैं खुद ही अपने से सवाल करने लग जाता था। मैं यहां खड़ा हूं, क्या यह ठीक है। लेकिन इसके अलावा कोई चारा नहीं था, अगर मुझे बैठकों में मौजूद रहना था तो उसका यही एक तरीक़ा था। परिज़ाद ने मुझे पूरी दृढ़ता के साथ निर्देशित किया था, 'वह जहां भी रहें आप उनके साथ रहिए और हर चीज़ के बारे में नोट बनाते रहिए। जब भी वह वापस आएंगे तो उनको उसकी ज़रूरत होगी और वह आप से चर्चा करेंगे। इसके लिए ही आप उनके साथ जा रहे हैं!'

बैठकों के बीच श्री टाटा बाहर आकर एयर शो में उड़ान भर रहे विमानों को देखकर बेहद रोमांचित हो जाते थे। कुछ पायलटों ने लड़ाकू जेट उड़ाए तो उनके चेहरे की चमक देखते ही बनती थी। मैं कोशिश करता कि उन्हें डेक पर ऐसे स्थान पर ले जा सकूं जहां से वह बहुत बेहतर तरीक़े से देख पाएं। वह मुझे बारीकियों का ब्यौरा देते, समझाते। तब मुझे ऐसा अहसास होता था जैसे मेरा बचपन लौट आया हो। मुझे याद है मेरे पिता बचपन में इसी तरह मुझे बताते और समझाते थे। विमानों की उड़ान के इन्हीं क्षणों को अपनी निगाहों में क़ैद करने के लिए शायद वह एयर शो की प्रतीक्षा किया करते थे। बेंगलूरु में भी हम जिस एयर शो में को देखने गए थे, वहां भी कुछ इसी तरह हुआ था। हम हवा में रोमांचक मशीनों को उड़ते देखने के लिए एक से दूसरी जगह तलाशते रहे थे, जहां से हम बहुत साफ़ और बेहतर तरीक़े से देख सकें। केवल भारत में ही ऐसा होता है जहां मुझे दोहरी भूमिका निभानी पड़ती है और उनके आसपास भीड़ को संभालने के लिए बॉडीगार्ड की भूमिका में आना होता है। पेरिस में ऐसा बहुत ज़्यादा कुछ नहीं था।

हर दिन की समाप्ति पर कार से वापस आते हुए मेरे ऊपर सवालों की बौछार हुआ करती थी।

'आप फलां-फलां विमान की तुलना में उस विमान के बारे में क्या सोचते हैं?

'उड़ते हुए विमान के पीछे जो क्लाउड टेल्स होती हैं उन्हें क्या कहते हैं?'

क्लाउड टेल्स की ओर इशारा करते हुए उन्होंने मुझसे सवाल किया, 'क्या आप बता सकते हैं कि किस दिशा में यह विमान उड़ रहा है?'

मुझे स्कूल की मौखिक परीक्षा के दिन याद आ रहे थे। लगभग हर बार मैंने किसी तरह से कोशिश करके सही जवाब दिया। लेकिन जल्दी सही जवाब देने का दबाव बढ़ता जा रहा था। मुझे बलि का बकरा बनाने के बाद वह मुझसे पूछ रहे थे कि परीक्षा में मज़ा आ रहा है कि नहीं। मैंने रोती हुई-सी सूरत में जवाब दिया।

'मैं चाहता हूं जल्दी कार की यात्रा पूरी हो जाए।'

हमारी विदेश यात्रा समापन की ओर थी। हम यात्रा की अंतिम रात डिनर पर चर्चा कर रहे थे। आने वाले दिनों के कार्यक्रम पर बात करते हुए उन्होंने एक ख़ास कार्यक्रम की तारीख़ के बारे में मुझसे पूछा। मुझे उसके बारे में जानकारी नहीं थी। परिज़ाद ने मुझे कह दिया था कि वह रात देर तक जागेंगी। यदि कुछ भी ज़रूरत हो तो उन्हें कॉल कर सकते हैं। उस समय रात के 11 बज रहे थे। मुझे लगा उन्हें सूचना की तत्काल ज़रूरत है और मैंने परिज़ाद को फ़ोन किया और तारीख़ पूछकर उन्हें जानकारी दे दी। लेकिन मैंने जो कुछ भी किया था, उसे जानकर वह नाराज़ हो गए।

'शांतऽनु आपने इस समय उनको क्यों कॉल किया? आधी रात का वक़्त हो रहा है। कभी भी आपसे इस तरह की उम्मीद नहीं की जाती कि आप रात 9.30 के बाद कॉल करके किसी को काम के लिए परेशान करें। आपको ऐसा नहीं करना चाहिए था।'

मैंने उन्हें यह समझाने की भरपूर कोशिश की कि हम दोनों के बीच इस बारे में पहले ही बात हो गई थी। लेकिन मैं नाकाम रहा और उस आख़िरी रात में जैसे बांध टूट गया। यात्रा की इस आख़िरी रात मैंने उनका सबसे कठोर रूप देखा था। यहां आकर मैं टूट गया। मैंने वॉशरूम जाने की इजाज़त ली और वहां से चला गया। मुझे खुद पर संदेह होने लगा था। यात्रा के दौरान जो कुछ मैंने सब्र और संयम और अपने आप में बदलाव लाने की कोशिश की थी। उन पर पानी फिर गया। मेरे भीतर से सवाल उठने लगे क्या मैं उनके साथ काम करने के लायक़ हूं? मैंने आईने में खुद को देखा और याद किया कि मैं पहले उनका एक सहायक हूं और उसके बाद ही वह मेरे दोस्त हैं। और यह यात्रा एक सहायक के तौर पर है। मैं बाहर आया और फिर ख़ामोशी से हमने डिनर समाप्त किया।

'आप सही कह रहे हैं, मुझे माफ़ कर दीजिए। आगे से मैं याद रखूंगा कि देर रात 9.30 के बाद मैं किसी को भी कॉल करके परेशान नहीं करूं।' उसके बाद मैंने हमेशा ऐसे इस वचन का पालन किया है।

कहीं न कहीं ऐसी बातें मेरे लिए सबक़ बन रही थीं। मेरे दिमाग़ के किसी कोने में हमेशा मुझे जाग्रत करती रहीं। यह पहले दिन से मेरे लिए सीखने की एक निरंतर प्रक्रिया बन गई जिसकी मुझे आवश्यकता थी। आकार देने का काम नरम हाथों से नहीं हो होता, उसके लिए कड़ी चोट करने की

ज़रूरत होती है। टकराव, आलोचना और असहज वार्तालाप से ही यह संभव होता है। इस यात्रा ने मेरे सामने यह स्पष्ट कर दिया कि उनके साथ मुझे आगे करियर में किस तरह की चुनौतियों का सामना करना है। क्या आवश्यकता होगी। मुझे अपने भीतर क्या बदलाव करने होंगे, अपने आपको कितना सशक्त बनाना होगा। इन सबका किस तरह से सीखने और आगे बढ़ने के लिए इस्तेमाल कर सकता हूं।

डिनर समाप्त करके चुपचाप हम अपने अपने कमरों में लौट आए। यात्रा समाप्त हो चुकी थी और अब घर वापसी का वक़्त था।

अगले दिन विमानतल जाते समय कार में ख़ामोशी थी। उन्होंने चुप्पी तोड़ी। 'आपने वह गीत सुना जो मैंने आपको दिया था?'

'जी, सुना। पूरी यात्रा के दौरान मैं उसे सुनता रहा।'

'अच्छा, मैं आपको एक और भी दे सकता हूं।'

शहर को पार कर हम विमानतल पहुंच गए और रास्ते भर मुझे अपनी पसंद के गीत भेजते रहे। एक के बाद एक। मैं एक गीत पूरा नहीं सुन पाता था और वह एक और भेज देते। 'यह लो एक और।'

वापसी में हमने ज़्यादा कुछ काम नहीं किया। पूरी यात्रा के दौरान हमने काफ़ी काम किया था। मैंने भी गौर किया कि उन्हें कुछ समय अकेला छोड़ने की ज़रूरत है। हमने फ़्लाइट के बारे में, कुछ छोटी-मोटी घटनाओं और यात्रा की कुछ मज़ेदार बातों को याद किया। इस सबके बीच में काम के लिए कहना कुछ उपयुक्त नहीं लगा।

हम मुंबई पहुंच गए थे। पूरी तरह से थकान से चूर। कम से कम अपने बारे में तो मैं यह बात कह सकता हूं। वह साल में कम से कम पांच बार इस तरह की लंबी यात्राओं पर जाते रहे थे और उसके बाद ठीक अगली सुबह दफ़्तर में नज़र आते। लेकिन मुझे तो इस समय केवल बिस्तर ही सूझ

रहा था। दो दिन के बाद उन्होंने मुझे डिनर पर बुलाया। मुझ पर उनकी यात्रा की शख़्सियत इतनी हावी हो चुकी थी कि मैं उनके मौलिक स्वभाव को भूल गया था। हम डिनर तैयार होने तक गपशप करते रहे।

'माफ़ करना। मैंने आप पर कुछ ज़्यादा ही सख़्ती दिखाई। मुझे उम्मीद है कि आप उसे सही तरीक़े से लेंगे। आप मेरी इस टांग खिंचाई का बुरा नहीं मानेंगे। मैं केवल आपसे संबंधों के कारण बोलता हूं और आपसे भी यही अपेक्षा करता हूं कि आप इसी तरीक़े से मेरे साथ व्यवहार करें। आपके लिए प्रशिक्षण की तरह है। मैं आपको एक तरह से कार्य के लिए तैयार कर रहा हूं।'

उन्होंने यह नहीं कहा कि वह मुझे किस चीज़ के लिए तैयार कर रहे हैं। जीवन के लिए? अपने साथ कार्य करने के लिए? दुनिया के लिए? मैं सोचता हूं कि इन सभी के लिए। इथाका के बाद पहली बार मेरे मन से तनाव का बोझ हट सका था। तभी सही समय पर कहें या ग़लत समय पर मुझे अचानक दीप्ति की बात याद आई।

'जिस दिन वह आप पर नाराज़ होंगे और उसे ज़ाहिर करेंगे। आप यह समझ लेना, आपको इस दफ़्तर में सच्चे मन से स्वीकार कर लिया गया है।'

यात्रा के दौरान यह मुझे याद नहीं रहा। वरना शायद मैं इस तरह से इतना तनाव महसूस नहीं करता। डिनर के बाद अब मैं पूरी तरह से तृप्त हो गया था। मैं पैदल घर वापस आ गया। सुखद अहसास मेरे भीतर तरंगित हो रहा था। मेरे दोस्त और मेरे बॉस दोनों वहीं पर हैं। मेरे साथ हैं। मेरे सिर पर उनका साया बना हुआ है। मुझे मालूम था कि यह सीखने की लंबी, कठिन यात्रा की शुरुआत है। यह जानते हुए कि संदेह और कठिनाइयां मेरे और उनके भीतर के विश्वास की परीक्षा लेंगे।

यह जानते हुए कि अब मुझे चेयरमैन के दफ़्तर में स्वीकार कर लिया गया है।

16

लिली

मैं जानता था टाटा मोटर्स नैनो कार का उत्पादन बंद करने की तैयारी कर रही थी। अम्मा को मैंने नैनो कार दिलाने का वादा किया था। लेकिन बहुत दिन बीत चुके थे।

नइना हमारी पुरानी कार के बदले दूसरी टाटा कार ले रहे थे। हम शोरूम में नई कार की डिलीवरी ले रहे थे तभी मैंने बाहर एक सफ़ेद नैनो कार खड़ी हुई देखी।

'क्या अब भी टाटा नैनो कार बना रहे हैं?'

'जी नहीं, सर अब उन्होंने इसका उत्पादन बंद कर दिया है।'

'यह नैनो कहां से आई है।'

'यह आख़िरी है और दो अभी फ़ैक्ट्री में और हैं।'

हम अपनी नई कार लेकर घर आ गए। यह कार नैनो नहीं थी लेकिन परिवार के लिए अब भी एक बड़ा सौदा थी।

आप ऐसा सोचते होंगे कि मां आपको नहीं समझ पाती। क्योंकि आप पूरी दुनिया घूम चुके हैं और वयस्क हो चुके हैं, स्वतंत्र रहते हैं, लेकिन

इससे बड़ा झूठ कुछ भी नहीं है। आप कितने भी, कुछ भी हो जाएं। लेकिन मां आपको सबसे बेहतर तरीक़े से समझ जाती है। आपके हाव-भाव को पढ़ लेती है। मेरे साथ भी ऐसा ही हुआ। मेरे चेहरे के असहजता के भावों को मां ने तुरंत ताड़ लिया।

'तुम नैनो लेना चाहते हो ना? तो तुमको ले लेनी चाहिए।'

मुंबई लौटते हुए मुझे याद आया नैनो जब बाज़ार में आई थी, तब मैं हाई स्कूल में पढ़ रहा था। मेरे साथ पढ़ने वाले बच्चे बेहद बदमाश थे। सभी जानते थे कि मेरे पिता टाटा समूह के साथ काम करते हैं। मुझे स्कूल में नैनो के नाम से सताया गया। ये कोई मज़ेदार बच्चों की शरारतें नहीं थीं। बल्कि अपमान करना था।

जब मैं कॉर्नेल गया, तो वहां नैनो एक केस स्टडी थी। और वास्तव में ज़्यादातर बिज़नेस स्कूलों में नैनो पर केस स्टडी को शामिल किया गया। लेकिन 'बाज़ार में नाकाम' प्रयोग की तरह। नैनो की नांकामी के बारे में जब भी बात होती है तो हर कोई अपने को बहुत बड़ा ज्ञानी समझने लगता है, क्योंकि इसे आम आदमी की कार कहा गया था। देश का बहुत अधिक आकांक्षी, अपनी हैसियत के प्रति बहुत सजग आम आदमी कभी ऐसी चीज़ नहीं चाहता जो उसके लिए अच्छी है। वह चाहता है ऐसी चीज़ जो उसकी हैसियत से कहीं अधिक ऊपर होती है, वह उसे चाहता है जिस तक वह पहुंच नहीं सकता। बारिश में एक बाइक पर सवार चार लोग - नैनो का जन्म यही दृश्य देखकर हुआ था। मैंने उस शख़्स की कोमलता को देखा है जो संवेदनाओं से भरपूर है वह चाहता था कि इस वर्ग के लोग जो रोज़ाना अपना जीवन जोखिम में डालते हैं सुरक्षित, सकुशल रहें। लेकिन समाज ने संवेदना से भरे विचार को खारिज कर दिया।

समाज के इस वर्ग को लगा कि वे इससे कहीं बेहतर हैं। उनको ऐसा लगा कि आम आदमी का लेबल एक अपमान है। नैनो की मार्केटिंग की नाकामी को जितना भी दोष दे दीजिए लेकिन मेरी पीड़ा यह है कि इसकी कोई चर्चा नहीं करता कि लोगों ने नैनो को मार डाला।

जिनकी सुरक्षा की चिंता में नैनो के विचार ने जन्म लिया, उन्हीं लोगों ने उससे मुंह फेर लिया। उसे अपमानित किया। उसकी उपेक्षा कर दी।

हम भारतीयों में यह ख़ूबी कूट-कूट कर भरी हुई है। मुझे नहीं पता कि यह किसकी देन है। इस समय मैं भारतीयों के मनोविज्ञान का विश्लेषण भी नहीं करूंगा। लेकिन देश में जब भी कुछ अच्छा किया या बनाया जाता है तो पहली प्रतिक्रिया उसके दोष गिनाने और उसके इर्द-गिर्द एक कथानक तैयार करने की होती है। और इसमें सबसे प्रिय होता है - बताएं यह क्यों नाकाम हो गया। कभी भी समर्थन या प्रोत्साहन नहीं दिया जाता। उस प्रयास का कभी सम्मान नहीं होता। लेकिन सबसे महत्त्वपूर्ण यह तमाम बातें पूरी तरह से सही जानकारी के आधार पर नहीं होती। बल्कि इनका आधार होता है यहां-वहां से सुनी कपोल कथाएं। मैंने मोटोपॉज़ के समय इसका सामना किया था। मैं जितने उद्यमियों को जानता हूं, उन सब को इससे गुज़रना पड़ा है। मैं कल्पना भी नहीं कर सकता कि नैनो के अनुभव से श्री टाटा पर क्या बीती होगी। लोगों का समर्थन हासिल करने का मौक़ा इसलिए छीन लिया गया, क्योंकि उसे आम आदमी की कार कहा गया। केवल इस वजह से उसे उन परिवारों तक कभी पहुंचने का मौक़ा नहीं मिला जहां तक उसे पहुंचना था। उस कार में ऐसी कुछ भी ख़राबी या दोष नहीं था। ऐसे में उसे एक मौक़ा मिलना था और उसके बाद फ़ैसला होता तो कहीं ज़्यादा उचित होता। लेकिन इसका मौक़ा ही नहीं दिया गया और इसका कारण एक वर्ग से जुड़ा होना। लेकिन यह केवल 'प्रोडक्ट' ही नहीं था। इसका असली मक़सद ग्रामीण

और कस्बाई परिवारों की सुरक्षा था। अक्सर दोपहिया वाहनों पर एक साथ कई लोग सवार होकर निकलते हैं। उनकी सुरक्षा था। खोखली बातों से इस प्रयास पर पानी फेर दिया गया। वास्तव में कार नहीं, भारतीय ख़रीदारों की आकांक्षी सोच को कुचला गया।

यही तो समस्या थी, नहीं क्या? इसे उनके एक ड्रीम प्रोजेक्ट के रूप में देखा गया। उनका प्रिय प्रोजेक्ट ना कि लोगों का। कोई भी सामूहिक भलाई के लिए उठे क़दम को स्वीकार करना नहीं चाहता था। नैनो के बाज़ार में आने से पहले ही लोग ख़त्म करने को तैयार खड़े हुए थे। उस वाहन के उद्देश्य के पीछे कोई चमत्कार और कोई कारनामा नहीं था। केवल एक उपहास था।

मुझे याद है कि मार्केटिंग की क्लास में मैंने अपने तर्क के बचाव के लिए अपनी पूरी ताक़त लगा दी थी। केवल मैं ही इसके पक्ष में खड़ा हुआ था। दूसरे भारतीय छात्र भी 'मार्केटिंग की चूक' के अलावा कुछ और कहना नहीं चाहते थे।

श्री टाटा के साथ यात्रा के दौरान मैंने उनसे अंततः पूछ ही लिया :

'मैं अपने लिए नैनो कार लेना चाह रहा था। मेरे साथ अब विंटर भी रहता है और मुझे उसे सैर पर ले जाने में सुविधा होगी। इसके अलावा अब बारिश का मौसम भी आ रहा है। आप क्या सोचते हैं?'

ख़ुशी से उनकी आंखें चमक उठीं। यक़ीनन मुझे लगता है कि यह वही चमक थी जो उस समय भी आई होगी जब उन्हें नैनो बनाने का ख़याल आया होगा।

'यह तो बड़ा अच्छा होगा, आपको ज़रूर लेनी चाहिए।'

उन्होंने मुझसे मॉडल, रंग के बारे में चर्चा की। जब ये तमाम सवाल पूछ रहे थे और उसके बारे में बात कर रहे थे तब मैंने यह जाना कि *वास्तव में* क्यों मैं नैनो लेना चाहता था।

मैं उनके इस मानवीय पहलू को देखना चाहता था। उसे समझना चाहता था। पूरी दुनिया भले ही नैनो के ख़िलाफ़ हो, मैं उनकी इस संवेदनशीलता को अपने दिल में संजोकर रखना चाहता हूं और उनको यह बताना चाहता हूं कि मुझे उन पर पूरा भरोसा है। मेरा हमेशा से विश्वास था कि वह सही हैं और दुनिया उनकी संवेदनशीलता को समझ पाने में नाकाम

हुई है। लेकिन यह सब कहने की बजाय मैंने वास्तव में करने का निर्णय लिया। मैं नैनो को घर लेकर आ गया।

मैंने पुणे में शोरूम पर फ़ोन किया। अब प्लांट पर दो नैनो भी बाक़ी नहीं बची थीं। केवल एक नैनो रह गई थी। मैंने उसे बुक करने के लिए कहा। रंग, मॉडल या मेरी कोई ख़ास पसंद नहीं थी। एकमात्र गाड़ी शोरूम में थी। मोती की तरह सफ़ेद, नैनो एक्सटीए ऑटोमैटिक। नैनो को लाना यादगार दिन था। घर पर लेकर आने के बाद फूल-माला अर्पित कर और नारियल फोड़कर पूजा की गई। हमने जब से उसे देखा था, उसे दिल दे बैठे थे। बहुत प्यारी सी नन्ही-मुन्नी प्यारी-सी नैनो हमारे दिल पर छा गई थी। कार के भीतर की जगह किसी भी तरह से कम नहीं थी। इसकी छत कुछ अन्य कारों के मुक़ाबले ऊंची थी और ड्राइवर के अलावा 4 यात्रियों के लिए उसमें बहुत जगह थी। मैं जानता था मेरा फ़ैसला बिलकुल सही है। नैनो कार चलाने में बहुत आरामदायक थी। इसकी खिड़कियों और सामने कांच से बाहर का पूरा दृश्य आपके सामने स्पष्ट दिखाई देता है। छोटी, संकरी सड़कों और गलियों के बीच से इसको ड्राइव करना बेहद सुविधाजनक है। अगर आपको लगता है कि प्रचार कर रहा हूं तो ऐसा इसलिए नहीं हो सकता क्योंकि अब अब टाटा मोटर्स इसे बनाना बंद कर चुकी है। नैनो कार को देखना हमेशा मुझे बेहद ख़ुशी देता रहा है और अब यह मेरे घर में ही मौजूद थी। एक प्यारी-सी शहर की कार जिसे बहुत आसानी से मैं चला सकता था। नइना ने कार के चारों ओर घूम कर उसे देखा और अम्मा ने टीका लगाया। नैनो हमारे परिवार की पुश्तैनी कार होने वाली थी। बड़ी कारों से भी बढ़कर जो पहले हमारे परिवार में थीं या जो आगे हमारे पास होंगी।

कार का नंबर हमें मिल गया था, एमएच-12-आरटी-**** नइना और अम्मा को बहुत मज़ा आया। 'वाह आरटी नंबर - भी तुमने अच्छा चुना।

एमएच-12 रतन टाटा****' मैंने उन्हें समझाने की कोशिश की कि यह सब संयोग ही है। लेकिन मैं खुद भी बहुत ख़ुश था। काफ़ी चर्चा के बाद हमने कार को नाम दिया है 'लिली' - सफ़ेद तरोताज़ा और आनंद से भरपूर।

अब मैं लिली को मुंबई लेकर आ गया था। सीधे उसे लेकर मैं श्री टाटा के पास पहुंचा। उन्होंने भी ठीक वैसा ही किया जैसे मेरे नइना और अम्मा कर रहे थे। लेकिन उनका प्यार कुछ ज़्यादा था। उन्होंने कार के हर कोने को देखा। दो-तीन बार गेट खोले और बंद किए। भीतर बैठकर खिड़की से झांक कर देखा। उनके चेहरे पर एक संतोष का भाव था।

'बहुत प्यारी छोटी-सी कार है।'

'जी, मुझे भी इसे चलाने में बहुत मज़ा आ रहा है।'

'बिलकुल मेरे दोस्त! यह बहुत ही ख़ुशी देने वाला है।'

अगले कुछ दिन बहुत मज़ेदार थे। मैंने मुंबई देखा था लेकिन इस तरह से नहीं और हां विंटर के साथ भी नहीं। अब विंटर और मैं लिली पर सवार होकर मरीन ड्राइव की सैर करते। कभी बांद्रा में नए दोस्त बनाते। इधर-उधर घूमने जाते। विंटर अपना बड़ा-सा सिर खिड़की से बाहर निकालकर झांकता रहता। उसे भी नैनो बहुत पसंद आई थी। लिली के आने के बाद से विंटर के जीवन में भी बहुत रोमांच आ गया था। आप मानें या नहीं मानें। नैनो

नाकाम हुई हो या ना हुई हो लेकिन इसे अब भी लोग मुड़-मुड़ कर देखते हैं। जब भी हमारी लिली ट्रैफ़िक लाइट पर रुकती लोग उसे देखते हैं। ख़ासकर जब हम लंबे चौड़े एसयूवी को कतार में पीछे छोड़कर आगे निकल जाते हैं तो लोगों का ध्यान इसकी ओर ज़रूर जाता है। अगर आप नैनो में हैं तो आपके लिए ट्रैफ़िक बहुत आसान हो जाता है। कई बार एक नैनो के सामने दूसरी नैनो आ जाती। दोनों के मालिक एक-दूसरे को हाथ हिलाकर उत्साह बढ़ाते। जब भी नैनो से मैं निकलता तो हर दिन कोई न कोई मिलता और उसका सवाल होता था क्या और नैनो उपलब्ध हैं? कभी गैस स्टेशन पर या कोई मेरा सहयोगी या कोई राहगीर या कोई पुराना नैनो का मालिक। अफ़सोस सवाल का जवाब कड़वा था। मीडिया में 2019 में और ख़बरें छप रही थीं :

'2019 में केवल एक नैनो बिकी। कोई मांग नहीं।'

यह बेतुका था। मैंने 2019 में नैनो ख़रीदी थी और केवल मैंने ही नैनो नहीं ख़रीदी थी। आपको याद है शोरूम में रखी हुई नैनो। वह भी बिक गई थी। वास्तव में जब मैं नैनो की डिलीवरी ले रहा था, तब दो और लोग नैनो ख़रीदने के लिए पहुंचे थे। यह ख़बर पूरी तरह से ग़लत थी।

मैंने नैनो के वितरक से संपर्क किया और यूं ही बातों-बातों में जानना चाहा कि कितनी नैनो वह बेच चुके थे और 2019 में कितने लोगों ने उनसे नैनो के बारे में पूछताछ की थी। उनका जवाब - एक या बिलकुल नहीं, ऐसा कुछ भी नहीं था। वह जुलाई तक 10 नैनो बेच चुके थे और 122 लोगों ने उनसे नैनो के बारे में जानना चाहा था। यह पुणे के एक छोटे-से शोरूम की बात है। अगर पूरे देश का देखेंगे तो सैकड़ों शोरूम है। फिर इस तरह की निरर्थक ख़बरें क्यों?

नैनो की बिक्री के आंकड़े बहुत अधिक नहीं थे। नैनो ने कोई बहुत अच्छा नहीं किया था लेकिन अफ़सोस उसकी विदाई के साथ दुष्प्रचार का है। यह झूठ क्यों? झूठ का क्या मतलब है? यह जानकर बहुत पीड़ा होती है कि केवल नैनो को ख़त्म कर देना ही काफ़ी नहीं था बल्कि इसके विरोधियों ने उसे सम्मानजनक ढंग से विदा भी नहीं होने दिया। उसे एक सम्मानजनक विदाई भी नहीं दी गई। इतिहास से भी इसका नाम मिटा देने की कोशिशें की गईं। रतन टाटा की एक बहुत ही संवेदनशील विरासत को पूरी तरह से मिटा देने की यह कैसी ज़िद थी। मैं उसे लेकर कुछ भी नहीं कर सकता था और ना ही वह कुछ कर सके। आज चेयरमैन पद से सेवानिवृत्ति के बाद यह उन्हें जितना तकलीफ़ देता होगा, उतनी ही उनके दिल में नैनो के लिए उम्मीद की एक किरण बनी रहती थी। उन्होंने उसके लिए कुछ भी नहीं किया क्योंकि वह चेयरमैन नहीं थे, ना ही समूह का हिस्सा थे। अब वह इसी तरह से काम करना चाहते थे। कितनी ही पीड़ा होने के बाद भी नैतिक मूल्यों पर क़ायम रहने की यह उनकी ज़िद है।

ऐसी ग़लत ख़बरें आज भी सामने आती हैं और अपमानजनक विदाई जारी रहती है, मेरा विश्वास और दृढ़ होता जाता है। आज भी मैं नैनो के पक्ष में मज़बूती से खड़ा हूं। जिसने भी नैनो ख़रीदी होगी और जो भी उसके मालिक होंगे वह समझते होंगे। यह भी कारण है जो मुझे पुणे में शोरूम में बताया गया था, नए मॉडल की तलाश में आने वाले लोगों में से आधे लोग पहले से ही नैनो चलाने वाले होते थे। वे चाहते थे, वे उसका नया मॉडल लेने के इच्छुक थे। मगर अफ़सोस अब इसका उत्पादन बंद हो गया है।

मैंने श्री टाटा से वादा किया था कि हम लोग एक दिन नैनो में सैर करने चलेंगे। और आख़िरकार जनवरी 2020 में वह दिन आ गया। एक दिन

पहले मैंने कार की सफ़ाई की। उसे पूरी तरह से धोकर, पॉलिश, वैक्सिंग कर नया रंग रूप दिया। ऑयल चेक किया। कार में सुनने के लिए उनके पसंदीदा गीतों की प्ले लिस्ट बनाई।

सर्दियों की सुबह कार की वह सैर यादगार बन गई। लिली में गूंज रहे गीतों के साथ वह सीटी बजा रहे थे। हम लोग पुराने किस्से साझा कर रहे थे। इस मुंबई भ्रमण के दौरान उनकी आंखों में चमक को देखकर मुझे बहुत खुशी मिल रही थी। मेरे साथ कार में जो शख़्स बैठा हुआ था, यह वही था जिसने इस कार की डिज़ाइन के लिए अपना सब कुछ दांव पर लगाया था। और वह ख़ुश थे। हम उस वक़्त कुछ भी और नहीं सोच पा रहे थे। हम नैनो की ड्राइव और शानदार गीतों का आनंद उठा रहे थे। अंतिम कुछ नैनो में से एक पर सवार होकर। उनका एक अद्भुत सपना जो कहीं खो जाने वाला था। शायद यही नैनो के लिए उपयुक्त विदाई थी और सम्मानजनक स्वीकृति।

लिली और मेरा साथ जारी है। अगर आप सड़कों पर कभी नैनो देखें तो अपने हृदय के कोने में छुपी करुणा को ज़रूर यह याद दिलाएं कि यह भी संवेदना का प्रतीक है। ना केवल एक उपभोक्ता के बल्कि पूरे समाज की चिंता को लेकर इसकी कल्पना की गई थी। विश्वास कीजिए जब भी आप कहेंगे तो मैं इसे प्रमाणित कर सकता हूं। तब तक के लिए कम से कम दो ऐसे लोग हैं जो हमेशा यह उम्मीद करेंगे कि अचानक नैनो की क़िस्मत जाग जाए या उसे सम्मान से अलविदा किया जाए। निश्चित ही वह इसकी हक़दार है।

17

अनमोल सहयोगी

किसी के जीवन पर स्थाई और अमिट छाप छोड़ने वाले लोगों से मुलाक़ात ऐसे ही नहीं हो जाती। कई घटनाएं, क़िस्मत और संयोग जुड़ते हैं, तब जाकर हम उनसे मिलते हैं। अक्सर किसी अच्छे शख़्स की खोज में वर्षों तक बहुत सारे ग़लत लोगों की भीड़ के बीच से हमें गुज़रना होता है। मेरे जीवन में श्री टाटा का आना इसी तरह का उदाहरण है। मैं यह नहीं जानता था कि वह अकेले मेरे जीवन में नहीं आ रहे हैं; बल्कि वह अपने साथ अच्छे लोगों की पूरी की पूरी टीम लेकर आ रहे हैं। चेयरमैन दफ़्तर की तीन महिलाएं परिज़ाद, दीप्ति और डेनेसी।

दफ़्तर में शुरुआती दिनों यानी कि कुछ हफ़्ते में बहुत शांत, संकोची और कुछ अति विनम्र हुआ करता था। उन्हें 'मैम' कह कर बुलाता था। आज वे तीनों अक्सर दुआ मांगा करती हैं कि मैं वापस पहले की तरह हो जाऊं। शांत, शर्मीला। लेकिन गुज़रा हुआ जमाना भला लौटता है क्या। अब उनका सामना होता है एक खुराफ़ाती मगर प्यारे से इंसान से। ये तीनों दफ़्तर की सबसे पुरानी सहयोगियों में से हैं जिन्होंने श्री टाटा के साथ कई वर्ष बिताए हैं। मैं उनको पूरा सम्मान देता हूं। वे दफ़्तर में ही लंच लिया करती थीं। मैं इजाज़त लेकर बाहर वकीलों की चहल-पहल के बीच गलियों में बने होटल-रेस्तरां में जाकर लंच लेता था। लौटते समय अक्सर मैं उनके लिए कुछ ले लेता था। वे भी अपने टिफ़िन से मुझे कुछ अपनी स्पेशल डिश शेयर करती थीं।

परिज़ाद और दीप्ति ने पहले ही दिन से मुझे इस दफ़्तर के अनुरूप अपने आप को ढालने में मदद की। उनका कहना साफ़ था। संक्षेप में उनका कहना था कि यदि आपकी नीयत और आपका दिल साफ़ है और आप

सच्चे हैं तो ग़लतियां माफ़ कर दी जाएंगी। लेकिन खुलापन, दस्तावेज़ों को संभालना, दफ़्तर के आंतरिक कामकाज के संरक्षण और बुनियादी मूल्यों के मामले में किसी भी तरह की छूट की इजाज़त नहीं थी।

परिज़ाद ने कई बार इस नसीहत को दोहराया : 'आप अब श्री टाटा के दफ़्तर का प्रतिनिधित्व करते हैं। अब आपको हमेशा उसी नज़रिए से देखा जाएगा। आप जो कुछ भी करेंगे, किसी भी चीज़ की आप मांग करेंगे, उसे श्री रतन टाटा के दफ़्तर की ओर से माना जाएगा। कभी भी इस दफ़्तर से मिले अधिकार का दुरुपयोग नहीं करें। केवल इस दफ़्तर के कारण कभी भी किसी से कुछ लेने का आग्रह नहीं करें। आपकी ज़िम्मेदारी अब सिर्फ़ टाटा के प्रति है। केवल और केवल वही मायने रखता है।'

परिज़ाद आख़िरकार दफ़्तर की गॉड मदर थीं। वहां जो कुछ भी होता था, उस पर उनकी पैनी निगाह रहती थी। मुलाक़ात का समय देना, तरह-तरह के अनुरोध, मेल की वही समीक्षा करती थीं। उनसे श्री टाटा के मूल्यों और नैतिकता की अभिव्यक्ति होती थी। उन्होंने एक अघोषित गरिमा का वातावरण निर्मित किया था। मैंने भी इसके प्रति अपनी तरफ़ से अपनी वचनबद्धता व्यक्त की थी। दफ़्तर में आने वाले किसी भी शख़्स को उनसे विशेष व्यवहार प्राप्त नहीं होता था या गरिमा का पालन करने से छूट प्राप्त नहीं थी। भले ही कोई कितना भी बड़ा शख़्स हो। और यही कारण था कि बहुत ज़्यादा लोग उन्हें पसंद करते थे और कुछ नापसंद भी करते थे। लेकिन हर कोई उनका सम्मान करता था।

इसके अलावा वहां दीप्ति थीं। दीप्ति के साथ मैं कुछ खुला हुआ था यानी कि मेरी शैतानियों और टांग खिंचाई का उन्हें ही सामना करना पड़ता

था। मेरे मिज़ाज और मेरी सनक के प्रति वह अधिक समझ रखती थीं और उन्हें माफ़ भी कर देती थीं। मुझे अपनी तरह से समझाइश भी देती थीं कि मेरी कौन-सी बात सही हो सकती है या ग़लत। वह मेरी मदद को हमेशा तत्पर रहा करती थीं। मेरी ग़लतियों पर पर्दा डालने से लेकर मेरे पैर में जख़्म होने पर ड्रेसिंग करने सहित उन्होंने मेरे लिए बहुत कुछ किया। श्री टाटा को कोई पुराना रिकॉर्ड चाहिए हो, किसी को कॉल करना हो या कोई भी सूचना, यह ज़िम्मेदारी दीप्ति की थी। दीप्ति प्रक्रिया संबंधी बातों में 'माहिर' थीं।

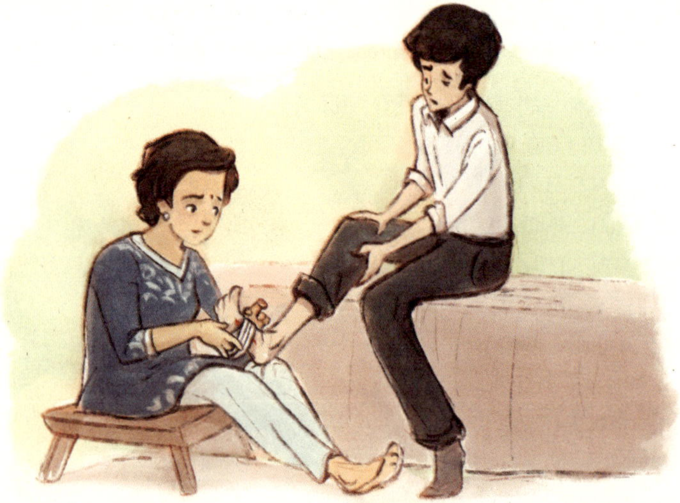

इसके अलावा फ्रंट डेस्क पर डेनेसी। दफ़्तर में सबसे पहले उनसे ही सामना होता था। हर कोई उनसे खुश था। हमेशा विनम्र, मृदुभाषी और लगभग मेरी ही आयु की। डेनेसी रक्षाबंधन पर दोस्त से बहन बन जातीं। मैं जानता था कि वह मुश्किल में हमेशा मेरे साथ होंगी और उन्होंने ऐसा किया भी। उन्होंने एक महत्त्वपूर्ण भूमिका मेरी कहानी में पहले ही निभा दी थी, जब मैंने मोटोपॉज़ के संबंध में श्री टाटा को पहला पत्र लिखा था। उस समय यहां काम कर रहे व्यक्ति द्वारा जिस तरीक़े से प्रस्तावों को नामंजूर किया जाता था, मेरे पत्र का भी वही अंजाम तय था। लेकिन डेनेसी ने ऐसा नहीं होने दिया। उन्होंने इस पत्र को दीप्ति को और परिज़ाद को दिखाया। तीनों

ने मिलकर श्री टाटा के लौटने पर उनके सामने इसे रखा। उनके कारण यह संभव हुआ और आज मैं यहां तक पहुंचा हूं। कोई कह सकता है कि उन्होंने इस कहानी में केवल अपनी भूमिका निभाई लेकिन मैं हमेशा के लिए उनका ऋणी हूं।

पहले कुछ हफ़्तों तक अपने तक ही सीमित रहने, औपचारिक व्यवहार में बंधे रहने के बाद अब हम लोग खुल चुके हैं। हमारी शरारतों और चुहलबाज़ियों ने हमें एक-दूसरे के नज़दीक कर दिया है। और यह सब कुछ बहुत तेज़ी से हुआ। वास्तव में इतनी तेज़ी से हुआ कि कई बार मुझे डर लगता है कि मैं उन्हें उतनी ही जल्दी कहीं खो ना दूं। लेकिन ऐसा नहीं हुआ। और मेरी आशंकाएं बेबुनियाद साबित हुईं। एक दिन जब मैं लंच के बाद लौटा तो मैंने अपनी टेबल पर एक चिट्ठी देखी। दरअसल यह एक आमंत्रण था।

इसमें उन्होंने मुझे अपने साथ 'रॉयल टेबल पर दोपहर के भोजन' के लिए आमंत्रित किया था। रॉयल टेबल दफ़्तर के कोने में एक छोटी-सी टेबल थी। यहां से बाहर हॉर्निमन सर्किल का नजारा दिखाई देता था। यहां बैठकर हमने लंच के साथ अपने सुख-दुख के किस्से साझा किए हैं। बहुत हँसी-ठिठोली की है और ठहाके लगाए हैं। यह अब भी जारी है।

गौरवपूर्ण तीन की टेबल

प्रिय शांतनु,

हम आपको यह बताना चाहते हैं कि 1 अक्टूबर 2018 को ईजीएम में यह प्रस्ताव स्वीकार किया है :

काफ़ी विचार-विमर्श और चर्चा के बाद हमने यह निर्णय लिया है कि श्री शांतनु नायडू को गौरवपूर्ण तीन की टेबल पर लंच में शामिल करने की तत्काल प्रभाव से इजाज़त दी जाती है जिससे शाकाहारी और मांसाहारी दोनों साथ में भोजन कर सकते हैं।

यदि आप यह स्वीकार करते हैं तो कृपया दोपहर ठीक 1.00 बजे टेबल पर रिपोर्ट करें जहां चार लोगों के लिए पर्याप्त भोजन होगा।

1 अक्टूबर, 2018

चेयरमैन कार्यालय की मेरी सहयोगी महिलाएं,

इस प्रतिष्ठापूर्ण आमंत्रण को पाना एक बहुत बड़ा सम्मान है।

मैं जब पांच वर्ष का था, तभी से इस दिन के सपने देखा करता था और आज मैं वास्तव में बहुत अधिक अभिभूत हूं।

मैं टेबल पर उपस्थित होकर उसकी गरिमा को ज़रूर बढ़ाऊंगा और मुझे उम्मीद है कि मेरे शाकाहारी भोजन को भी एक या दो बार ज़रूर आज़माया जाएगा।

मैं इसके साथ ही मिंट चॉकलेट का भी 'ध्यान रखूंगा।'

इस गठजोड़ के कारण मज़ाक़िया हमलों में 17 प्रतिशत की कमी आएगी।

आपका भूखा सहयोगी,

दीप्ति, परिज़ाद और डेनेसी को कार्यस्थल का अच्छा दोस्त मानने की ग़लती आसानी से की जा सकती थी। लेकिन ये संबंध कहीं अधिक गहरे हैं और इन्हें किसी सीमाओं में नहीं बांधा जा सकता। हममें से किसी एक पर भी आंच आने से पहले कोई दूसरा अपने आप को आगे कर देता है। यदि श्री टाटा के किसी कार्य में कोई ग़लती या गड़बड़ी मिलती तो किसी ने भी इसके लिए किसी दूसरे को दोषी नहीं ठहराया। श्री टाटा भी हमारी दोस्ती से बख़ूबी परिचित हो चुके थे। कुछ साल पहले उन्होंने किसी ग़लती के बाद ही हमारी इस दोस्ती की तारीफ़ कुछ अलग अंदाज़ से की।

'यह चौकड़ी पूरी तरह मिली हुई है। ये कभी मुझे पता नहीं लगने देंगे कि यह किसकी चूक है।'

हम में से कोई भी किसी भी तरह की समस्या से परेशान हो। चाहे वह पारिवारिक हो, प्रेम-प्यार का मसला हो या प्रोफ़ेशनल या कोई शारीरिक समस्या हो। उन्होंने हमेशा ही मेरा इस तरह से ही ध्यान रखा है जैसे किसी अपने दोस्त, बेटे या किसी और रिश्तेदार का रखती होंगी। आप सभी अवगत होंगे कि ऐसे कार्यस्थल या कोई ऐसी नौकरी पाना आज के दौर में कितना मुश्किल है, जहां गलाकाट प्रतिस्पर्धा का सामना नहीं करना पड़े। आपको नीचा ना दिखाया जाए। किसी ग़लती में आपको शामिल करने की साजिश ना हो। वास्तव में मेरा सौभाग्य था कि मुझे ऐसे प्यारे सहयोगी मिले हैं जिनके कारण मुझे शनिवार-रविवार की छुट्टी के बाद सोमवार का इंतज़ार रहता था। दफ़्तर में समय पूरा होने के बाद भी जाने का दिल नहीं करता था और हम गपशप करते रहते। तीनों के लिए क्रिसमस पर उनकी ख़ास पसंद का ध्यान रखते हुए तोहफ़े का चुनाव करने के लिए मैं घंटों तक मार्केट में भटकता रहता।

टाटा के साथ जब मैं यात्रा पर होता था, तो वे मेरी मदद के लिए कुछ अधिक ही ध्यान रखती थीं। मैं दूर से उनसे ऐसे जुड़ा रहता था जैसे कोई सैटेलाइट अपने स्पेस स्टेशन जुड़ा होता है। मैं किसी भी तरह की विस्तृत जानकारी, किसी दस्तावेज़ या किसी भी तरह की सूचना के लिए उनसे संपर्क करता था तो वे मुझे सभी काम छोड़कर उसे मुहैया कराने में जुट जाती थीं। कभी भी देर या प्रतीक्षा नहीं करनी होती थी। यह गहरी समझ दफ़्तर को एकजुट बनाकर रखे हुए है। उनके बिना दफ़्तर की व्यवस्था चरमरा जाती है। वे दफ़्तर को संचालित करती हैं और ईमानदारी के साथ उसका संरक्षण करती हैं।

मुझे इस टीम के साथ जुड़ने में अगर कोई शिकायत हो सकती है तो वह यही कि यह सब बहुत देर से शुरू हुआ। हमेशा मुझे एक डर होता है कि उनके साथ मेरा समय बहुत सीमित है। यदि मैं उनके साथ पहले और पहले जुड़ा होता तो हमने और भी बहुत कुछ आपस में साझा किया होता। लेकिन इससे मुझे आज जो कुछ मेरे पास है उसकी क़द्र करने की ही प्रेरणा मिलती है। यह मुझे ऐसी परिस्थितियां निर्मित करने में मदद करता है कि मैं उनके साथ और अधिक समय बिता सकूं। जैसे कि कभी रविवार को साथ में खाने का कार्यक्रम। दफ़्तर के बाद शॉपिंग करना आदि।

हमारे बीच के बंधन में सबसे महत्त्वपूर्ण और संवेदनशील विषय था : वह था भोजन। दफ़्तर में आते ही हमारे बीच सबसे पहली चर्चा यही होती कि आज हम लंच के लिए क्या लाए हैं। उसके बाद हम तय करते थे कि बाहर से क्या कुछ चटपटा या मीठा कुछ ऑर्डर कर सकते हैं। लेकिन जो भी हम ऑर्डर करते वह टेबल पर सभी का होता था। सबके बीच साझा करने के लिए। चाहे मंगलवार को नीर डोसा या भजिया। रोज़ाना दोपहर में एक बजे श्री टाटा अपना सूप लेते थे और हम लंच लेते थे। यदि हम श्री टाटा के साथ होते और एक बजे के बाद भी काम जारी रहता तो हमारे भूखे पेट जवाब दे जाते थे। हम श्री टाटा को उनके लंच की याद दिलाने लग जाते थे। वह हमारा इशारा अच्छे से समझते थे।

'ओह, ताकि आप अपना लंच ले सकें?'

'ज़रूर, आपको भी भूख लग रही होगी।'

'क्या आपका भोजन तैयार है?'

'मैं आपको भूखा रखने वाला कौन होता हूं?'

'आपको अपना लंच ख़त्म करने में कितना समय लगेगा, उससे आधी देर में मैं अपना भोजन कर लूंगा।'

लेकिन मज़ाक़ से हटकर वह हमें रोकते नहीं थे। और ऐसे दिनों में जब बहुत अधिक काम होता था हम जो कुछ भी होता था, वही खा लेते थे। तब भी उस छोटी-सी टेबल में गर्मजोशी की कभी भी कमी नहीं रही।

पारसी, मलयाली दोस्तों को खो देने का विचार ही मुझे दुखी कर देता है। लेकिन जो भी श्री टाटा के क़रीब होता उसे इन तीनों के चरित्र के इम्तिहान में पास होना ज़रूरी होता था। यह मेरे जैसे युवा के लिए एक बड़े सौभाग्य की बात थी कि उन्होंने मुझे तैयार करने की ज़िम्मेदारी अपने सिर पर ली। उन्होंने मुझे उनके जीवन के हर एक पहलू का ध्यान रखने की दृष्टि से तैयार किया। ग़लती करने पर निराश होने से मुझे बचाया। मुझे लगता था कि उनका उद्देश्य मुझे श्री टाटा और उनके दफ़्तर के लिए प्रशिक्षित करना है, लेकिन अब ऐसा प्रतीत होता है कि श्री टाटा की तरह उन्होंने भी आख़िर में मुझे जीवन के लिए ही तैयार किया है।

वास्तव में मैंने पिछले जन्म में ज़रूर बहुत ही पुण्य कमाया था जो मुझे इतनी प्यारी महिलाओं का साथ मिला जो मुझे हर दिन एक बेहतर इंसान

बनने के लिए तैयार करती हैं। मेरा हर विचार इस परीक्षा से गुज़रता है, 'वे तीनों क्या सोचेंगी?' मुझे यक़ीन नहीं होता कि मैं इतना सौभाग्यशाली हूं कि प्यारे से एक परिवार के बाद एक और ऐसा परिवार मेरे जीवन में आया है।

और यदि वे इसे पढ़ रही हों और उनके चेहरे पर हल्की-सी मुस्कान आ जाए तो मैं समझूंगा कि इस कहानी का मेरा मक़सद पूरा हो गया। प्रकाशस्तंभ की सुकोमल मगर मज़बूत रक्षक दीप्ति, परिज़ाद और डेनेसी।

18

सूर्यमुखी

'हमें कुछ दिनों के लिए कहीं चलना चाहिए, जहां हम दिन भर धूप में मज़े करें?'

अक्टूबर महीने से श्री टाटा ने यह बोलना आरंभ किया और दिसंबर मध्य तक बार-बार दोहराते रहे।

'बहुत अच्छा होगा हम यहां से दूर कहीं बाहर जाकर धूप का आनंद लें।'

'हमें चलना चाहिए, बड़ा अच्छा मौसम हो रहा है, शानदार धूप खिली हुई है।'

दो महीनों तक हम अपने दफ़्तर में छुट्टियों में सैर-सपाटे का प्लान बनाते रहे और दिसंबर माह आ गया। मुझे तो यही लग रहा था कि कुछ होने-जाने वाला नहीं है। ख़ाली इसी तरह हम योजनाएं बनाते रहेंगे। लेकिन वह पूरे यक़ीन से कहते थे, बल्कि मज़ाक़ भी करने लगे यदि हमने बहुत अधिक समय साथ में बताया तो शायद लौटने के बाद हम दोनों एक दूसरे की शक्ल देखना भी पसंद नहीं करेंगे।

'केरल में पूल के साथ कॉटेज बने हुए हैं। हमें वहां जाना चाहिए!'

श्री टाटा कभी असमय अवकाश नहीं लेते। केवल एक बार साल के अंत में वह अवकाश पर जाते हैं। ज़्यादातर क्रिसमस के आसपास से लेकर नए साल के आरंभिक कुछ दिनों तक के लिए। लेकिन पिछले दो वर्ष काफ़ी परेशानी भरे रहे थे और वह अपने इस वार्षिक अवकाश पर भी नहीं गए थे। नए साल 2018 की पूर्व संध्या पर तो हम दफ़्तर में ही थे। लेकिन इस बार नहीं।

नैशनल कंपनी लॉ अपीलेट ट्रिब्यूनल (एनसीएलएटी) का 18 दिसंबर को प्रतिकूल फ़ैसला आया जो अप्रत्याशित था। मैं उनकी मानसिकता को समझ रहा था और उनसे कहा भी, हम फिर कभी छुट्टी पर चल सकते हैं। लेकिन वह इस घटनाक्रम के बाद जाने के लिए और अधिक इच्छुक नज़र आ रहे थे। मुझे भी लगा कि अब उन्हें छुट्टी की और अधिक ज़रूरत है।

'मुझे पूल में तैरना है और धूप में तपना है।'

क्रिसमस की पूर्व संध्या पर हम कोवलम रवाना हो गए। ग्रीन कोव रिजॉर्ट के लिए जहां वह क़रीब एक दशक पहले रुके थे। उन्हें याद था कि इसमें पूल से लगे हुए कॉटेज हैं। उन्होंने इसी तरह के कॉटेज के लिए आग्रह किया था। आपको हैरानी होगी श्री टाटा कभी बुकिंग नहीं कराते। कभी किसी चीज़ के लिए ऐसा कुछ नहीं होता कि ज़मीन-आसमान एक कर दिया जाए। कहीं, किसी होटल में जिस किसी भी तारीख़ में बुकिंग उपलब्ध होती है उसे वह स्वीकार करते हैं। नए वर्ष तक रिजॉर्ट में रुकना उनको अच्छा लगता लेकिन दूसरे मेहमानों के कारण उन तारीख़ों में कॉटेज उपलब्ध नहीं थे। उन्होंने इसे स्वीकार किया। हमेशा की तरह अपने पद या अपने क़द के प्रभाव का उन्होंने कोई इस्तेमाल कभी नहीं किया। इस बार भी नहीं। वह एक सामान्य अतिथि के रूप में वहां पर थे।

ग्रीन कोव के मैनेजर ने हमारी ख़ातिरदारी में कोई कमी नहीं होने दी। श्री टाटा, मैं और वितिन। हमारा बस एक ही उद्देश्य था जिसके लिए वह पिछले कुछ महीनों से हमारे कानों में मंत्र फूंक रहे थे :

'खिली हुई धूप का आनंद लेना।'

हम पूरे साल की थकान निकाल देना चाहते थे। या कहें तो नए साल के लिए नई ताक़त भर लेना चाहते थे। हमारे अलसाए दिन की शुरुआत देर से होती थी। अच्छी ख़ासी नींद निकाल कर हम अपने कमरों से बाहर आते। मैं पायजामे में होता था। और जब हम ब्रेकफ़ास्ट के लिए मिलते तो हमारे बीच बातचीत का एक ही विषय होता था : 'तैरने के लिए कौन-सा समय होगा?'

कुछ ही देर बाद हम पूल में होते। वह ख़ूबसूरत नीला पूल था। इसके चारों ओर नारियल के पेड़ झूम रहे थे और उसके पीछे नीला विशाल समुद्र हिलोरें भर रहा था। दूर समुद्र और आकाश एक हो रहे थे। शीत ऋतु

के फूलों के रूप में प्रकृति के रंग पेड़ों पर बिखरे हुए थे। सनस्क्रीन (श्री टाटा के पास पूरा का पूरा गोदाम होता है) में स्नान करने के बाद हम धूप में आ कर लेट जाते। वितिन और मैं श्री टाटा के लिए सबसे अधिक धूप वाला स्थान खोजने की कोशिश करते और उनकी लाउंज चेयर वहां लाते। जैसे पूरे साल का धूप का कोटा इन चंद दिनों में अपने भीतर समा लेने में जुट जाते। केवल तीन कारण होते थे जिनसे मुझे वहां से उठना होता था :

1. फ़ोन पर ली ऑस्कर के गीतों को बजाने के लिए जो कि उनका पसंदीदा गायक है। जब 'बिफ़ोर द रेन' गीत शुरू होता तो उनकी सीटी की आवाज़ भी आने लगती थी। हाथों पर सिर को टिकाए, सूर्य की ओर मुख, बंद आंखें मुस्कराते हुए धीरे-धीरे गीत के साथ सीटी बजाते आनंद में डूबे दिखाई देते थे।
2. पाइना कोलाडस लाने के लिए। पाइन एपल और कोकोनट! मुझे बेहद पसंद है, इतना ज़्यादा कि सेहत को नुक़सान कर सकता है। लेकिन छुट्टियों के लिए ये एक तरह का सबसे अधिक पसंदीदा मॉकटेल है। वास्तव में यह गिलास में तूफ़ान है। जिसने भी यह रेसिपी तैयार की, वह बहुत खुश इंसान रहा होगा। हमने अपना बिना अल्कोहल वाला कोलाडस ऑर्डर किया। मुझे पूरा यक़ीन है कि श्री टाटा और वितिन को भी ये ड्रिंक उतना ही पसंद है। रूपर्ट होम्स के पाइना कोलाडा गाने की धुन और पाइना कोलाडस मॉकटेल की मस्ती में हम तीनों गुनगुनी धूप में झूम रहे थे।
3. सूरज ऊपर की ओर चढ़ रहा था। धूप ठिकाने बदलती जा रही थी। उनकी लाउंज चेयर को धूप में खिसकाने की ज़िम्मेदारी मेरी थी। मुंबई में धूप-धूप के उनके राग को मैं कुछ मज़ाक़ समझ रहा था। लेकिन सचमुच धूप से उन्हें इतना प्यार था। वह इस मामले में पूरी तरह से यूरोपियन जान पड़ रहे थे। चेहरे पर आ रही धूप में कहीं भी कोई बाधा उनको नहीं चाहिए। यदि कहीं भी उनके पैरों में ज़रा-सी छाया महसूस हो जाए तो वह तुरंत चीख़ पड़ते। छाया? जल्दी चेयर हटाइए! वितिन और मैं एक घंटे से ज़्यादा समय तक धूप में नहीं रह सकते थे। वह हमारी तमाम लानत-मलामत करते थे। आप लोग कितने कमज़ोर हैं, अपने आपको सूर्य को समर्पित नहीं कर पा रहे हैं। वह

वास्तव में आधा दिन इसी तरह धूप लेते हुए बिता देते थे। सूर्यमुखी के अलावा सूर्य को देखकर इतना खुश और कौन हो सकता है? श्री टाटा सच में एक सूर्यमुखी हैं।

धूप में अच्छे ख़ासे उबलने के बाद पूल का समय होता था। उस समय तक वहां धूप का कोई छोटा-मोटा कतरा ही बाक़ी रह जाता था जिसके लिए हमारे बीच होड़ होती थी। वहां से हमारे ड्रिंक का दूसरा दौर चलता था।

पूल में उनकी शरारतों से उनके भीतर का बच्चों जैसा उत्साह ज़ाहिर हो रहा था। इसके बारे में ज़्यादा किसी को पता नहीं है और यह हमें भी उकसा रहा था। उन्होंने हमें पानी के नीचे रहते हुए एक छोर से दूसरे छोर तक तैर कर दिखाया। हमने भी तैराकी में अपनी उपलब्धियों की डींगें हांकीं।

खुद को स्वर्ण पदक विजेता बताते हुए मैंने शुरुआत की।

'कौन-सी स्पर्धा में? बच्चों की 50 मीटर में? मैं तो यूनिवर्सिटी चैम्पियन था।'

उसके बाद वह फिर पुल के किनारे धूप में वापस आ जाते। किसी गीत की धुन पर सीटी बजाते, कभी उनकी झपकी लग जाती।

फिर धूप, थकान के नशे, आधी नींद में अलसाए काउच पर एकत्र होकर एंटरटेन के मूड में आ जाते। नेटफ़्लिक्स पर कुछ अच्छा देखने को तलाशते। इसमें एक ही समस्या थी कि उन्होंने सब कुछ देख रखा था!

'यह कैसी रहेगी?'

'हां, यह बहुत अच्छी मूवी है, मैंने देखी है।'

'अच्छा, यह कैसी रहेगी?'

'यह ज़बर्दस्त मूवी है, पक्का मैंने इसे देखा है।'

'और यह?'

'ओह! यह तो वही है, इसमें हीरो, हीरोइन को बचा लेता है, लेकिन उसकी मौत हो जाती है। यही है ना?'

'ओके, यह तो मैं नहीं जानता श्रीमान टाटा, लेकिन शुक्रिया आपने मुझे इसकी कहानी बता दी।'

और अंत में हम कोई बहुत अच्छी मूवी चुन लेते थे या कोई बहुत बेकार मूवी। तब तक फिर हम स्क्रीन से चिपके रहते थे जब तक तीनों के पेट में चूहे कुलबुलाने शुरू ना कर दें। मुझे डिनर का बहुत बेसब्री से इंतज़ार रहता था। ख़ास तौर पर उसके स्थान के लिए। वह रोज़ाना जगह बदल देते थे। हर बार और ख़ूबसूरत जिसे देखकर हम हैरान रह जाते थे। मैनेजर वितिन की मदद से समुद्र तट के

और क़रीब हमारे बैठने की व्यवस्था कर देते थे। अंतिम शाम तो तट के बहुत क़रीब हमारी टेबल लगी हुई थी। श्री टाटा हमेशा मैनेजर को साथ में भोजन के लिए आमंत्रित करते थे। लाइव म्यूज़िक की धुन से हम अंदाज़ लगाते, कौन-सा गीत आने वाला है। वह हमें अपने कॉलेज या बॉम्बे हाउस के दिनों के किस्से सुनाते। टेबल पर सभी उनकी किस्सागोई का आनंद लेने के लिए इंतज़ार करते थे। कई बार वितिन को हँसाने के लिए वह मेरी मेरा कोई किस्सा छेड़ देते थे और मैं उनका किस्सा सुनाकर हिसाब बराबर कर देता था। हालांकि उनकी टांग खिंचाई के बाद मैं उनसे यह ज़रूर पूछ लेता था, 'मेरी नौकरी तो बची हुई है ना?'

'हां-हां, बिलकुल आप करिए साल के अंत तक आपकी नौकरी कहीं नहीं जाएगी।'

और साल ख़त्म होने में 4 दिन बाक़ी थे।

उसी बीच उनका जन्मदिन आ गया। उन्हें पूरा यक़ीन था कि मैंने वितिन और होटल के स्टाफ़ के साथ मिलकर कुछ ना कुछ 'साजिश' कर रखी है। (वह उन्हें सह-षड्यंत्रकारी कहते थे।)

हमने कुछ अलग नहीं किया था। हैदराबाद में पिछले साल की तरह की सब कुछ था। कैंडल के साथ कपकेक और कुछ बेसुरा-सा बर्थडे सॉन्ग। उन्हें जगाए रखने के लिए एक कोई मूवी। बहुत ही सादा, छोटा-सा आयोजन था और हम इसे जितना कम से कम धूमधाम वाला और सादा रखते थे, वह उतनी ही अधिक तारीफ़ करते थे। अब हमारे बीच उनके जन्मदिन इसी तरह से एक साथ मनाने का समझौता हुआ है। चाहे हम कहीं भी हों।

वह कॉलेज के युवा की तरह उत्साह से भरे हुए थे। 'और अधिक ख़ूबसूरत जगह खोजते हैं।'

चंद दिनों की हमारी छुट्टियां ख़त्म होने को थीं। उस रात वह अपने वास्तविक रूप में मेरे सामने थे। जीवन की तमाम तरह की परेशानियों, उनकी विरासत को लेकर हमलों के बीच इन लम्हों ने उन्हें कुछ दिन के लिए सुरक्षा कवच प्रदान किया। आंखों में चमक, उमंग और गर्जना करती हुई हँसी रतन टाटा की खुशी की पहचान है। और उस समय उनके आसपास

होना आपको ख़ास अहसास कराता है क्योंकि खुशी ठहरती नहीं है, फैलती जाती है।

उनको मैं क्या तोहफ़ा देता? जिनके पास सब कुछ है। लेकिन हम कई बार एक दूसरे को शर्ट देते थे। मैंने उनको दो शर्ट उपहार में दीं। साथ ही एक डायरी जिसमें अलौकिक पलों में आने वाले अपने विचार लिखे।

हमारी छुट्टी ख़त्म हो चुकी थी। हम सुबह वहां से रवाना होने वाले थे। रवाना होने से पहले रिज़ॉर्ट के सभी कर्मचारियों के साथ हमने फ़ोटो खिंचाई। उन सभी की आंखों में अविश्वास था। क्या सच में रतन टाटा के साथ वे फ़ोटो खिंचवा रहे हैं। इसे सच होता देख उनकी आंखें एक अनोखे उत्साह और आनंद से भर गईं। टाटा समूह के किसी कर्मचारी के लिए यह कई पीढ़ियों को बताने वाला किस्सा हो जाता है। इस तसवीर को खींचने का विशेष अधिकार मुझे प्राप्त हुआ था। उनके आसपास के तमाम चेहरों को मैं देख पा रहा था। वास्तव में वह एक सूर्यमुखी हैं।

मुझे जब भी कोई महत्त्वपूर्ण बात श्री टाटा से कहनी होती तो अपने विचारों को व्यवस्थित करने के लिए बहुत संघर्ष करना पड़ता है। और हर बार मैं एक ही चीज़ करता रहा हूं। पत्र लिख देता हूं।

मैंने छुट्टियों के उस समय के बारे में कम और उस संघर्ष के बारे में ज़्यादा लिखा जिसके बीच वह घिरे हुए थे। मैंने उन्हें बताया कि उन्होंने इससे भी कहीं ख़तरनाक और भयंकर झंझावातों का सामना किया है और इसका भी सामना कर लेंगे। और हां, मुझे यक़ीन है कि जब मैं इस तरह की बातें लिखता हूं तो वह जो महसूस करते हैं उसमें कोई बदलाव नहीं आता है। हो सकता है कि इन शब्दों का उनके लिए कोई अर्थ नहीं हो या उन पर कोई फ़र्क़ नहीं पड़े। लेकिन फिर से मैंने उन्हें भरोसा दिलाया कि मुझ में वह हमेशा एक दोस्त को पाएंगे।

दुनिया उन्हें एक निस्वार्थ व्यक्ति के रूप में जानती है। लेकिन जब तक आप उनके दोस्त नहीं होंगे, तब तक आप उनके उनके दयावान हृदय के प्रकाश और आनंद को नहीं देख सकेंगे। आप सभी पढ़ने वालों के लिए यह संभव नहीं हो सकता। मैं केवल यह कोशिश कर सकता हूं कि इन पन्नों में जितना संभव

हो आपके सामने उन्हें जीवंत पेश कर दूं जिससे आप अपने लिए एक तसवीर बना सकें और जो मैं देखता हूं उसे देख सकें। जीवन में किसी दिन आप कभी उनसे मिले तो आप उनके खिले हुए सूर्यमुखी के इस रूप को याद रखेंगे।

19

लॉकडाउन

जब तक श्री टाटा ने इस किताब की लिखी हुई कॉपी को पढ़ना समाप्त किया था, उस समय तक दुनिया को कोविड-19 महामारी ने अपनी चपेट में ले लिया था। पूरे देश में लॉकडाउन लगा दिया गया था। मैंने मुंबई में ही रुकने का फ़ैसला किया था। टाटा ट्रस्ट में सभी लोग अपने घरों से काम कर रहे थे। प्रधानमंत्री नरेंद्र मोदी के पूरे देश में लॉकडाउन का ऐलान करने से भी पहले हमने अपना दफ़्तर बंद रखकर घरों से काम करने का फ़ैसला किया था। इसकी सबसे अधिक ज़रूरत श्री टाटा की बुजुर्ग अवस्था को देखते हुए महसूस की गई। वह 80 पार हो चुके हैं। उनके लिए जोखिम अधिक था।

जैसे-जैसे कोविड-19 की गंभीरता सामने आई और उसका संक्रमण फैला प्रधानमंत्री ने लॉकडाउन का एक महीने के लिए विस्तार करने की घोषणा की। उसके बाद कुछ हफ़्तों के लिए इसे और बढ़ाया। फिर और कुछ हफ़्तों के लिए और विस्तार दिया। किसी को भी श्री टाटा से मिलने की इजाज़त नहीं थी। वह शेष दुनिया से अलग होकर रह रहे थे। सिवाय एक व्यक्ति या उनके एक व्यक्ति के दफ़्तर को छोड़कर जो कि उनसे कुछ ही दूरी पर सड़क के उस पार था - शांतनु नायडू।

हालात दिनोंदिन और गंभीर होते जा रहे थे। वास्तविक चुनौती अब सामने आ रही थी। मैं देख रहा था कि श्री टाटा की बेचैनी बढ़ रही थी। उनका दिलो-दिमाग़ इसी सोच में डूबा हुआ था कि कैसे देश और यह ट्रस्ट इस महामारी का मुक़ाबला करेंगे। ट्रस्ट योजना तैयार कर रहा था। वह इस पर जल्दी से जल्दी अमल होते देखना चाहते थे। लॉकडाउन के चौथे

दिन अपने कुछ भरोसेमंद सलाहकारों और नए सीईओ के साथ रणनीति ने आकार ले लिया।

रोज़ाना शाम को मैं इस रणनीति को मज़बूत करने में आने वाली अड़चनों की पहचान करने में मदद करता रहा। चाहे वह वित्तीय हो, क़ानूनी या नियामक संबंधी या डेटा से जुड़ी कोई चुनौती हो। हमने इन पर अलग-अलग विचार किया और उनकी इच्छा के मुताबिक़ इस रणनीति को अंतिम रूप दिया। यह रणनीति ट्रस्ट को भेजी गई और जिसने भी इसे पढ़ा उसने शिद्दत से इसमें उस जज़्बे को महसूस किया जिसने सामूहिक रूप से इस परिस्थिति से संघर्ष करने के लिए लोगों को प्रेरित किया।

पूरा देश पहले ही टाटा समूह की ओर देख रहा था। यह सवाल था कि वे इस संकट के समय में क्या करने जा रहे हैं। देश ना सिर्फ़ एक रणनीति की ज़रूरत को महसूस कर रहा था बल्कि एक स्थिर और सम्मानित समूह से उम्मीद की भी अपेक्षा कर रहा था। ऐसा स्रोत जो टाटा समूह रहा है। हमने रणनीति पर अमल शुरू कर दिया और यह सही समय था कि हम इसके बारे में लोगों को जानकारी देते। देश में दहशत, आशंका और भ्रम का माहौल बढ़ता जा रहा था। तभी श्री टाटा ने मुझे इस बारे में प्रेस नोट तैयार करने को कहा।

इसमें ट्रस्ट ने 500 करोड़ रुपये की राशि की प्रतिबद्धता व्यक्त की। यह राशि दान नहीं दी जानी थी बल्कि ट्रस्ट द्वारा सुरक्षा उपकरण, टेस्टिंग किट और वेंटिलेटर आदि हासिल करने के साथ ही आइसोलेशन सुविधाओं के निर्माण पर ख़र्च की जानी थी। लेकिन इस वक्तव्य के अगले हिस्से में मैंने देश को भावनात्मक रूप से मज़बूती और उम्मीद देने पर ज़ोर दिया था। इसमें आने वाली चुनौतियों का ज़िक्र किया। मैंने इन परिस्थितियों में आगे रहकर संघर्ष करने वाले कर्मचारियों की चुनौतियों और देश के सामने किसी भी संकट के समय खड़े होने के लिए प्रतिबद्ध टाटा समूह की विरासत का उल्लेख किया। श्री टाटा ने उस नोट को अपने तरीक़े से दुरुस्त किया और जैसे ही यह जारी हुआ तो सभी ओर उसकी चर्चा हुई। उनकी ऑनलाइन उपस्थिति को दर्ज कराने के लिए इससे बेहतर कोई और समय नहीं हो सकता था। सोशल मीडिया पर उनका यही उद्देश्य था। इस संकट के अंधेरे में रोशनी प्रदान करना। हमारे प्रेस वक्तव्य के दो घंटे बाद ही टाटा सन्स ने

1000 करोड़ रुपये की प्रतिबद्धता की घोषणा की। इस तरह कुल मिलाकर टाटा ने इस महामारी के मुक़ाबले के लिए 1500 करोड़ रुपये की राशि ख़र्च करने का ऐलान किया। केवल घोषणा मात्र से ही देशभर में एक विश्वास, एक उम्मीद का संचार हुआ।

'शांतऽनु, हमारे प्रेस नोट की बहुत अच्छी प्रतिक्रिया हुई है और हमें अब काफ़ी काम करना है।'

उन कुछ हफ़्तों के दौरान श्री टाटा केवल मेरे ही नहीं बल्कि हर किसी के प्रकाश स्तंभ की तरह काम कर रहे थे।

लॉकडाउन जैसे-जैसे आगे बढ़ता रहा हमारी दिनचर्या कुछ अलग तरह की हो गई थी। हम दिन में एक दूसरे से फ़ोन पर संपर्क में रहते थे और कोविड-19 को लेकर ताज़ा जानकारी आपस में साझा करते थे। उसके बाद शाम को मैं उनके पास जाता था। दुनिया भर से आने वाले कार्यों में उनकी मदद करता था। रात तक हम इन कार्यों को पूरा करते थे। हमने एक-दूसरे के साथ इतना समय दफ़्तर में पहले कभी काम नहीं किया था। कई बार उन्हें गले में ख़राश महसूस होती तो कई बार मुझे दिक़्क़त होती। लेकिन कभी भी पूरे लक्षण किसी में भी नहीं आए। हम दोनों आपस में एक दूसरे के संबल बने रहे। मैं पूरी सावधानी बरत रहा था और नहीं चाहता था कि उस शख़्स के रूप में पहचाना जाऊं जिसने रतन टाटा को संक्रमित किया। ना ही मैं अपने दोस्त पर इस तरह का कोई आरोप लगने देना चाहता था। हम दोनों ही स्वस्थ व सकुशल बने रहे।

लॉकडाउन के शुरुआती दौर में ज़्यादातर होटल, रेस्तरां बंद थे और मेरा रसोइया भी छुट्टी पर था। किराना सामान सीमित समय के लिए मिल रहा था। इसे देखते हुए उन्होंने मुझे रात का खाना अपने साथ ही खाने को कहा।

उनके कर्मचारियों पर बोझ डालना मुझे अनुचित लग रहा था। मैं कई बार उनके डिनर का आग्रह नामंजूर करने की कोशिश करता। बोल देता था, मैंने डिनर कर लिया है लेकिन वे मेरा झूठ पकड़ लेते और लगभग अक्सर ही मैं उनके साथ ही डिनर करता था। घर ले जाने के लिए उन्होंने मुझे कुछ स्नैक्स और रेडी टू ईट सामान भी दे दिया था।

काम पूरा कर मैं जब घर जाने को होता तो वे किचन में जाते और विटामिन-सी की बड़ी गोली लेकर आते। एक अपने लिए और एक मेरे लिए। कहते, यह खाइए इससे इम्यूनिटी मज़बूत करने में मदद मिलेगी। फिर साथ में हम अपने को मज़बूत करते। मुझे कभी भी दवा खाने में इतना आनंद महसूस नहीं हुआ लेकिन उनको इस पर बहुत अधिक भरोसा था। मैं परिवार से दूर अलग यहां पर था और विंटर पुणे में नइना और अम्मा के पास था। उन्होंने इस कमी को पूरा करने का हरसंभव प्रयास किया। महामारी की परेशानियों के बावजूद।

डिनर के बाद हम न्यूज़ चैनल में पूरी दुनिया में महामारी के हालात के बारे में समझने की कोशिश करते। बेक़ाबू होते हालात में अक्सर हमारे बीच यह चर्चा होती थी कि कहां पर क्या ग़लती हो गई और इसे किस तरह से ठीक किया जा सकता है और अगली सुबह हम क्या कर सकते हैं।

इस महामारी में पीड़ितों का एक और वर्ग भी था। सड़कों पर बेसहारा जानवर जो अपने भोजन के लिए इंसानों और होटल-रेस्तरां आदि पर निर्भर होते हैं। लॉकडाउन में सब कुछ बंद था। ये बेसहारा जानवर भूखे थे। मैंने अपने आप को मानसिक रूप से स्वस्थ रखने के लिए हर सुबह इन बेसहारा जानवरों तक खाद्य सामग्री पहुंचाना आरंभ किया। मैं नैनो में पैकेट लेकर जाता। भले छोटा-सा ही सही मैंने एक प्रयास शुरू किया। लेकिन केवल कुत्ते ही भूखे नहीं थे। हर कोई भूखा था। कौए, गिलहरियां, बिल्ली और कुत्ते। मैं हर दिन और दूर इलाक़ों में जाने लगा था। लोग भी मुझे इस काम के लिए पहचानने लगे थे। लोगों ने मुझे और भी जानकारी देना शुरू किया कि किन-किन इलाक़ों में इस तरह से बेसहारा कुत्ते भूखे हैं। वास्तव में ऐसा ही था। सबसे अधिक भयावहता मुझे सीएसटी स्टेशन पर देखने को मिली। यहां बहुत बड़ी संख्या में कुत्ते भोजन पर झपट पड़े जो बता रहा था कि वे कई दिनों के भूखे थे।

श्री टाटा बाहर नहीं जा सकते थे। मैं उन्हें बाहर की दुनिया के बारे में जानकारी देता। सुबह मैं जब कुत्तों को खाना देने जाता था तो उनकी तसवीरें श्री टाटा को भेजता था। ये तसवीरें उनके पास से फिर उनकी बहनों के पास चली जाती थीं। वे भी जीवों के प्रति बहुत सहानुभूति रखती हैं। जब मेरे पास खाद्य सामग्री की कमी हुई तो उनकी दो बहनों ने पूरे लॉकडाउन में मुझे खाद्य सामग्री उपलब्ध कराई।

यह एक ऐसा अनुभव था जो सामान्य स्थितियों में कभी किसी को नहीं होगा। मुंबई की सड़कों पर जहां इंसानों के शोर के अलावा कुछ भी नहीं सुनाई देता था वहां चुप्पी और सन्नाटा था। केवल पक्षियों का कलरव सुनाई देता था। नीला आकाश और गहरा गया था। धूप और खिल गई थी। फूलों की सुंदरता और बढ़ गई थी। लेकिन यह सुंदरता डरावनी थी। यह बताता था कि इस पृथ्वी की व्यापकता में हमारा बहुत अधिक महत्त्व नहीं है। हम कितने तुच्छ और गौण हैं।

कुछ दिनों में मैंने ऐसे पांच से छह मुख्य स्थानों की पहचान कर ली, जहां पशुओं को वास्तव में खाद्य सामग्री की ज़रूरत थी और मैं वहां नियमित जाने लगा। वे मेरे दोस्त भी बन गए। मेरी कार के वहां पहुंचते ही बिल्लियों की म्याऊं-म्याऊं सुनाई देने लगती थी। कुत्ते अपनी पूंछ हिलाते हुए दौड़ कर आ जाते थे। कौए और पक्षी भी कार को पहचानकर पीछे-पीछे पहुंच जाते थे।

हर शाम श्री टाटा को सुबह की अपनी पूरी गतिविधियों का ब्यौरा दे दिया करता था। जीवों की पीड़ा से उनका मन व्यथित हो जाता था। आगे आने वाली दुखद वास्तविकता की चिंता करते हुए हम इन किस्सों-कहानियों से आगे कुछ कर पाने में लाचार थे। और बड़ी-सी विटामिन की गोलियां। इसमें कुछ और जुड़ गया था जिसे देखकर मैंने शुरू में तो बहुत ना-नुकर की। हल्दी वाला दूध। मुझे यह पसंद नहीं था लेकिन इम्युनिटी और उनकी सुरक्षा की ख़ातिर हर शाम को हम हल्दी वाला दूध पीते थे।

ऐसी ही एक शाम मैं उन्हें लॉकडाउन में घंटों तक तैनात रहने वाले पुलिस कर्मियों का उल्लेख कर रहा था। अक्सर कुछ जगहों पर आते-जाते पुलिस वालों के बीच की चर्चा सुनने को मिल जाती थी। किस तरह से धूप में कम से कम 12 घंटे तक वे ड्यूटी करते रहते थे। भोजन-पानी का कोई ठिकाना नहीं था। यह कुछ अच्छा महसूस नहीं होता था कि इतना कुछ बेसहारा पशुओं के लिए किया जाए और फ़्रंटलाइन में महामारी से मुक़ाबला कर रहे पुलिस कर्मियों के लिए कुछ भी नहीं। मैंने श्री टाटा से यही जानना चाहा कि क्या ट्रस्ट उनके लिए क्या कुछ कर सकता है।

'यदि आप इस काम को संभाल सकते हैं तो मुझे ख़ुशी होगी। हम ऐसा कर पाते हैं तो मुझे ख़ुशी होगी।'

मैंने कुछ दिनों तक यह अनुमान लगाने की कोशिश की कि मुंबई में रोज़ाना कितने पुलिसकर्मी सड़कों पर तैनात किए जाते हैं। उनकी क्या ज़रूरत होगी। एक स्वस्थ, पूर्ण आहार की क्या क़ीमत होगी। कौन हमें इसके लिए सप्लाई दे सकता है और किस तरह से इसके लिए साधन हासिल किए जा सकते हैं। मैंने पूरी जानकारी एकत्र कर प्रस्ताव दिया जिसे उन्होंने बिना किसी हिचक के स्वीकार कर लिया। टाटा ट्रस्ट के नए सीईओ बॉम्बे हाउस के शुभचिंतकों और ताज पब्लिक वेल्फ़ेयर ट्रस्ट की सहायता से अग्रिम पंक्ति

में तैनात पुलिसकर्मियों के लिए रोज़ाना भोजन व्यवस्था की शुरुआत कर दी गई। अगले दिन जब मैं इन बेसहारा जानवरों को खाना देने के लिए पहुंचा तो मैंने पुलिसकर्मियों के हाथों में खाद्य सामग्री के पैकेट देखे। मुझे बहुत ही सुकून का अहसास हुआ। सबसे ज़्यादा खुशी इस बात की हुई कि मैं एक ऐसे इंसान के साथ काम करता हूं जिसने इसे करने के लिए एक क्षण की भी देर नहीं की। हमारे साथ और भी लोग इस आपदा में इंसानियत के फ़र्ज़ को पूरा कर रहे थे। मैंने रिलायंस फ़ाउंडेशन को भी कई स्थानों पर खाद्य सामग्री का वितरण करते हुए देखा। आइसोलेशन के दौर में पूरा शहर एक साथ आता हुआ भी दिखाई दे रहा था।

लॉकडाउन बढ़ता गया और उनकी सभी मीटिंग वीडियो कॉल के माध्यम से हो रही थीं जिसके वह अभ्यस्त नहीं थे। मैं मीटिंग के क़रीब 15 मिनट पहले पहुंच जाता था और उनके लिए वीडियो कॉल की पूरी व्यवस्था करता था। उपयुक्त लाइट और कैमरे आदि को व्यवस्थित करता था। यह सुनिश्चित करता था कि वह कैमरे पर बेहतर दिखाई दें। इसके बाद वह अपने तरीक़े से काम करते थे। मैं उनके पास उपलब्ध रहता था। सुनता और नोट तैयार करता। कुछ बैठकों में वे शामिल होने पर ज़ोर देते थे। ये मीटिंग यूनिवर्सिटी, इनक्यूबेटर के साथ होती थीं। या कई बार कुछ संस्थाएं

कारोबार और उद्यमिता के संबंध में उनके प्रेरणादायी व्याख्यान के लिए आग्रह करती थीं। महामारी में कारोबार और उद्यमिता के क्षेत्र में भविष्य और संस्थानों को किस तरह से तैयारी करनी चाहिए, इस पर उनसे वैचारिक योगदान का आग्रह किया जाता। मीटिंग, वेबिनार में बदल जाती थीं, जिनमें से कई लाइव होती थीं और जिनमें देश के युवा बड़ी संख्या में शामिल होते थे। मुझे लगता है कि उन्होंने निराशा के माहौल में उम्मीद जगाने का काम किया।

लॉकडाउन के पहले तक हमारा संवाद निरंतर तो था लेकिन इतना लंबा नहीं। दफ़्तर के समय में लगातार एक के बाद एक मीटिंग हुआ करती थीं। लंबी-लंबी यात्राएं होती थीं। लेकिन यह सबसे लंबा समय था जो हमने साथ में बिताया और ईमानदारी से कहूं तो दफ़्तर में उनसे जुड़ने के बाद इस दौरान सबसे ज़्यादा सीखने को मिला। आपदा का इस समय में हर बार बातचीत में और गहन चर्चा वाली बैठकों के द्वारा कुछ न कुछ नया जानने और समझने का मौक़ा मिला। आम दफ़्तर के दिनों में इतना समय और मौक़ा नहीं मिला।

संकट चाहे वह उनके सामने हो या देश के सामने, वह बहुत सक्रिय हो जाते हैं। जहां तक लोगों के साथ उनके जुड़ने का प्रश्न है, कुछ प्रमुख सोशल मीडिया प्लेटफ़ॉर्म पर हाल में उनकी उपस्थिति ने उन्हें अलग और अधिक

ईमानदार आवाज़ के रूप में प्रस्तुत किया है। अतीत का कोई किस्सा हो या वर्तमान का प्रश्न या भविष्य की दिशा। लॉकडाउन के दौरान उनकी मदद को बहुत सराहा गया और उन्हें सबसे ज़्यादा प्यार मिला। उन्हें सोशल मीडिया प्लेटफ़ॉर्म पर लाना महत्त्वपूर्ण था, जिससे लोग उद्योगपति की रूखी छवि के पीछे छिपी इंसानियत की कोमल भावनाओं को देख सकें। 'आपको रतन टाटा के इंस्टाग्राम पोस्ट जितना प्यार मिले' को काफ़ी कहा और बोला जा रहा था। कुछ विचारों का उन्होंने समर्थन किया और कुछ से वह अपने को जोड़ नहीं सके। लेकिन सोशल मीडिया पर उपस्थिति और अपना पक्ष रखना बहुत रोमांचक था। लोगों को सवाल पूछने का मौक़ा देना या उनके पुराने फ़ोटो, दस्तावेज़ों में झांकने का मौक़ा देना और उन्हें लोगों तक पहुंचाना जिससे वे उनके संबंध में कुछ नया जान सकें। उस सबसे हटकर जो अनगिनत साक्षात्कारों में बार-बार दोहराया गया है।

लॉकडाउन ने इस किताब की पांडुलिपि श्री टाटा को प्रदान करने का अवसर दिया जो कि आप इस समय पढ़ रहे हैं। जैसा मैंने पूर्व में कहा कि उन्होंने जिस दिन इसे पढ़ कर समाप्त किया। उन्होंने मुझे अपनी विशिष्ट लिखावट के साथ एक पत्र दिया और इससे फ़र्क़ नहीं पड़ता कि उसमें उन्होंने क्या लिखा, लेकिन यह मुझे बहुत ख़ास महसूस हुआ। इस पत्र के ज़रिये उन्होंने ज़ाहिर किया कि वह जीवन के इन साथ बिताए पलों के बारे में पढ़कर भाव-विभोर हो गए। लेकिन सबसे ज़्यादा दिल को छुआ उन पंक्तियों ने जिनमें उन्होंने जेआरडी के बारे में लिखा था।

> *जेह को मुझे चिढ़ाने में मज़ा आता था लेकिन यह हम दोनों का आपसी प्यार और मोहब्बत थी जो लगातार बढ़ती चली गई। आपके भीतर कई ख़ूबियां हैं जिनकी मैं सराहना करता हूं। आप बेटे या मेरे छोटे भाई की तरह हो। आपका साथ मुझे बहुत आनंद देता है।*

पहली बार उन्होंने मुझे हाथ से लिखा हुआ पत्र दिया था। मैं नहीं जानता था कि उनसे एक पत्र हासिल करने के लिए मुझे एक किताब लिखनी होगी?

उन्होंने जो कुछ भी मेरे लिए किया है, यह पत्र उन सबके बीच सबसे अमूल्य धरोहर है। उनके साथ की हरेक तसवीर, नोट और यादों के साथ

यह पत्र हमेशा मैं सहेज कर रखूंगा। काली स्याही में उनके हाथों से लिखा एक-एक अक्षर आज से कई वर्षों बाद भी मुझे बेहद खुशी देगा। आज से कई सालों के बाद भी मैं इस किताब के पीले पड़ चुके पन्नों के बीच इसे बार-बार देखने के लिए सुरक्षित रखूंगा।

20

प्रकाश स्तंभ

ऐसा प्रतीत हो सकता है कि श्री टाटा के साथ इतने समय के बाद लोग मेरे बारे में जानते होंगे। नहीं, ऐसा नहीं था और ठीक भी था। कुछ समय के बाद ही कुछ लोगों ने मुझे जानना शुरू किया और कुछ जगहों पर कुत्तों को बचाने से लेकर श्री टाटा की सहायता तक की मेरी यात्रा की कहानी को जानने की शुरुआत हुई।

एक दिन मुंबई शहर के किस्सों को फ़ोटो के साथ प्रस्तुत करने वाले ब्लॉग ह्यूमन्स ऑफ़ बॉम्बे ने साक्षात्कार के लिए मुझसे संपर्क किया। मैंने कभी भी श्री टाटा के साथ अपने संबंधों के बारे में सार्वजनिक रूप से कुछ नहीं कहा था। और सच कहूं तो मोटोपॉज़ की शुरुआत पर जो भी ख़बरें छपी थीं, मैं उससे पूरी तरह से संतुष्ट था। लेकिन यह एक प्रमाणिक माध्यम था और आधी-अधूरी जानकारी वाली कहानियां कई अन्य प्लेटफ़ॉर्म पर थीं तो मैंने यह तय किया कि श्री टाटा से इस बारे में बात करूंगा।

मैंने उन्हें बताया कि ह्यूमन्स ऑफ़ बॉम्बे ब्लॉग मेरी इस पूरी यात्रा के बारे में बात करना चाहता है और उसके बाद मैंने यह उन पर छोड़ दिया कि मुझे क्या करना चाहिए। वह हां या ना जो भी निर्णय लें उससे मुझे कोई फ़र्क़ नहीं पड़ने वाला था। उनके संकोची स्वभाव से मैं भली-भांति परिचित था। उन्हें पूरा अधिकार था कि वह अपनी कहानी को सार्वजनिक नहीं करने देने का निर्णय लें। लेकिन उन्होंने ऐसा नहीं किया।

'ज़रूर, आप बिना किसी हिचक के इसको कर सकते हैं। कोई दिक़्क़त नहीं है।'

मैंने उनसे बार-बार पूछा। उनका जवाब वही रहा।

एक दिन दफ़्तर का काम पूरा करने के बाद मैं चेंबूर में ब्लॉग की युवा टीम से मिला।

यह एक नया अनुभव था। अपनी पूरी यात्रा पर इस तरह से बात करना। पूरी कहानी को सुनाना एक नया अनुभव था। उस समय तक केवल अम्मा और नइना ही मेरे श्रोता हुआ करते थे। लेकिन मुझे किस्से-कहानियां सुनाना बहुत पसंद है। और मैंने इसे भी एक रोचक अंदाज़ में प्रस्तुत किया। मेरी बात समाप्त होने पर उनके कुछ सवाल ऐसे थे :

'और कुछ जो आप उनके बारे में या अपने बारे में बताना चाहें?'

'नहीं, मैंने लगभग सब कुछ आपके सामने रख दिया है।'

अंत में फ़ोटो सेशन के बाद मैं वहां से रवाना हुआ। लेकिन मुझे तुरंत ही भाग कर वापस आना पड़ा। उन्हें एक आख़िरी चीज़ बताने के लिए।

'मिलेनियल डम्बलडोर!'

उन्होंने मुझे कुछ घूर कर देखा।

'मिलेनियल डम्बलडोर - हज़ारों साल तक गुनगुनाने वाला शक्ति और प्रकाश का पुंज - मैं उनको कुछ इसी तरह से देखता हूं।'

जब यह कहानी सबके सामने आई तो मुझे लगा था कि मीडिया की दूसरी ख़बरों की तरह यह भी कहीं दबकर रह जाएगी। जो हर दिन हर मिनट में सामने आती हैं और फिर खो जाती हैं। समुद्र में उठी एक लहर की तरह। लेकिन ऐसा नहीं हुआ। यह फैलती ही चली गई। लोगों ने इसके बारे में मुझे लिखा। टाटा समूह से, टाटा ट्रस्ट से, ऐसे लोगों ने जो मुझे जानते नहीं थे, जिस किसी ने भी देखा उसने इसके बारे में कुछ ना कुछ कहा। यह इतना अधिक वायरल हो गया था कि कुछ ऑनलाइन पोर्टल ने इस पर कहानियां प्रकाशित कीं। अब यह मेरे नियंत्रण में नहीं था। वास्तव में किसी के भी नियंत्रण में नहीं था। यह बहुत तेज़ी से और बहुत अधिक फैल गया था। हर कोई अब मेरी कहानी को जानता था जो ज़्यादातर एक जैसे शीर्षक के साथ दिखाई देती थीं।

'कैसे 27 वर्ष के युवा ने रतन टाटा के साथ बहुत अधिक मांग वाला पद हासिल किया।'

हां, मुझे इस तरह से अपनी उम्र नहीं बतानी चाहिए थी। विशेष रूप से तब जबकि मैं खुद ही अक्सर इसे छुपाता रहता हूं। मैं लोगों की निगाहों में आ चुका था। मेरे सहयोगियों ने मुझे बताया कि मीडिया वाले आप की तलाश कर रहे हैं। मैं सहज नहीं हो पा रहा था। इसे लेकर संवेदनशील हो गया था। दुनिया की निगाहें मेरी ओर थीं। मुझे ऐसा महसूस हो रहा था कि किसी भी क्षण कोई कुछ भी कह देगा। कॉर्नेल में पूर्व छात्रों के मिलन कार्यक्रम के दौरान की हमारी एक तसवीर को लेकर टिप्पणी मुझे सबसे ख़राब लगी। 'अरे, देखो तो इसकी हिम्मत कैसे हुई इस तरह से श्री टाटा के गले में हाथ डालने की?'

हालांकि बहुत अधिक घटियापन कभी नहीं आया। हमेशा सबकी निगाहों में रहने से मुझे परेशानी ज़रूर महसूस हुई। सेलिब्रिटी के तौर पर तो क्या सोशल मीडिया इनफ़्लुएंसर के तौर पर भी मैं अपने आप को नहीं रख सकता। मेरी अनोखी कहानी है बस इतना ही है। लेकिन मैं समझ सकता हूं कि उनके लिए जीवन कितना कठिन होगा जिनकी ज़िंदगी पूरी तरह से खुली किताब की तरह होती है। हमेशा सबकी पड़ताल करती हुई निगाहों के बीच, आलोचनाओं के घेरे में जीवन कितना कठिन होता होगा। हर बार जब मैं यह सोचता था कि मेरी कहानी कहीं नीचे दब गई होगी। तभी कोई और मीडिया इसे सामने ले आता है। मैं जिसे कोई भी नहीं जानता था। मैं अब ऐसा शख़्स बन गया जिसके बारे में रातों-रात हर कोई अब जानने को उत्सुक हो गया। मुझे चिंता इसको लेकर भी थी कि श्री टाटा इसके बारे में क्या सोचते होंगे।

साक्षात्कार की कॉपी उन्होंने पढ़ ली थी और उसे मंजूरी दे दी थी। लेकिन मुझे संदेह था कि मेरे नाम को लेकर इतना सब कुछ चल रहा है, उसके बारे में उन्हें जानकारी होगी। मैंने उनको पत्र लिखकर खेद जताया कि यदि इसकी वजह से उनके जीवन में परेशानी आ रही हो। उन्हें एक लंबा पत्र लिखा जिसमें मैंने बताया कि मैं नहीं जानता था कि यह सब कुछ इतना अधिक वायरल हो जाएगा। मेरे इस पत्र को भेजने के 10 मिनट बाद ही उन्होंने मुझे बुला लिया।

'शांतऽनु, आप आप ऐसा क्यों सोच रहे हैं? मुझे इससे कोई फ़र्क़ नहीं पड़ता। मुझे पता है कि यह सब होता है। इसके बारे में आप चिंता नहीं करें।'

उनके इस आश्वासन से मुझे बहुत राहत मिली। फिर से मीडिया का सामना करने का साहस मेरे भीतर पैदा हो गया और मैंने उसका सामना करने का निर्णय लिया। जब तक साक्षात्कार का प्रभाव कुछ कम हुआ, तब तक रतन टाटा के 27 वर्षीय सहायक और कुत्तों की वजह से उनकी कैसे मुलाक़ात हुई इसकी कहानी लगभग सभी मीडिया में आ चुकी थी। *इकोनॉमिक टाइम्स, बिज़नेस स्टैंडर्ड* लगभग सभी जगह किसी न किसी रूप में यह प्रकाशित हुआ था। मैं अचानक केंद्र बिंदु बनकर बहुत सहज महसूस नहीं कर रहा था। लेकिन इससे एक मदद ज़रूर मिली। इस सबमें मेरी उपस्थिति को वास्तविकता के साथ स्थापित कर दिया। पूर्व में जो आधी-अधूरी जानकारी इधर-उधर चलती रहती थी, कम से कम वह सब दूर हो गई। पूर्व में तो कई तरह की कहानियां और ग़लतफ़हमियों पर आधारित कहानियां पैदा होती रहती थीं। सबसे हैरान करने वाली तो कुछ इस तरह से थी कि श्री टाटा के सुरक्षा गार्ड का बेटा आईआईटी बॉम्बे के लिए चुना गया और इससे वह इतने प्रभावित हुए कि उन्होंने उसे नौकरी दे दी। और यह बेटा मैं था। इंटरनेट वास्तव में एक बहुत ही डरावनी जगह है।

मैं आपको दोष नहीं दूंगा यदि आप ऐसा सोच रहे होंगे कि इस सबसे मुझमें ज़रूर अहंकार पैदा हुआ होगा। मैंने भी इस बारे में बहुत सोचा। इसका जवाब है नहीं। और इसके मेरे पास दो अच्छे कारण हैं।

पहला मेरे माता-पिता। मेरे स्कूल के दिनों से जीवन में हर सफलता या किसी तरह की भी मान्यता मिलने के बाद मेरी मां हमेशा मुझे याद दिलाती रही हैं कि हमारे पैर ज़मीन पर ही होने चाहिए। मेरे माता-पिता खुद अपनी मेहनत से आगे बढ़े। आज जो कुछ भी हमारे परिवार के पास है, वह उनकी बहुत ही छोटी-सी शुरुआत का ही नतीजा है। यही कारण है कि वे अच्छे से इस बात को समझते हैं कि सफलता कितनी क्षणभंगुर है और अहंकार का एक छोटा-सा कण भी आपसे सफलता को छीन सकता है। हमारा परिवार हमेशा डर के साथ जीता है कि अच्छी चीज़ें हमसे कहीं छीन ना ली जाएं। हमने उन्हें बहुत संघर्ष के बाद हासिल किया है, जो अभी यहां मैं बयान नहीं करूंगा और इसलिए हमने कभी भी सफलता अपने सिरों पर सवार नहीं होने दी। ना ही हमने उसका कभी महिमामंडन किया या कभी उसका जश्न मनाया। हमने हमेशा उस सफलता के आनंद को एक अनिष्ट की आशंका के साथ ही देखा है। यह कई बार बुरा भी लगता है, क्योंकि

कई बार मैं चाहता हूं कि मैं कुछ पलों के लिए तो खुश हो सकता हूं। आनंद और गौरव अनुभव कर लूं। लेकिन मैं नहीं कर सकता। हम अपनी सफलता का ज़ोर-शोर से दिखावा नहीं करते। यही दिखाते हैं जैसे कि कुछ भी नहीं हुआ और आगे बढ़ जाते हैं। और विश्वास करें ऐसा करने से कोई नुक़सान नहीं हुआ। सिवाय इसके कि जीवन में कई अहम पड़ाव आने के बाद भी मैं खुश नहीं हो सका हूं।

दूसरा कारण श्री टाटा थे। हर कोई यह अपेक्षा करता है कि मैं 'उनके उसूलों से सीख लूं।' जैसे कि वह मेरी क्लास ले रहे हों। मुझे उसूलों की शिक्षा दे रहे हों। जैसे कि मुझे साथ में बैठकर यह बताने वाले हैं कि कौन से मूल्यों का आपको अनुसरण करना है। मैंने भी एक बार यही सोचा था। लेकिन मैं यह नहीं समझ पाया कि उनके साथ का आप पर क्या प्रभाव हुआ है। आपकी सर्वश्रेष्ठ और सबसे बुरी आदतें इसी का परिणाम हैं। उन्होंने कभी मुझे विनम्रता नहीं सिखाई। लेकिन मैं यह कहने की हिम्मत करूंगा कि हर दिन ज़्यादातर समय उनके साथ रहने और उनके प्रति सम्मान के कारण उनके व्यवहार का अंश मेरे भीतर ज़रूर आया हो सकता है। कहीं न कहीं मैंने इसे ज़रूर ग्रहण किया होगा। जब आप उनके जैसी शख़्सियत के साथ इतना अधिक समय बिताते हैं, तो पहचान और प्रसिद्धि की चमक फीकी हो जाती है। आकर्षण और प्रसिद्धि आपको बुराई की तरह नज़र आने लगती है।

कॉर्नेल से मुंबई लौटे हुए अब बरसों बीत चुके हैं। ऐसी आदतें और दिनचर्या हो गई है जो कि हम दोनों के जीवन का हिस्सा बन गई हैं। सामान्य दिनों में ज़रूर हम लगातार काम करते रहते हैं। ना केवल दफ़्तर में बल्कि कार में, दूसरे दफ़्तरों में, फ़ोन पर, लिफ़्ट में जाते हुए या जब कभी भी मेरे काम में मशगूल रहने वाले बॉस को मेरी ज़रूरत होती है। वीकेंड में ज़रूर हम साथ में डिनर करते हैं। इस दौरान हम पूरे सप्ताह का लेखा-ज़ोखा बनाते हैं और अगले हफ़्ते की तैयारी करते हैं या कई बार कोई अच्छी मूवी देखने चले जाते हैं। कई बार पुरानी यादों में खो जाते हैं या भविष्य को लेकर सोचते हैं। लेकिन इनका अंत एक ही होता है। पिता और बड़े भाई की तरह वह गले से लगा लेते हैं। और आने वाले सप्ताह का रोमांच होता है। विदाई के वक़्त मुझे चिढ़ाए बिना उन्हें मज़ा नहीं आता :

'कॉलर पर क्या लिपिस्टिक के निशान हैं? बॉबी ब्राउन के कौन-से शेड हैं?'

'इस बार क्या फिर स्टारबक्स में क़िस्मत आजमाना है?

'अब कौन से गंदे पानी के पोखर में कूदने वाले हो?'

रविवार का दिन हम साथ में बाल कटवाने जाते हैं। मेरे घुंघराले बालों को लेकर वह नुक्ताचीनी करते रहते हैं। कभी उन्हें कबूतर का तो कभी चिड़िया का और कभी किसी और पंछी का घोंसला बताना। हर बार वह उम्मीद करते हैं कि मैं बहुत छोटे बाल करा लूं जिससे मेरा माथा साफ़-साफ़ दिखाई दे। लेकिन हर बार मैं उनको निराश कर देता हूं। मेरा मतलब है मैं उनको बहुत पसंद करता हूं लेकिन अपने घुंघराले बालों जितना भी नहीं। तो इसलिए अब वह हार मान चुके हैं।

'मुझे आपके और आपके घुंघराले बालों के बीच में नहीं पड़ना, आपको जो करना हो वह करो।' वह कहते हैं।

उनसे हर जगह और बहुत कुछ सीखा जा सकता है। सलून में मैंने उनसे सीखा कि कैसे हर एक कर्मचारी की क़द्र की जानी चाहिए। बाल कटवाने के बाद न केवल अपने हेयर ड्रेसर को बल्कि बालों को शैंपू करने वाले, उनके लिए कॉफ़ी लाने वाले और यहां तक कि बालों को नीचे से झाड़ कर साफ़ करने वाले, सभी को वह टिप देते हैं। और उसके बाद पलट कर यह भी सुनिश्चित करते थे कि मैंने भी ऐसा किया या नहीं। मैंने इस तरह

से उनसे सीख हासिल की है। उनको उदाहरण की तरह सामने रखकर। रतन टाटा जैसे शख़्स आपको बोलकर शिक्षा नहीं दे सकते। आप उनको देखकर और सुनकर ज़्यादा सीख सकते हैं।

श्री रतन एन. टाटा के दफ़्तर में मेरी ज़िम्मेदारी और ज़्यादा बढ़ गई थी। हर दिन अलग-अलग ज़िम्मेदारी आती जा रही थी। और मैं इसके लिए उनके प्रति बहुत कृतज्ञ था। हर ज़िम्मेदारी एक नई कहानी, एक नया सबक़ लेकर आती है कि वह क्या हैं और मेरे जीवन के बारे में एक नया नज़रिया देती है। मैं अपनी आंखें और अधिक खुली रखता हूं और अधिक सतर्कता बरतता हूं। उनकी कंपनी में होने के कारण अब मैं संभावनाओं को लेकर अधिक सजग हूं। यहां सीख लेनी पड़ती है, अनजान या निष्क्रिय होने पर मैं जिससे वंचित हो सकता हूं। मैं जानता हूं कि आप क्या सोच रहे हैं। वे तीन चीज़ें जो आपने रतन टाटा से सीखीं। उनकी सूची बनाना और सबको बताने के बारे में। दुर्भाग्य से उस किताब को लिखने में अभी और समय

है। अभी मुझे बहुत दूर जाना होगा। इस किताब का जन्म मेरे दिल से और उनके प्रति मेरे स्नेह से हुआ है।

कई अध्याय अभी लिखे जाने बाक़ी हैं। सीखने का वास्तविक उत्सव। देश की उन चुनौतियों का सामना करना जिनका वह समाधान चाहते हैं। उनके साथ बात करने के इच्छुक युवाओं के साथ संबंध स्थापित करना। हमारी दोस्ती और सहयोग का। उनकी विरासत के संध्याकाल में जो भी संभव हो, उस तरह से उनकी मदद करना और संभव हो तो ऐसी एक और विरासत तैयार करना जो कारोबार से कहीं अधिक समाज की मदद करने के संबंध में हो।

मैंने उनको एक ग़लत क़िस्म के क़ानूनी संघर्ष से पूरी गरिमा और सम्मान के साथ लड़कर सामने आते हुए देखा है। मैंने उन्हें गुस्से में, उन्माद में देखा है लेकिन दुखी स्थिति में शायद कभी नहीं। उन्हें सीटी बजाते और शरारतें करते देखा है। अपने ही किस्से सुनाते हुए खो जाना। उनकी आंखों में चमक देखी है। मैंने उन्हें संवेदनशील होते हुए देखा है। आकाश की ओर निहारते हुए देखा है। मैंने अपनी हर महत्त्वपूर्ण यात्रा के आरंभ, कभी राह में फिसलते हुए और कभी असफल होते हुए अपने साथ पाया है।

और मैं कैसे नहीं देख सकता था? कितनी भी दूर सही, देश उन्हें चमकता हुआ और मज़बूत देखता है। उस दिन को भुलाना संभव नहीं है जब मेरी ज़िंदगी भी इस शख़्सियत की राह को रोशन करने वाले प्रकाश से जगमगा उठी थी। जो पूरी दुनिया को प्यार और सहानुभूति के साथ बिना किसी छल-कपट और राग-द्वेष के चकाचौंध प्रकाश दे रही थी।

वह दिन मेरी क़िस्मत में लिखा हुआ था, जब मैं अनजाने ही इतिहास के छोटे पन्ने का हिस्सा बन गया।

वह सौभाग्यशाली दिन था, जब क़िस्मत मुझे प्रकाश स्तंभ तक ले आई।

आभार

श्री टाटा से मेरी पहली मुलाक़ात के बाद मुझे अम्मा ने अपने सभी तरह के अनुभवों को लिखने के लिए एक छोटी-सी लाल डायरी दी। उन्हें डर था कि समय के साथ मैं उनके साथ मुलाक़ातों की छोटी-छोटी बातों को याद नहीं रख पाऊंगा और बहुत-सी बातें भूल भी सकता हूं। नइना ने भी इसके लिए मुझे प्रोत्साहित किया और बोले, 'एक दिन तुमको पूरी दुनिया को उनके बारे में बताना होगा।' मैं अपने माता-पिता के साथ ही शुरुआत करता हूं। उनकी प्रेरणा के बिना यह किताब नहीं आ सकती थी।

इसके बाद श्री टाटा जिन्होंने कहीं भी नहीं रोका या कुछ भी बदलाव करने के लिए कभी नहीं कहा। यह मेरे साथ ही उनके लिए भी संवेदनशील कार्य था, लेकिन उन्होंने इसे बहुत गरिमा के साथ स्वीकार किया और अपने प्रति उनके विश्वास के लिए धन्यवाद नाकाफ़ी है।

इस किताब को लाने और उसे पूरा करने में मेरी तीन प्यारी सहयोगी दीप्ति, परिज़ाद और डेनेसी ने मुझे लगातार प्रोत्साहित किया। संजना ने अपने ख़ूबसूरत चित्रांकन से किताब को सजीव बनाने में योगदान दिया। विंटर, मेरा प्यारा कुत्ता जिसने दुनिया के प्रति मेरे विश्वास को मज़बूत किया। और, मेरे क़रीबी दोस्त जिन्होंने मुझे कमज़ोर नहीं होने दिया और सहारा देकर खड़ा किया। अंत में सिद्धेश और सौरव के प्रति, जिन्होंने इसमें आख़िरी समय तक बदलाव और सुधार करने में और इसे प्रस्तुत करने में भरपूर सहयोग किया।

मैं आपका धन्यवाद कैसे करूं।

चित्रकार के बारे में

अपने जीवन के सबसे हताशा भरे समय में संजना से उनकी कला के माध्यम से मेरी मुलाक़ात हुई। बहुत-सी भावनाओं से मेरा विश्वास ख़त्म हो गया था, लेकिन संवेदना और कोमलता से भरी संजना ने मेरी उन कहानियों को सुना और मुझे संबल प्रदान किया। किताब में लिखी हुई कई कहानियों को सुने और देखे हुए संजना को चार साल हो चुके हैं। उनके चित्र इस किताब की आत्मा हैं। अपने चित्रांकन के माध्यम से उन्होंने मेरे शब्दों का और विस्तार किया है और उनको निखारा है और मुझे विश्वास दिलाया है कि वे अब भी सुने जाने के क़ाबिल हैं। मैंने और इसे पढ़ने वाले हर पाठक ने महसूस किया है कि उनके चित्र दिल में उतर जाते हैं और यह तभी होता है जब उनका खुद का दिल निर्मलता से भरा हो। उनका इस किताब का, मेरे जीवन का हिस्सा होना मेरी ख़ुशनसीबी है। मुझे यक़ीन है कि जो भी लोग उनको जानते हैं वे भी उनके बारे में ऐसा ही सोचते होंगे। मुझे उम्मीद है कि उनका आने वाला समय भी रोमांच से भरपूर होगा, एक समय में एक कहानी का चित्रांकन करते हुए वह यूं ही अपनी इस दयालुता को चारों ओर बिखेरेंगी जिसकी बहुत ज़रूरत है।

धन्यवाद, संजना।

—शांतनु नायडू

लेखक के बारे में

इंजीनियरिंग के दिनों में सामाजिक सरोकार के विषयों पर म्यूज़िक वीडियो तैयार करने वाले शांतनु नायडू ने 'पॉज़ फ़ॉर अ कॉज' वीडियो से पशुओं के कल्याण के क्षेत्र में क़दम रखते हुए अपने को स्थापित कर लिया। टाटा एलसी में ऑटोमोटिव डिजाइन इंजीनियर के रूप में काम करते हुए उन्होंने स्टार्ट अप मोटोपॉज़ बनाया, जिसने सड़कों पर भटकने वाले बेसहारा कुत्तों को रात में सड़क हादसों से बचाने के लिए उनके गलों में बांधने वाले अंधेरे में चमकने वाले कॉलर तैयार किए। श्री रतन टाटा ने इस उपक्रम में निवेश किया।

इथाका, न्यू यॉर्क के कॉर्नेल यूनिवर्सिटी में एमबीए के दौरान एंटरप्रिन्यूरशिप की विशेष रूप से पढ़ाई करके लौटे शांतनु सहायक महाप्रबंधक के रूप में श्री टाटा के दफ़्तर से जुड़ गए। वह सामाजिक कल्याण के उपक्रमों, स्टार्ट-अप प्रस्तावों और सोशल मीडिया की गतिविधियों सहित रोज़ाना की दफ़्तर की गतिविधियों में उनकी सहायता करने लगे।

श्री टाटा के दफ़्तर में काम करते हुए शांतनु ने देखा कि एंटरप्रेन्यूरशिप के संबंध में युवा छात्रों में समझ की कमी और डर है। इसे दूर करने के लिए उन्होंने एंटरप्रेन्यूरशिप पर एक ऑनलाइन कोर्स 'ऑन योर स्पार्क्स' आरंभ किया। इसमें वह कहानी-किस्सों के ज़रिये बुनियादी सिद्धांतों की सीख देने लगे। इससे होने वाली आय पशुओं के कल्याण के लिए ख़र्च की जाती है। उन्होंने 'सायबर एड आर्मी' नाम से एक संगठन भी बनाया है जो सायबर अपराधों के पीड़ितों की तकनीकी रूप से और परामर्श देकर निःशुल्क मदद करता है।

शांतनु अपना ज़्यादातर समय कुत्तों के साथ और छात्रों के साथ ऑनलाइन संवाद में बिताते हैं जिनके साथ वह नए बड़े आइडिया पर चर्चा करते हैं या बताते हैं कि उन्हें पाइना कोलाडस और मुंबई कितना पसंद है।

अनुवादक के बारे में

अखिलेश अवस्थी ने समाचार एजेंसी यूनाइडेट न्यूज ऑफ इंडिया - वार्ता के मुख्यालय दिल्ली से पत्रकारिता के करियर की शुरुआत की। बाद में इस संस्थान के भोपाल और इंदौर कार्यालयों में अलग-अलग भूमिकाओं में कार्य किया। 2008 से दैनिक भास्कर, भोपाल में कार्यरत हैं। इसके साथ ही तीन दशकों से जनसत्ता, नवभारत टाइम्स, डाउन टू अर्थ सहित अनेक पत्र-पत्रिकाओं में लेख प्रकाशित। लम्बे अरसे से अनुवाद कार्य करते हुए केन्द्र, राज्य सरकार के विभिन्न विभागों, एनजीओ, निजी संस्थानों के लिए काम किया है। डॉ. हरी सिंह गौर केन्द्रीय विश्वविद्यालय से पत्रकारिता और जनसंचार में स्नातक और स्नातकोत्तर उपाधि प्राप्त की है।

लेखक तथा चित्रकार के बारे में और अधिक जानकारी के लिए संपर्क करें :

Shantanu Naidu : https://linktr.ee/shantanunaidu

Sanjana Desai : http://linktr.ee/sanjanadesai